本书受国家社科基金规划项目（21CGL024）的

U0499496

高铁网络
与都市圈旅游
高质量发展的机制、
路径及政策研究

李明伟 ◎ 著

中国财经出版传媒集团

经济科学出版社
Economic Science Press

图书在版编目（CIP）数据

高铁网络与都市圈旅游高质量发展的机制、路径及政
策研究／李明伟著 . -- 北京：经济科学出版社，2024.
11. -- ISBN 978 - 7 - 5218 - 6216 - 4

　Ⅰ. F532. 3；F592

中国国家版本馆 CIP 数据核字第 2024ZY6739 号

责任编辑：顾瑞兰
责任校对：齐　杰
责任印制：邱　天

高铁网络与都市圈旅游高质量发展的机制、路径及政策研究
李明伟　著
经济科学出版社出版、发行　新华书店经销
社址：北京市海淀区阜成路甲 28 号　邮编：100142
总编部电话：010-88191217　发行部电话：010-88191522
网址：www. esp. com. cn
电子邮箱：esp@ esp. com. cn
天猫网店：经济科学出版社旗舰店
网址：http：//jjkxcbs. tmall. com
固安华明印业有限公司印装
710×1000　16 开　20 印张　300000 字
2024 年 11 月第 1 版　2024 年 11 月第 1 次印刷
ISBN 978 - 7 - 5218 - 6216 - 4　定价：79. 00 元
（图书出现印装问题，本社负责调换。电话：010 - 88191545）
（版权所有　侵权必究　打击盗版　举报热线：010 - 88191661
QQ：2242791300　营销中心电话：010 - 88191537
电子邮箱：dbts@ esp. com. cn）

序

2024 年 5 月，习近平总书记对旅游工作作出重要指示，指出改革开放特别是党的十八大以来，我国旅游发展步入快车道，形成全球最大国内旅游市场，成为国际旅游最大客源国和主要目的地。旅游业从小到大、由弱渐强，日益成为新兴的战略性支柱产业和具有显著时代特征的民生产业、幸福产业，成功走出了一条独具特色的中国旅游发展之路。各地区各部门要切实增强工作责任感使命感，分工协作、狠抓落实，推动旅游业高质量发展行稳致远。受社会经济高质量发展重要战略的影响，践行旅游业高质量发展，既是顺应社会经济发展的内在需求，也是实现旅游业转型升级的客观要求。与此同时，伴随着我国巨大高铁市场需求的扩大和高铁技术水平的提升，以及"四纵四横""八纵八横"高铁网络的不断建设完善，高铁越来越成为人们出行的主要交通工具，作为"升级版"交通方式，高铁网络势必会对旅游业高质量发展产生重要影响。都市圈作为城市发展到成熟阶段的高级空间组织形式，其发展建设为旅游业发展提供了新的机遇，成为旅游发展的空间集聚地。因此，都市圈旅游发展成为我国从旅游大国走向世界旅游强国的主要保障，也是旅游业成为国民经济战略性支柱产业和人民群众更加满意的现代服务业的重要保障。

本书的研究正是基于上述时代背景提出的，旨在通过厘清高铁与都市圈旅游之间的关系特征，构建高铁网络影响都市圈旅游高质量发展的评价指标体系和评价模型，探讨高铁网络对都市圈旅游高质量发展的影响，剖析高铁网络推动都市圈旅游高质量发展的路径，提出推动都市圈旅游高质量发展的政策建议。为优化都市圈旅游资源配置、推动旅游业高质量发展、加快建设旅游强国以及实现新常态下我国旅游业转型升级奠定基础，

1

不断开创旅游发展新局面，助力我国旅游业高质量发展，进而促进经济社会高质量发展。

感谢研究团队杨鑫老师和邵冰雪同学参与本书部分内容的编撰工作，感谢吕晓萌、王建玲参与本书的校对工作。书中引用了大量国内外学者公开发表的论著和文献，在此一并表示感谢！

本书的出版还受到了河南省高校哲学社会科学创新人才支持计划项目（2023 – CXRC – 04）的资助。

限于学识和水平，书中不到之处，敬请专家和读者批评、指正！

前　言

党的十九大报告和党的二十大报告都对旅游业提质增效和转型升级做了重要论述，并提出要实现旅游业高质量发展。同时，《中共中央关于制定国民经济和社会发展第十四个五年规划和二〇三五年远景目标的建议》提出，高质量发展是"十四五"时期经济社会发展的主题，要在该时期打造一批特色鲜明的国家级旅游休闲城市和街区，这无疑为都市圈旅游高质量发展提供了新机遇。此外，党的二十大报告进一步表明，中国将全面贯彻新发展理念，加快构建新发展格局，着力推动高质量发展。因此，作为促进国民经济发展的战略性支柱产业，推进旅游业高质量发展刻不容缓。与此同时，高铁网络作为连接各都市圈的桥梁，凭借其速度快、运量大、能耗低、舒适性强等特征实现了安全、舒适、快速及绿色生态化出游，有效缓解了区域旅游发展不平衡等一系列问题，促使高铁成为未来国内旅游的主旋律和新亮点，为旅游高质量发展提供了新机遇。

本书通过厘清高铁与都市圈旅游之间的关系特征，探讨高铁网络对都市圈旅游发展的影响因素、影响作用及其作用机制，剖析高铁网络作用下都市圈旅游空间格局演变的特征等，设计并构建高铁网络下都市圈旅游发展空间效应的计算模型，以及高铁网络对都市圈旅游发展贡献的测评模型。同时，以旅游空间格局演变为切入口，剖析高铁网络推动都市圈旅游高质量发展实现路径，构建高铁网络影响都市圈旅游高质量发展的评价指标体系和评价模型，并进行实证分析。依据评价结果提出推动都市圈旅游高质量发展的政策建议，为优化都市圈旅游资源配置，创造旅游新产品、新业态和新模式，实现新常态下我国区域旅游业转型升级奠定基础，助力我国旅游业乃至经济社会的高质量发展。

　　基于上述目的，本书重点从以下七个方面进行深入研究。一是探讨并界定了旅游高质量发展、都市圈旅游高质量发展等的概念及内涵特征，甄别了高铁网络影响都市圈旅游高质量发展的关键问题。二是在探讨高铁网络与都市圈旅游协同发展和耦合协调发展的理论基础上，运用耦合协调度模型进行实证分析，识别出二者的耦合协调程度在不同区域、不同环境、不同产业水平和不同经济水平等背景下的差异，提出了高铁网络影响都市圈旅游发展的主要因素。三是基于旅游交通可达性视角研究了高铁网络对都市圈旅游空间格局演变的影响，探讨了都市圈旅游发展格局演变的驱动因素等，分析了高铁网络背景下都市圈旅游格局的空间演变特征，剖析了高铁网络对都市圈旅游发展格局演变的影响及其对游客出游行为特征变化的影响。四是深度解析了高铁网络与都市圈旅游发展的效应机制。比如，时空压缩效应、过滤效应、扩散效应、叠加效应等，并采用向量自回归模型、灰色预测与有无对比法组合模型，以及因子分析、相关性分析、空间计量经济模型等实证研究了高铁网络对都市圈旅游发展产生的滞后效应、贡献效应和空间效应。五是通过剖析高铁网络对都市圈旅游空间格局演变的影响，梳理了高铁网络与都市圈旅游高质量发展的逻辑关系，并从创新、协调、绿色、开放、共享五个层面提出了高铁网络影响都市圈旅游高质量发展的路径。六是构建了高铁网络与都市圈旅游业高质量发展的综合评价指标体系，并运用熵值 – TOPSIS 法测算了其指标权重与综合发展指数，明确了二者的发展水平与发展趋势，并运用时间—个体双向固定效应模型，分别从总体效应分析、影响路径分析与区域异质性分析等方面测评了高铁网络对都市圈旅游高质量发展的影响效应。七是分别从加强顶层设计、合理引导旅游高质量发展路径模式，以文旅融合为手段、突出旅游业高质量发展的特色，深入贯彻落实新发展理念、推动旅游业高质量发展，深化高铁网络带动性效应、助力旅游资源互补共享，抢抓高铁新机遇，从五个层面提出了推动都市圈旅游业高质量发展的建议。

　　本书研究具有以下两方面的意义。一是理论意义方面。本书研究成果在一定程度上弥补了学术界研究高铁网络对区域旅游及都市圈旅游发展影响作用时方法及理论的不足，通过剖析都市圈旅游发展的高铁效应，有助于重新认识快速交通背景下的出游特征。通过对高铁网络时代都市圈旅游高质量发展评价指标体系的构建和实现路径的探索等，有助于完善交旅融合发展的理论体系。二是实践应用方面。本书研究成果能够为我国旅游管理部门和相关景区管理人员最大化利用高铁优势制订旅游发展规划方案、吸引游客流量等提供参考，也能在一定程度上引导相关政府部门、旅游企事业单位等制定科学的旅游高质量发展措施，推动旅游业的有序发展。同时，有助于大众化旅游时代下，区域旅游从单体型向网络型发展的同时实现高质量发展，加速都市圈旅游一体化、同城化发展。

本书从多角度、运用多种理论和方法探讨了高铁网络对都市圈旅游高质量发展的影响，并取得了一定的成果。但是，由于较多都市圈的高铁网络刚刚成形或正在形成，本书的执行也是基于高铁刚开通不久后进行的，受交通运输效益发挥滞后性特征的影响，当高铁旅游逐渐进入常态化之后，都市圈旅游的高铁效应是呈现强化还是出现弱化，仍然是一个未知数，需要进一步跟踪研究。此外，本书主要分析高铁对宏观尺度和中观尺度旅游空间格局的影响，对微观尺度的研究较少涉及，需要在后期加强高铁对微观尺度旅游发展影响的研究。同时，基于本书的研究结果，结合未来高铁网络和城市旅游发展的现实需求，拟从以下四个方面提出未来高铁网络与都市圈旅游研究的潜在方向。一是在旅游业的发展过程中如何利用好高铁网络的运输优势，发挥核心城区的溢出作用，促进都市圈边缘区域与核心城区之间旅游产业的协同发展，这在未来可能是一个值得探讨的方向。二是如何有效解决大尺度旅游交通向小尺度旅游交通转变过程中出现的问题，是值得深思的研究议题之一。三是高铁网络改变了国内旅游市场的客源结构和目的地结构，随着核心旅游市场分布的变化，如何应对由高铁网络引致的旅游市场竞争新格局，同样也是值得深入研究的议题。四是随着高铁逐渐成为主流交通工具，城市中心区域老旧车站改造为高铁站及城市边缘区域新建高铁站之后，对城市休闲旅游空间格局的影响情况如何，是未知的，也是值得探讨的议题之一。

目　录

第1章 绪 论

1.1 研究背景与意义

1.1.1 研究背景

作为国民经济发展的基础支撑行业，交通运输业一直以来都在以不同形式促进社会进步，是改变社会经济活动的重要因素之一。由交通运输业与区域经济发展相辅相成的思想可知，发展现代交通的主要任务是以交通运输业带动经济发展、以良好的经济基础保障交通运输业稳定进步，从而满足不同地区、不同主体对交通运输能力的客观需求（Prideaux，2017）。因此，充分掌握交通对区域经济活动的影响，对分析区域经济发展规律及特征具有重要意义。

在旅游业发展过程中，作为连接不同客源地的纽带和桥梁，交通运输已然成为旅游业发展过程中不可或缺的条件。伴随着交通运输技术的一次次革新，旅游业也得到快速发展。从早期的马车，到蒸汽火车和汽车，再到现代的飞机、高速铁路（以下简称高铁），交通运输的每一次变革都牵动着旅游业产业结构和空间格局的调整，其中，以高铁对旅游业发展的促进作用最为突出。高铁作为新时代重要的运输方式，能有效解决大量旅客快速输送的问题，是当代"交通革命"的重要标志。不仅如此，高铁时空压缩效应能促使游客出游半径相对于未开通高铁时提高 2～3 倍，极大地影响了景区游客流量和客流空间分布模式（Kaul，2010）。据统计，截至2016 年末，中国的高铁里程约为 2.3 万公里，占世界高铁总里程的 60% 以上，全年高铁旅客周转量为 4641 亿人公里，客运量为 12.2 亿人，占国内

1

铁路交通运输的周转量和客运量分别为 22.2% 和 22.9%，超过了全球其他国家和地区的总和。[①] 此外，最新统计数据显示，截至 2020 年底，中国高铁里程达到了 3.6 万公里，稳居世界第一。[②] 高铁庞大的运输能力，改变了旅游的整体格局和空间结构。因此，自高铁运营以来，就有学者关注到高铁对区域旅游产生的影响。由此可知，在高铁时代下，距离不再是影响游客选择出行目的地的重要因素，交通之于旅游也不再是简单的运输工具，旅游格局正在发生变化。

自中国"四纵四横"的高铁路网形成以来，以中国为代表的高铁技术在全球范围内广泛传播和应用，促使全球铁路运输进入一个新时期，由高铁引起的旅游市场变革吸引了学者的关注，而中国"八纵八横"高铁网络的规划和建设，不仅形成了以高铁线路为依托的旅游带，更将高铁对旅游业发展的研究推上了一个新的台阶。比如，有学者研究认为，高铁时空压缩效应改变了游客与目的地之间的联系，并促使目的地之间的竞争和效用受到影响（Perrin，2013）。汪德根（2015）研究指出，高铁的时间压缩效应让旅行者能够以相同时间获得更远距离的旅游出行体验，深刻影响了旅游业发展的空间格局。还有研究指出，连接城市中心和周边城市（即城市群）的高铁线路及其分布方式影响了旅游目的地的选择。此后，随着高铁对旅游市场的影响作用逐渐扩大，有学者并始从微观层面采用具体模型或经济学方法，探究高铁对区域旅游发展的影响（Pagliara，2015）。比如，黄泰等（2014）利用 GIS 和 Huff 服务力模型对长三角都市圈高铁网络和城市旅游进行研究，发现在多种因素的联合制约下，高铁能影响城市旅游服务力，并由此提出了基于高铁马太效应下的长三角城市旅游的核心边缘结构模式。穆成林、陆林等（2015）以长三角旅游交通格局为例展开研究，研究显示：由高铁带来的区位叠加效应和时空压缩效应对区域旅游经济发展格局演化有一定影响，但并未对影响效果进行具体分析或量化测评。郭建科（2016）从旅游通勤圈、高铁旅游带等视角分析了哈大高铁在东北各

---

① 中国产业经济信息网，第一财经。
② 中国政府网。

城市旅游中发挥的作用，并从时间压缩层面对高铁开通后各城市的通勤时间压缩程度进行了排序。侯志强（2017）以福厦高铁为例透视了"高铁马太效应"对旅游目的地和客源地之间相互关系的影响机制，并提出高铁网络时代下应对旅游需求转变的具体措施。

目前，我国经济已由高速增长阶段转向高质量发展阶段，高质量发展已经成为我国社会经济发展的战略方向。党的十九大报告指出，"以习近平新时代中国特色社会主义思想为指导，紧扣我国社会主要矛盾变化，大力推动旅游业提质增效和转型升级，实现高质量发展，打造国民经济战略性支柱产业和综合性幸福产业"。《中共中央关于制定国民经济和社会发展第十四个五年规划和二〇三五年远景目标的建议》提出，高质量发展是"十四五"时期经济社会发展的主题，要在该时期打造一批特色鲜明的国家级旅游休闲城市和街区，这无疑为都市圈旅游高质量发展提供了新的机遇。此外，党的第二十次全国代表大会更深一步表明中国将全面贯彻新发展理念，加快构建新发展格局，着力推动高质量发展。因此，作为促进国民经济发展的战略性支柱产业，进行旅游业高质量发展刻不容缓。与此同时，高铁网络作为连接各都市圈的桥梁，凭借其快速、运量大、能耗低等特征实现了绿色生态化出游，促使高铁成为未来国内旅游的主旋律和新亮点。虽然已有研究从多个角度充分证实了高铁在促进区域旅游发展方面及其在改变旅游业整体格局和空间结构时的推动作用，对快速交通时期下区域旅游新格局的演化及高铁旅游带的形成等具有重要价值。但是，关于高铁对区域旅游发展的具体作用情况，高铁对区域旅游业发展及格局演变的推动方式、渠道等的研究较少，特别是关于高铁与旅游高质量发展、高铁网络与都市圈旅游等的研究相对匮乏，难以有效支撑实践发展的需求，相关研究仍需进一步深化研究。不仅如此，已有成果在研究时主要使用基于时间序列和截面数据的模型方法，此类方法多以单一指标为主，在研究过程中容易忽视高铁与区域旅游发展之间的空间异质性和空间相关性等问题，导致最终研究结果存在偏差或错误，难以精准描述二者之间的关系，限制了对高铁网络与区域旅游（都市圈旅游）格局演化等内容的研究。因此，需要从空间层面对该领域进行深层次探讨，多角度、多层次研究高铁对区域旅游发展的贡献作用,让区域旅游(都市圈旅游)更好地借助高铁发展。

基于此,本书结合高铁与都市圈旅游之间的关系特征,深入探讨高铁网络对都市圈旅游发展的影响因素、影响作用及其作用机制,剖析高铁网络作用下都市圈旅游空间格局演变的特征等,设计并构建高铁网络下都市圈旅游发展空间效应的计算模型,以及高铁网络对都市圈旅游发展贡献的测评模型。同时,以旅游空间格局演变为视角,提炼高铁网络引导都市圈旅游高质量发展实现路径,构建高铁网络影响都市圈旅游高质量发展的评价指标体系和评价模型,进行实证分析,并依据评价结果提出推动都市圈旅游高质量发展的政策建议,为优化都市圈旅游资源配置、实现新常态下我国都市圈旅游高质量发展奠定基础。

1.1.2　研究意义

都市圈旅游是旅游资源的集聚地、旅游发展格局转变的引领地带,也是区域经济发展的新增长极。交通网络尤其是高铁网络对区域旅游乃至都市圈旅游发展的空间格局、空间效应都产生重要影响,起到支撑和引领作用,并促使旅游发展格局的变化。因此,本书对新旅游时代下都市圈旅游的创新发展十分重要且必要。主要观点认为,都市圈旅游在资源禀赋、创新能力上呈现差异分布,充分发挥高铁的交通运输能力,对推动区域旅游空间格局演变、增强区域旅游综合创新实力具有重要作用。本书的理论意义和实践意义如下。

1. 理论意义

(1)本书的成果在一定程度上弥补了学术界在研究高铁网络对区域旅游及都市圈旅游发展影响作用时方法及理论的不足,有助于高铁网络背景下区域旅游及都市圈旅游研究过程中空间分析模型的构建,以及经济模型和相关理论方法的完善。

(2)通过研究高铁网络与区域旅游及都市圈旅游发展之间的关系,能有效解决传统方法研究时忽视变量之间空间异质性和相关性的缺陷,对扩展高铁网络影响下,区域旅游及都市圈旅游发展格局演变与空间效应分析的理论体系具有重要借鉴价值。

（3）通过剖析都市圈旅游发展的高铁效应，有助于重新认识快速交通背景下的出游特征，通过对高铁网络时代都市圈旅游高质量发展评价指标的构建、作用机制的创新及实现路径的探索等，有助于完善交旅融合发展的理论体系。

2. 实践意义

（1）本书的研究成果能够为我国旅游管理部门和相关景区管理人员最大化利用高铁优势制订旅游发展规划方案、吸引游客流量等提供参考，也能为挖掘区域旅游发展格局演化的渠道和模式提供策略建议。

（2）本书的研究成果有助于大众化、全球化旅游时代下，我国旅游业在空间层面上实现以点带面的发展模式，带动区域旅游产业组织从单体型向网络型发展的同时实现高质量发展，加速都市圈旅游一体化、同城化及协同化发展。

（3）本书的研究成果有利于科学把握高铁网络对我国都市圈旅游高质量发展的影响，研究结论能够在一定程度上引导相关政府主管部门、旅游企事业单位等制定科学的旅游高质量发展措施，推动我国旅游业的有序发展，更好地将旅游业发展为经济战略性支柱产业，促进经济社会高质量发展。

1.2 研究目标

1.2.1 理论目标

（1）本书基于经济高质量发展、社会高质量发展等相关概念，界定旅游高质量发展及都市圈旅游高质量发展的概念、内涵特征及评判标准等。

（2）本书从空间异质性角度入手，综合运用多学科交叉知识及管理学、经济学、人文地理学、数学等多种学科理论，揭示高铁网络对都市圈旅游发展的影响，剖析高铁网络影响都市圈旅游发展的具体因素及其产生的效应机制，构建高铁推动都市圈旅游发展的空间效应评价模型，探讨高铁网络对都市圈旅游发展格局演变的影响作用、渠道及模式。

（3）基于前文对都市圈旅游、旅游高质量发展等概念的界定，构建高铁网络影响都市圈旅游高质量发展的评价指标体系和评价模型，分析高铁网络对都市圈旅游高质量发展的影响，揭示高铁网络效应与都市圈旅游高质量发展的关系，探讨高铁网络推动都市圈旅游高质量发展的实现路径等。

1.2.2　实践层面

通过本书识别和评价高铁开通前后都市圈旅游发展的群体性差异和变化特征，探索高铁网络时代都市圈旅游高质量发展存在的问题，提炼高铁网络推动我国区域旅游发展的方案策略，并提出促进都市圈旅游高质量发展的政策建议。为优化区域旅游资源配置，创造旅游新产品、新业态和新模式，实现新常态下我国区域旅游业转型升级奠定基础，助力我国旅游业的高质量发展。

1.3　国内外研究现状和趋势

高铁作为新时代重要的运输方式，是当代"交通革命"的一个重要标志，在高铁网络时代，距离不再是影响游客选择出行目的地的重要因素，旅游格局正在发生变化。此时，由高铁引起的旅游市场变革吸引了学者的关注。

1.3.1　高铁网络与旅游发展的关系研究

高铁时代开创了旅游业新局面，发生同城化、近城化、网络化等多种变化（魏小安、金准，2012）。比如，有学者研究发现，自1992年西班牙高速 AVE（Alta Velocidad Espa）列车开通以来，马德里塞维利亚（Madrid-Sevilla）地区的游客对安大路西亚（Andalosian）地区旅游业的发展作出了决定性贡献，促使安大路西亚（Andalosian）地区旅游人数从1992年的12万人增加到2007年的2000万人（Genesca，2008）。可见，高铁时空压缩效应促使游客出游半径相对于未开通高铁时提高若干倍，极大地影响了景区游客流量和客流空间分布模式（梁雪松，2010；Kaul，2010；黄爱莲，2011；于秋阳，2014；邓涛涛，2016）。有研究对日本东北部和九州地区的旅游需求和旅游行为变化进行了调查，发现在新干线网络连接的城市中，与车站距离较短的景区的旅游人数显著增加（Kurihara，2016）。基于此，学者们以不同地区为对象进行实证研究后指出，高铁运输快速性特征产生的时空压缩效应对游客出游空间产生明显改变作用，影响旅游地客源市场空间结构，能够让游客以相同时间获得更远距离的旅游出行体验，深刻地影响了旅游业发展的空间格局和产业结构（张咏梅，2012；Perrin，2013；汪德根，2014；蒋海兵、刘建国，2014；穆成林，2015；汪德根，2015；刘俊、李云云，2016）。也有研究认为，高铁对旅游业的作用效果最终表现为对人们访问某个城市意愿的影响，这是因为在游客的出游过程中交通基础设施提供的可访问性是决定目的地选择的一个重要因素（Masson，Petiot，2009；Delaplace，2014）。如果某个或某几个城市之间的交通通勤服务是由高铁提供的，则人们访问其中的某个城市的意愿会增加，由于增加了可访问性，游客访问、停留和社交场所的数量也会增加，从而为旅游业的增长带来显著影响（汪德根，2014；姜博、初楠臣，2014；李保超、王朝辉，2016；杨莎莎、邓闻静，2017）。

　　也有学者以实证研究的方式探讨高铁网络对游客目的地选择的作用。研究认为，连接城市中心和周边城市的高速铁路在一定程度上影响了旅游目的地的选择（Royo-Vela，2009；Zhang and Liu，2013；Yang，2013；Pagliara，2015；汪德根、牛玉、王莉，2015；穆成林、陆林，2016）。由此可见，关于高铁网络促进旅游业发展及格局演变的事实已经毋庸置疑，高铁通过影响游客出行行为来改变区域旅游的空间结构，使得出游距离在空间层面不再是影响游客行为决策的重要因素（Pagliara et al.，2015；Li et al.，2017）。但是，综观已有研究成果发现，学者们更倾向于对旅游业自身空间结构的变化、旅游与区域经济发展等进行研究，或者针对某一高铁线路对旅游业发展的影响，鲜有学者专门以高铁网络为切入点进行区域旅游空间结构方面的研究（Fennell，2003；梁荣，2020）。比如，有学者参考了已有研究成果中关于旅游目的地规划设计方面的论述，针对旅游目的地空间规划进行研究并提出了具体的空间设计模型，进而从不同角度提出了旅游目的地的空间划分模式（Dredge，1999）。有学者认为，交通可达性能够影响区域旅游流的空间行为，并通过构建动态面板数据估计模型，选择欧盟成员国中的 199 个城市作为样本进行实证分析。研究发现，交通可达性不仅可以增加区域空间的旅游流，还能在一定程度上促进区域旅游效率的提升（Emanuela et al.，2011）。由此可见，虽然关于高铁与旅游业发展的相关研究较多，但关于高铁网络对旅游空间格局演变，以及对旅游业发展的具体推动情况如何等，仍然需进一步深化完善。

1.3.2　高铁网络对区域旅游发展的影响研究

在探讨高铁网络对区域旅游发展的影响时，国内外学者以理论剖析、实证研究等多种形式已经提出了较多成果，且形成了相对完整的体系。比如，穆成林、陆林等（2015）以长三角都市圈为例进行研究，并在研究中发现，受高铁网络化发展建设的影响，整个长江三角洲的交通可达性得到了较大程度的提升，进而提升了其旅游交通可达性，促使长三角的旅游空间格局逐渐趋于均衡，并呈现出"上海为中心、北密南疏"的旅游经济联系特征。此外，有学者以多个城市群为对象进行实证分析，研究结果显示，高铁通过增强交通可达性显著提升了不同城市群之间的联系，从而有效促使了城市群旅游经济的快速增长以及旅游流的均衡分布，但是不同城市群由于经济水平、旅游资源禀赋等的差异，导致城市群之间的旅游经济联系存在一定的不平衡性（杨莎莎、邓闻静，2017）。由此可见，高铁网络的可达性情况对区域旅游发展具有重要作用，同时也说明通过增加交通可达性（可达性是衡量区域之间交通属性的一个指标，考虑其潜在的空间相互作用，如经济和政策等）能够有效增强高速铁路运营对区域旅游发展产生的影响，包括旅游需求的变化（Pagliara et al.，2017；Liu and Shi，2019；Sun and Lin，2018；Shyr et al.，2015）、旅游供应的变化（Delaplace et al.，2014），以及区域旅游收入的变化（Yang and Li，2020；李明伟和陈娟，2019）。此外，有研究显示，区域旅游的内生性特征也影响了高铁网络对旅游发展产生的作用，主要表现为通过区域旅游的内生性特征调节高铁网络对旅游经济的影响。已有研究中除了从地区位置、距离等地理特征研究高铁网络对区域旅游经济的影响（Li et al.，2018；Gao et al.，2019），城市旅游资源禀赋（Gao et al.，2019；Pagliara et al.，2017；Varela and Navarro，2016）、区域旅游业发展状况等也是研究高铁网络对区域旅游发展影响时的重点讨论对象。

　　除了地理差异产生的静态效应（Hiramatsu，2018；汪德根，2014），一些学者也提出了动态和交互式的一般平衡溢出效应，并指出高铁网络对区域旅游发展产生的溢出效应可能发生在不同时期、不同交通模式和不同地理位置之间。例如，学者们通过案例研究观察到，高铁网络对旅游业发展的影响会随着时间的推移而逐渐减弱（李明伟、陈娟，2019；Kurihara and Wu，2016；Yin et al.，2019）。就交通模式之间的溢出效应来说，高铁网络对区域空中交通有负面影响，从而削减了高铁网络对区域旅游经济的积极影响，最终导致交通工具对旅游发展的整体影响呈现出负面效应（Albalate and Fageda，2016）。但是，就本书撰写过程中收集的文献资料来看，在研究高铁网络对区域旅游发展的影响时，仍缺乏对不同地理位置之间溢出效应的研究。表 1 - 1 总结了关于高铁网络对区域旅游发展影响的一些重要成果。已有成果表明，高铁对区域旅游发展的影响效应从显著积极性（Liu and Zhang，2018；Zhao et al.，2017）逐渐演变为弱积极性（Albalate et al.，2017；Campa et al.，2016；Chen，2012；Liu and Zhang，2018）。此外，这种积极性在不同区域的表现形式也不同（Albalate et al.，2017；Hiramatsu，2018；Gao et al.，2019；Li et al.，2018；Varela and Navarro，2016；Yin et al.，2019）。

表 1 - 1　　　　　关于高铁网络对区域旅游经济影响的关键文献

研究对象	与旅游相关的指标	研究结果：总体情况	研究结果：空间差异	相互影响因素	发表期刊
以西班牙的Cuenca 和Toledo 地区为例	旅客住宿情况，游客流量	高铁网络对中小型城市的旅游发展影响比较弱	考虑到其他因素的异质性影响	城市规模，旅游资源，高铁站点选址，旅游基础设施水平	*Journal of Urban Regional Annals*
以西班牙的124 个城市为例	游客数量、游客停留时间	高铁对旅游发展的相关变量没有显著积极影响；机场投资被证明是一个更好的选择	这些影响大多仅限于大城市，但在大多数情况下，这些影响是很小的，甚至是负面的	其他交通运输方式，如航空	*Annals of Tourism Research*

研究对象	与旅游相关的指标	研究结果：总体情况	研究结果：空间差异	相互影响因素	发表期刊
以意大利的77个城市为例	游客数量、游客停留时间	未涉及	高铁对其服务的所有城市的国内游客数量及其在目的地停留时间产生了积极影响	城市经济水平，旅游资源禀赋，高铁的可达性	*Transportation Research Part A: Policy and Practice*
以日本新干线为例	游客数量、旅游产品生产总值、区域旅游经济收入	高铁对区域旅游发展的作用受一般平衡效应的影响	只有一些像Kyushu这种地区的高铁对区域旅游业发展产生较大影响	高铁服务水平，中级高铁站，当前受欢迎的旅游产品	*Research in Transportation Economics*
以中国238个地级市的面板数据为例	游客流入量（包括国际游客和国内游客）	高铁造成了大量的游客流入，对国际游客流量增长的影响比国内的更强	以城市群为例，识别出高铁对区域旅游发展的影响	核心城市之间的高铁连接度情况	*International Journal of Tourism Research*
以中国288个城市为例	旅游收入，游客数量	高铁之间的连接没有增加旅游收入，但是能够促使游客数量大幅度增长	受高铁影响，旅游资源独特的城市比资源一般城市的旅游收入增长更多	地理位置因素，旅游资源	*Tourism Management*
以杭州市为例	客流量	高铁显著增加了游客数量	未涉及	与时间相关的因素	*Current Issues in Tourism*
以中国大陆的省会城市为例	旅游流，旅游空间互动	未涉及	高铁对大城市旅游发展的影响受到一定限制	城市规模	旅游学刊
以武广高铁为例，以广东、湖南、湖北三个省份的11个城市为对象	旅游收入	未提及	湖南受益最多，其次是广东，湖北几乎没有受益	高铁站点数量	人文地理

资料来源：Mingwei Li，Juan Chen. The Spatial Effect of High-speed Rail on Regional Tourism Economy in a Chinese Urban Agglomeration［J］. International Journal of Transport Economics，2020（4）：419 – 438.

就研究方法来说，为了探究高铁网络引起的区域旅游发展这一深刻变化，有学者从微观层面采用具体模型或经济学方法，探究高铁对区域旅游发展的影响（殷平，2012；覃成林、郑海燕，2013；周杨，2013；汪德根，2016；Campa，López-Lambas，2016；Kanasugi，Ushijima，2017；Hira-matsu，2018；Kim，Sultana，2018）。有学者研究发现，高铁网络能影响城市的旅游服务力，并根据这一结论提出了基于高铁马太效应下的城市旅游的核心边缘结构模式（宁坚，2012；黄泰，2014；文娉、韩旭，2017）；还有学者应用修正力模型，从马太效应（Foster，2006；王洁，2011）、旅游通勤圈、高铁旅游带等视角分析了高铁在城市旅游中发挥的作用和影响力（Bame and Goldstein，2013；张文新、刘欣欣，2013）；也有学者从时间压缩层面对各城市高铁开通后的通勤时间压缩程度进行排序（郭建科，2016；甘静，2017；孙枫、汪德根，2017；Ploywarin，2018）。侯志强（2017）以福厦高铁为例进行分析，透视了"高铁马太效应"对旅游目的地和客源地之间相互关系的影响机制，提出高铁时代下应对旅游需求转变的措施。

也有学者提出了用具体的方法以研究高铁网络对区域旅游发展的影响作用，其中，以空间分析和社会网络分析方法、计量经济学方法和综合评价方法等最为常用。比如，在运用空间分析和社会网络分析方法方面，汪德根（2016）在研究高铁对区域旅游的影响时，以武广高铁和京沪高铁这两条高铁线路为对象，引入社会网络分析法，分别研究了武广高铁开通运行后对湖北旅游空间格局产生的影响，以及京沪高铁对区域和站点旅游流时空结构的影响，并在此基础上从空间地理视角入手，探讨并提出了沿京沪高铁的重点旅游发展轴。随后，汪德根等（2016）又以国内的 338 个有高铁线路相连的城市为例，以交通可达性为指标，应用 GIS 方法研究了高铁可达性影响下不同城市旅游吸引力的时空演变特征，并进一步研究了高铁网络对城市腹地空间格局的影响。杨莎莎等（2017）认为，高铁网络让不同城市群之间的空间关系发生了变化，并以中国十大城市群为对象，以旅游交通可达性、铁路交通流与旅游经济联系、总量和隶属度等为衡量指标，深入探讨了高铁网络影响下不同城市群之间的旅游经济发展水平及其形成的空间格局关系。此外，倪维秋和廖茂林（2018）采用社会网络分析方法，研究了高铁影响下中国省际城市旅游经济联系强度及其网络结构和空间格局特征。殷平等（2019）以京津冀地区 2002 ~ 2017 年的数据为例，分析了高铁网络对京津冀地区城市间旅游空间结构的时空演变特征的影响。

1.3.3 都市圈旅游的相关研究

都市圈是区域经济一体化的主要载体，都市圈发展研究是我国区域经济理论体系的重要内容和组成部分，也正逐步成为区域经济研究的热点话题，伴随着区域社会经济发展的高度一体化，在一定程度上促使都市圈成为旅游热点区域。此时，随着都市圈逐渐成为区域协调发展的一种新模式，如何有效识别都市圈旅游系统的特征、演化机制等，有利于促进都市圈旅游业的可持续发展，同时也有利于平衡和协调不同都市圈旅游的竞合关系。现有关于都市圈旅游的研究成果较多，通过对已有成果进行整理归类发现，基本上可将其分为三个方面。一是关于都市圈旅游空间结构演变的相关研究。有研究发现，从空间构成要素、模式等角度入手，是研究都市圈旅游空间结构的有效方式（胡静等，2013；罗静等，2015）；还有学者在研究都市圈旅游时从内部入手，围绕都市圈旅游经济空间特征与发展格局（马勇，2018；王磊，2019），以及不同情境下促使都市圈旅游协调且均衡发展的有效措施等展开研究（陈浩等，2011；陆林等，2014；邓祖涛，2014）。此外，有学者从旅游经济联系角度分析都市圈旅游的线路优化路径及一体化发展措施（朱冬芳等，2012；侯兵等，2013；丁正山等，2019）。二是关于都市圈旅游竞合关系的相关研究。有研究者在对区域旅游合作的现状、发展机制和模式、产生的影响和发展对策等进行研究时，提出了关于都市圈旅游的相关假设和论述（保继刚，1999；吴必虎等，2004；张河清，2009）。同时，有学者从资源、景区、产品等角度分析都市圈内不同城市之间的旅游竞争力水平差异机制（黄耀丽等，2006；邓洪波，2014），从演化动力、整合模式等角度探寻提升都市圈旅游竞争力的基础（陆玉麒等，2006；梁明珠等，2006）；从跨行政区管理角度探讨都市圈区域旅游合作的模式和措施（Selin，1999；保继刚，1999；Greer，2002；吴必虎等，2004）。此外，也有研究者构建了都市圈及内部单体城市的旅游竞争力评价指标体系，并认为一体化或区域整合有利于提升都市圈旅游竞争力（保继刚等，2008；董锁成等，2009；张河清，2010）。三是关于都市圈旅游产业与市场发展关系的相关研究。有学者在研究时将旅游经济关联强度和产业集聚强度作为核心指标（朱冬芳等，2012；黄震方等，2013），探讨都市圈旅游经济发展的差异与影响因素，并通过实证分析等方式提出了优化都市圈旅游发展的策略（赵磊等，2016；詹军，2018）；还有部分学者从旅游资源空间分布、旅游者空间行为等角度分析了都市圈旅游的市场属性和游览特征（陆林等，2014），以及都市圈旅游的空间结构特征（马仁锋等，2018）。

1.3.4 旅游高质量发展的相关研究

党的十九大报告指出，"我国经济已由高速增长阶段转向高质量发展阶段"。面对高质量发展的时代背景，旅游业已步入从高速增长转向优质旅游发展的关键节点。2023 年 10 月 17 日，文化和旅游部官方网站发布了关于贯彻落实《关于释放旅游消费潜力推动旅游业高质量发展的若干措施》（以下简称《若干措施》）的通知，要求各地要以《若干措施》落实为契机，着力解决长期制约旅游业高质量发展的难点问题，推动健全本地区旅游工作跨部门协调机制；同时，各地区要对照《若干措施》，梳理各地不符合旅游业高质量发展要求的政策措施，及时纠正或调整。但是，在复杂的宏观环境下，如何促进旅游业高质量发展在实践中遭遇诸多困境（夏杰长，2018；耿修林，2019；张洪昌，2019）。因此，剖析旅游高质量发展的实践困境，理顺旅游高质量发展的动力机制、机理模式，凝练相适的策略建议和政策选择，已成为现阶段的重要课题。此外，以"旅游"和"高质量发展"同时作为关键词，在中国知网数据库中进行检索发现，研究者们正尝试从不同角度探索旅游高质量发展。

第一，关于旅游业高质量发展理论构建方面的相关研究。目前，关于旅游业高质量发展的已有研究主要从高质量发展的内涵、特征及实现路径等方面进行分析界定，但是学术界在界定旅游业高质量发展内涵时尚未形成统一的概念。就旅游业高质量发展的内涵来说，国内学者从多个维度进行了界定。比如，有学者研究认为，旅游业高质量发展包括供需水平升级、创新驱动发展、生态文明建设、经济高效稳定、民生质量提升五个维度（刘雨婧、唐健雄，2022）。王兆峰（2022）主要从产业效率、综合效率、协调平衡、游客满意度四个维度对旅游业高质量发展的内涵进行解读。乔向杰（2022）研究认为，旅游业高质量发展应追求经济指标，构建高质量供给体系，形成共同富裕的社会环境并建立可持续生态理念。此外，还有学者研究认为旅游业高质量发展的核心是人的全面发展，即为游客带来更高的旅游性价比（王婷、姚旻等，2021；张朝枝、杨继荣，2022）。旅游业高质量发展特征即以人为发展中心，以五大发展理念[①]为发展目标、以全面深化改革为发展主线、以双循环为发展格局、以高质量为发展模式、以国家和人民为发展道路，实现旅游产品和服务、旅游者、旅游业治理体系和能力的高质量发展（肖黎明、王彦君、郭瑞雅，2021；王兆峰，2022；戴学锋、杨明月，2022；程遂营、张野，2022）。旅游业高质量发展的实现路径多从政府、产业以及人力资本等方面展开，以政府政策为引领、以产业融合为主导、以企业创新为驱动力、以改善人居品质环境为目标，实现多功能、多业态、多场景全域多元联动的旅游业高质量发展（耿松涛、张鸿霞，2022；符茂正，2022；陈岩英，2022）。

第二，旅游业高质量发展涉及的主要研究领域方面。目前，国内学者对乡村旅游、文化旅游、体育旅游、生态旅游、红色旅游等旅游业态高质量发展进行了较多的研究。比如，肖黎明等（2021）基于乡愁理论构建了乡村旅游业高质量发展评价指标，对黄河流域乡村旅游业高质量发展的区域差异进行评估。侯兵等（2020）从高质量发展的概念出发，深入剖析文旅融合发展的现存问题并针对性地提出文旅深度融合的实现路径。周铭扬等（2021）采用文献分析法探索我国体育旅游的发展现状及逻辑起点，并探索体育旅游业高质量发展的实现路径。龙志等（2020）从生态文明视角出发，构建了旅游业高质量发展的评估指标体系，对旅游业的发展质量进行实证分析，提出促使其高质量发展建议。戴斌等（2021）以旅游高质量发展为总要求，从宏观和微观的思维角度重塑红色旅游发展模式，促使红

---

① 党的十八届五中全会进一步围绕发展提出了"创新、协调、绿色、开放、共享"的五大发展理念，是发展思路、发展方向、发展着力点的集中体现，具有高度的战略性、纲领性、引领性的特点，集中反映了我们党对经济社会发展规律认识的深化，极大丰富了马克思主义发展观。

色旅游不断深入发展，不断增强人民群众对红色精神的认同感与归属感。

第三，不同区域层面旅游业高质量发展的相关研究。目前，学术界针对国家、省、市乃至县区等不同地域层面研究旅游业高质量发展。在国家层面，学者们以五大发展理念构建中国旅游经济高质量发展评价指标体系，采用定量研究方法对中国各区域旅游经济高质量发展差距进行分析，结果显示，中国旅游经济高质量发展水平总体不高，且地区之间的差异显著（孙晓、刘力钢、陈金，2021）。在省域层面上，有学者利用熵值法测算了中国大陆地区 30 个省（市）的旅游业高质量发展水平，研究结果表明，2004 ~ 2018 年，中国省域旅游业高质量发展整体水平呈上升态势，且存在显著的空间异质性（王凯、郭鑫等，2022）。此外，关于地区层面旅游高质量发展的研究成果也较多，学者们主要根据不同地区特色或采用不同方法，探讨旅游业高质量发展的现存困境，并针对性地提出解决措施（周丽、蔡张瑶、黄德平，2021；张新成、梁学成等，2021）。

第四，关于旅游高质量发展其他方面的研究。一是在旅游高质量发展作用方面。戴斌（2019）指出，"旅游高质量发展是以人民为中心的国家旅游发展战略，是全面建成小康社会新阶段的根本要求……"；《世界旅游发展报告（2019）》显示，旅游高质量发展，意味着旅游业要在全球减贫事业中作出更大贡献。二是在旅游高质量发展的基础研究方面。何建民（2018）从 8 个层面构建了旅游高质量发展理论体系，为研究旅游高质量发展的目标、主体要素及运动规律等提供了框架和理论参考。此外，在旅游高质量发展制度保障、理论基础及表现形式等领域已经形成部分成果（金颖若，2019；孙根年，2019；倪鹏飞等，2019），为旅游高质量发展的纵深研究奠定扎实基础。三是在旅游高质量发展路径模式方面。虽然乡村旅游高质量发展的路径、模式及可持续性等已形成部分研究成果，但仍处于探索阶段（田洪，2019；李俊杰等，2019；陈建平，2019；张碧星，2019）；同时，有学者探讨了旅游高质量发展的动力（唐任伍，2018），以及行业细分下的邮轮游、海洋游等高质量发展的路径与模式（Su，2019；郑玉香，2019）、海滨城市旅游高质量发展的演化特征（李淑娟等，2019）等。有理由相信，关于旅游高质量发展的研究在未来一段时间内会不断强化。

1.3.5 都市圈高质量发展的研究

党的十九大报告明确提出，构建以都市圈为主体的大中小城市协调发展格局，促使都市圈建设成为现阶段我国区域高质量发展的重要推动力（赵倩、沈坤荣，2019；杨兰桥，2019；刘胜、顾乃华，2019）。但迄今为止关于都市圈高质量发展的研究仍相对匮乏，且主要探讨城市经济的高质量发展，关于都市圈旅游高质量发展的研究亟须强化。已有成果中，在地域选择上多以长三角都市圈为研究对象。比如，有研究显示，长三角都市圈经济高质量发展度不高，且多处于初步失调和初步协调状态（王然、成金华，2019），虽然高质量发展水平有所提升，但上、中、下游等地区仍存在显著差异（黄文，2019），且有研究指出经济体一体化已经成为实现都市圈经济高质量发展的有效途径（黄森、吕小明，2019）。基于此，杨仁发（2019）在研究长江经济带高质量发展的内在要求后指出，科技创新、对外开放和产业结构是经济高质量发展的重要驱动因素；罗值（2019）以长三角、珠三角和京津冀三大都市圈为例研究指出，推动都市圈高质量发展必须推动重点城市的经济转型。由此可知，都市圈高质量发展是我国城市发展的必经途径，也是学术界未来一段时间内的讨论重点，但相关领域的研究尚处于初级阶段，且关于都市圈旅游高质量发展的研究更是稀少，亟须扩展和深化该领域的探索。

就已有成果来看，依然存在以下不足：一是关于旅游高质量发展的研究尚处于初级阶段，研究深度与广度需不断强化；二是已有研究多以制度保障、现状分析和问题引导为主，且较多聚焦在细分市场下的旅游高质量发展领域，关于城市圈旅游高质量发展实施方案和模式等的研究需要加强和完善；三是由于高铁网络改变了旅游空间格局，如何基于高铁网络效应推动城市圈旅游高质量发展，成为满足新时代人民群众不断增长的旅游需求的必然选择，但目前关于高铁网络与城市圈旅游高质量发展关系的研究相对匮乏，需深化该领域的探索。

1.3.6 同类别国家级课题的研究情况

第一，以"高铁"为主题词，在"国家社科基金项目数据库"中进行检索发现，近十年来获批的国家社科项目有 20 余项，主要探讨了高铁网络与站点建设（汪德根，2022；王春杨，2022），高铁事业发展改革（张宝运，2022）与高铁技术发展（吕铁，2022），高铁效应及对空间结构的影响（王春杨，2018；张若希，2017；孟霞，2017），以及高铁对区域旅游（罗明志，2022；湖北明，2017）、旅游产业要素配置（于秋阳，2011）、城市群空间格局优化（任晓红，2016）、区域经济（覃成林，2011；陆军，2011）、人口分布（姚震宇，2017）、人口流动（黄苏萍，2015）、经济圈产业融合（廖东声，2014）、城镇化水平（汪建丰，2014）等的影响，依托基金项目发表相关高水平论文 200 余篇，充分彰显了该领域扎实的研究基础。此外，当以"高铁"和"旅游"同时作为主题词检索发现，近十年国家社科基金共 2 项，分别探讨了高铁对民族地区旅游经济绩效的空间效应与机制（胡北明，2017）、高铁时代区域旅游产业要素配置研究（于秋阳，2011），表明关于高铁与旅游的相关研究尚存在较大的探讨的空间。

第二，以"高质量发展"为主题词，在"国家社科基金项目数据库"中进行检索发现，近十年获批的国家社科基金项目 260 余项，基本覆盖了社科基金学科分类中的所有学科门类，其中，成果较多的主要集中在应用经济（140 余项）、理论经济（100 余项）、管理学（80 余项）、统计学（40 余项）、体育学（40 余项）等学科。2020～2023 年，每年以"高质量发展"为主题词的国家社科基金项目立项数均在 100 项以上，充分表明高质量发展的研究正处于快速发展阶段。

第三，以"都市圈"为关键词，在"国家社科基金项目数据库"中进行检索发现，近年来共获批国家社科基金项目 30 余项，主要集中在应用经济学（11 项）、理论经济学（9 项）、管理学（5 项）及相关学科领域。在研究主题上，早期的研究主要注重都市圈治理（汪伟全，2012；周旭明，2012）、都市圈发展路径设计（王兴平，2012；安树伟，2013）与演进机制（季小立，2015）等。之后，随着都市圈的发展建设越来越完善，学术界关于都市圈的研究也开始朝着纵深方向发展。比如，有学者开始研究都市圈空间结构演变的特征和动力机制（任光辉，2019）、都市圈辐射效应的时空演变与提升路径（王裕瑾，2020）、都市圈人口空间格局演变和优化路径研究（陈金英，2021）等。此外，近两年围绕都市圈获批的国家社科基金项目主要围绕都市圈协同发展或协同治理展开，包括都市圈碳排放协同治理机制与低碳路径（张斯琴，2022）、都市圈低碳交通运输体系与经济高质量发展耦合机制及调控路径（王伟，2022）、都市圈城乡融合的机制与路径（汪增洋，2022）、都市圈合作行政的法治路径（李煜兴，2023）、都市圈同城化中的政府间条块协同体制机制（袁建军，2023）、都市圈产业协同发展（吴振明，2023）以及都市圈养老服务一体化协同发展（沈永军，2023）等。上述成果表明，随着交通运输体系、政策环境等的不断改善，都市圈内产业协同发展的研究将成为未来一段时间的热点议题，同时也间接表明都市圈旅游研究的重要性和必要性。

第四，以"高质量"和"旅游"同时作为主题词，在"国家社科基金项目数据库"中检索发现，近十年获批国家社科基金15余项，重点围绕高质量发展的机制、动力、困境等展开，研究领域主要集中在旅游经济的高质量发展（殷杰，2020；张鹏杨，2020；陈海波，2018）、民族旅游或者乡村旅游的高质量发展（骆毓燕，2023；李银昌，2023；李智慧，2023；笪玲，2022；杨建春，2020；崔林，2020；杨春艳，2020）、体育旅游或文旅融合（罗赣，2023；戴斌，2020；杨宏伟，2020；梁强，2019）、海洋旅游或海岛旅游（桑森垚，2022）等方面，充分彰显了旅游高质量发展研究的时代需求性，及其在社会经济高质量发展中的重要地位，也体现了本书研究的时代性及重要性。此外，以"高铁""高质量""旅游"同时作为主题词检索时，暂未发现相关的国家社科基金课题，仅有部分相关的省级课题。由以上检索结果可知，随着高铁在旅游业中扮演的角色越来越重要，关于高铁网络对旅游业高质量发展影响的讨论极有可能成为当今时代旅游研究的新命题。

1.3.7　国内外研究现状述评

上述研究从多个角度证实了高铁网络在促进区域旅游发展方面及其在改变旅游业整体格局和空间结构时的作用，研究成果对快速交通时期区域旅游新格局的演化及高铁旅游带的形成具有推动作用。就已有研究成果来看，不同学者通过选择不同角度、运用不同方法、选取不同指标和不同的研究对象等方式，深入研究了高铁网络对旅游业空间结构、旅游交通可达性和经济联系、旅游经济增长与区域经济发展、旅游者行为和旅游流变化等各方面产生的影响。但是，关于高铁网络对都市圈旅游发展的具体作用情况，以及对都市圈旅游发展及格局演变的推动方式、渠道、方案和产生的空间效应等情况，仍需深化研究。且已有成果在研究时多以单一指标为主，忽视了高铁网络与都市圈旅游发展之间的空间异质性和空间相关性，导致最终研究结果存在偏差或错误，难以精准描述二者的关系，限制了对都市圈旅游空间格局演化的研究。因此，需要从空间层面对该领域进行更深层次的探讨。

进入大众化和全球化旅游时代后，在高铁的驱动下，旅游方式变化是快速且剧烈的，空间层面上以点带面的城际旅游和跨区域旅游将成为主流趋势，并带动旅游产业组织从单体型向网络型演化，加速区域旅游一体化的形成。为了让都市圈旅游更好地借助高铁进行发展，帮助旅游管理部门和景区在借力高铁网络发展区域旅游时找到系统的、科学有效的参考标准，需要多角度、多层次研究高铁网络对都市圈旅游发展格局演变的作用及产生的效应。基于此，本书重点从高铁网络对都市圈旅游高质量发展的影响入手进行研究，剖析高铁网络背景下都市圈旅游发展格局演变的相关内容，运用相关方法及模型，探讨高铁网络对都市圈旅游发展贡献、产生的空间效应及其对都市圈旅游高质量发展的影响路径，并通过实证研究制定与之相匹配的发展方案及对策建议，以期为都市圈旅游高质量发展提供参考依据。

1.4　研究思路与方法

1.4.1　研究思路

本书遵循"研究现状及目标导向—研究基础支撑—核心问题突破—实证研究及对策建议"的指导思想和逻辑思路，依托项目组建的产学研紧密联合的研究团队进行关键技术内容研究。

首先，从任务分解出发，围绕项目的主要研究目标，将任务分解为若干个核心问题，并针对不同问题涉及的主要内容展开详细论证；其次，根据问题分析结果，查阅并深刻理解现有的知识和技术基础，分析其局限性，从而明确关键突破点，寻找新的解决方法和途径，再运用相关理论、技术和方法，进行关键问题的突破；最后，依托高铁网络的运输优势，设计并提出操作性强的、科学合理地促进都市圈旅游高质量发展的政策与建议。本书具体研究思路如图 1-1 所示。

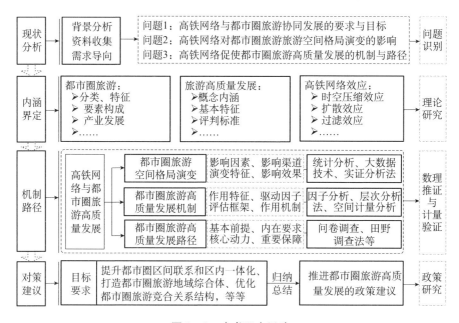

图 1-1　本书研究思路

1.4.2　研究方法

在研究过程中，本书拟采用以下五种方法。

（1）文献分析与实地调研相结合法。在中国知网、万方、维普等国内电子文献数据库和国外部分文献数据库（Web of Science）中搜集与"高铁网络""区域旅游""都市圈旅游""旅游高质量发展""旅游发展格局演变"等相关研究成果；同时，在各级政府网站中查阅与"区域旅游""都市圈旅游"发展相关的政策方案和指导性文件，并对采集的信息进行深入剖析，为本书提取新价值信息。此外，深入旅游企事业单位中，并通过问卷、深度访谈等形式了解高铁网络对都市圈旅游业高质量发展的促进作用及其他相关内容。

（2）归纳与演绎相结合法。应用归纳法对高铁网络时代都市圈旅游产业高质量发展的基本特征、主要趋势以及空间格局的演变历程、演变特征等进行全面梳理，界定旅游高质量发展的概念、内涵；同时，探究高铁网络作用下都市圈旅游空间格局演变发生、发展的背景，挖掘都市圈旅游空间格局演变的高铁效应及演变路径等，并在此基础上运用演绎法合乎逻辑地指出高铁网络推动我国都市圈旅游业高质量发展具体建议。

（3）统计分析与计量分析相结合法。运用相关性分析、回归分析等方法，确定各因素对都市圈旅游业高质量发展影响的相关性程度，分析都市圈旅游流空间结构的高铁效应。首先，应用灰色系统预测模型和"有无对比法"构建高铁网络推动都市圈旅游发展的贡献价值评价模型。其次，应用空间计量模型构建高铁网络推动都市圈旅游发展的空间效应评价模型，并研究旅游交通可达性空间格局，分析高铁网络对都市圈旅游可达性的影响，深化研究高铁网络对都市圈旅游发展格局演变的推动作用。最后，通过构建高铁网络与都市圈旅游业高质量发展的综合评价指标体系，利用现有指标数据，使用个体和时间双向固定效应模型研究高铁网络对都市圈旅游业高质量发展的具体影响水平。

（4）调研及专家咨询法。以目前正在研究和已经完成的各类相关科研项目（国家社科基金项目、教育部人文社科项目、河南省软科学项目及河南省哲学社会科学项目）为依托，调研分析当前形势下我国高铁发展建设现状、高铁网络在旅游业中的应用现状及其面临的主要问题，获取本书所需的最新资料。通过问卷调查、质性访谈及经验借鉴法，针对不同都市圈进行调研与访谈，并借鉴旅游产业高质量发展的经验，探寻高铁网络引导都市圈旅游高质量发展的实现路径。此外，利用互联网平台，在各类、各级网站和电子数据库中全方位收集国内外关于高铁网络及都市圈旅游高质量发展的相关数据，并在此过程中，咨询相关领域的专家和学者，梳理高铁网络与都市圈旅游高质量发展的相关内容，了解高铁网络影响下都市圈旅游高质量发展的空间演化过程及其存在的规律等。

（5）实证研究法。在理论研究基础上，选取国内若干都市圈（如武汉城市圈、中原都市圈等）为案例进行实证研究，结合不同类型的高铁空间效应和影响因素，剖析都市圈旅游空间高铁效应机制，论证高铁网络对都市圈旅游高质量发展的作用关系、影响路径，并进行影响效应的评价，进而根据研究结论提出借助高铁网络推动都市圈旅游高质量发展的政策建议。

1.5 研究设计

本书在研究时以国家提出且正在崛起的主要都市圈为样本，从中选取3～5个高铁交通相对发达、旅游资源丰富且产业发展水平较高的都市圈为对象，研究高铁网络促使都市圈旅游高质量发展的机制、路径及政策建议。本书的研究设计一共分为五个部分，各个部分的具体设计思路和内容如下。

第一部分：研究的背景、现状及相关的理论基础。该部分主要包括第1、第2、第3共三个章节的内容，主要目的是通过对已有研究成果的梳理，按照国家提出的高质量发展战略目标，在遵循旅游产业高质量发展总体要求及都市圈旅游特征、类型等情况下，以区域经济协调发展理论和一体化发展理论为理论分析工具，界定旅游高质量发展和都市圈旅游高质量发展的概念，剖析其内涵特征，构建并设定旅游高质量发展的评判标准等。其中，第1章主要是对全书的研究背景、研究目标、研究思路与方法等进行详细解读，同时，对国内外关于高铁网络与旅游业发展、高铁网络与都市圈旅游、旅游高质量发展等相关研究成果进行梳理和评述，不仅有助于提出本书可能形成的创新点，还能为后文的一系列研究奠定基础。比如，第1章提出的研究基础，为第2章中都市圈、都市圈旅游、高质量发展及旅游高质量发展等概念的界定、内涵特征的解读、评价标准的制定以及基础理论的选择等提供了扎实的依据。第3章主要是对研究对象的发展现状进行概述，主要包括中国高铁网络的形成、建设运营情况以及高铁线路的分布及相关信息，同时，也对中国都市圈发展的要素统计、分类等进行详细的阐述，为后文研究过程中关于高铁网络和都市圈的选择奠定基础。

第二部分：高铁网络与都市圈旅游的研究。该部分主要包括本书第 4、第 5 章的内容，主要目的是了解高铁网络对都市圈旅游发展的影响，包括高铁网络与都市圈旅游发展的关系、高铁网络对都市圈旅游发展及其空间格局演变的影响（都市圈旅游空间格局演变的思路如图 1 – 2 所示）。首先，基于第一部分的研究结果，引入耦合协调理论，对高铁网络与旅游业耦合协调发展的关系、机理及耦合协调度等进行研究，总结二者的耦合协调发展关系，剖析高铁网络影响都市圈旅游发展的主要因素，并运用因子分析法进行实证研究，揭示不同因素的组合方式。其次，基于第 4 章的研究结果，从微观层面剖析高铁网络影响都市圈旅游空间格局演变的因素，并分别从可达性变化、旅游资源布局变化、客源地变化、游客行为特征变化等层面对都市圈旅游格局的演变特征进行实证分析。通过探究高铁网络与都市圈旅游发展的作用关系，为后期研究高铁网络与都市圈旅游高质量发展时，在案例对象选择、数据选取、指标筛选等方面奠定基础。

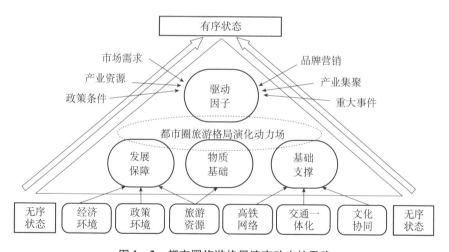

图 1 – 2　都市圈旅游格局演变动力的思路

第三部分：高铁网络与都市圈旅游发展的效应机制研究。该部分主要包括本书第 6 章的内容，其目的是以第二部分中高铁网络与都市圈旅游空间格局演变的研究结果为基础，探究高铁网络对都市圈旅游发展的效应机制。该章一共分为 4 个小节，主要围绕高铁网络影响都市圈旅游发展的效应（包括时空压缩效应、过滤效应、扩散效应和叠加效应）、滞后效应、贡献效应、空间效应等几个方面展开研究。通过选取相应的指标，以具体的都市圈和高铁网络为例，分别对滞后效应、贡献效应和空间效应进行实证分析，进而推证高铁网络与都市圈旅游高质量发展之间的关系及作用特征，为高铁网络与都市圈旅游高质量发展路径的研究提供理论支撑，其研究思路如图 1 – 3 所示。

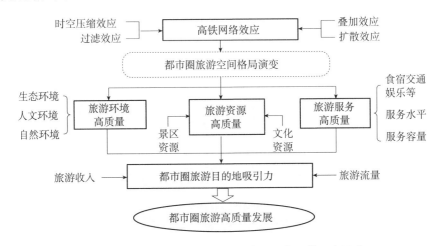

图 1 – 3　高铁网络与都市圈旅游高质量发展的研究思路

第四部分：高铁网络与都市圈旅游高质量发展的路径与政策建议研究。该部分主要包括本书第 7、第 8、第 9 共三个章节的内容，其中，第 7章是对高铁网络与都市圈旅游高质量发展路径的研究。首先，基于第一部分中对高质量发展、旅游高质量发展等概念的界定，参考新发展理念的相关论述，分别从创新发展路径、协调发展路径、绿色发展路径、开放发展路径和共享发展路径五个层面展开深入研究。其次，为进一步论证高铁网络对都市圈旅游高质量发展的影响，基于第一部分梳理的研究成果、结合第三部分在研究各类效应机制时筛选的指标，构建高铁网络影响都市圈旅游高质量发展的评价指标体系，引入熵值 – TOPSIS 方法和面板回归模型方法，并以具体的都市圈为例进行实证研究，剖析高铁网络在推动都市圈旅游高质量发展方面存在的困境。最后，基于第 8 章的研究结果，参考已有研究成果，分别从加强顶层设计、合理引导旅游高质量发展路径模式，以文旅融合为手段、突出旅游业高质量发展的特色，深入贯彻落实新发展理念、推动旅游业高质量发展，深化高铁网络带动性效应、助力旅游资源互补共享，抢抓高铁新机遇、保障都市圈旅游业高质量发展等层面针对性地提出高铁网络推动都市圈旅游高质量发展的政策与建议。这是本书研究的落脚点。

第五部分：本书的研究总结与展望。该部分重点对本书的主要研究内容、观点和成果等进行总结，并结合在研究过程中发现的问题和可能的机遇进行梳理，合乎逻辑地提出在高铁网络化发展建设时代下，未来都市圈旅游研究进程中可能会形成的新命题，为后期的研究选题提供参考。

1.6　可能的创新点

（1）探讨并界定旅游高质量发展及都市圈旅游高质量发展的概念内涵。都市圈旅游的相关研究仍处于初期阶段，鲜有文献从高质量发展角度展开探讨。本书试图界定旅游高质量发展及都市圈旅游高质量发展的概念及内涵特征，甄别高铁网络影响都市圈旅游高质量发展的关键问题，为旅游高质量发展实践提供理论指导。

（2）凝练高铁网络对都市圈旅游业高质量发展影响的路径。已有成果更侧重以高铁线路及其途经地区为对象探讨对旅游业发展的影响。本书以高铁网络和都市圈为对象，剖析高铁网络对都市圈旅游空间格局演变的影响，并基于此梳理高铁网络与都市圈旅游高质量发展的逻辑关系，结合旅游业高质量发展等相关概念的界定，分别从创新、协调、绿色、开放、共享五个层面提出高铁网络影响都市圈旅游高质量发展的路径。

（3）构建高铁网络对都市圈旅游业高质量发展影响的综合评价指标体系并进行综合测评。首先，根据前期的理论分析结果，结合高铁网络与都市圈旅游业高质量发展现状，构建高铁网络与都市圈旅游业高质量发展的综合评价指标体系。其次，运用熵值－TOPSIS 法测算高铁网络与都市圈旅游业高质量发展的指标权重与综合发展指数，明确二者的发展水平与发展趋势。最后，运用时间—个体双向固定效应模型分析高铁网络对都市圈旅游业高质量发展的影响，主要从总体效应分析、影响路径分析与区域异质性分析方面进行探讨。

（4）实现从高铁网络角度探讨其对都市圈旅游业高质量发展的影响。已有关于旅游业高质量发展的文献很少从高铁的角度进行研究，尤其是高铁网络的角度，而在少数研究高铁网络与旅游业高质量发展关系的文献中，主要集中在二者的协同发展、影响机制及高质量发展的实现路径方面，鲜有文章对高铁网络与旅游业高质量发展进行综合研究。首先，对高铁网络与都市圈旅游业高质量发展水平进行客观准确的评价，明确发展水平和趋势；其次，揭示高铁网络对都市圈旅游业高质量发展的作用程度、影响路径以及区域差异；最后，结合研究讨论提出推动都市圈旅游业高质量发展的政策建议。

第 2 章　相关概念与基础理论

2.1　都市圈

都市圈（metropolitan area）这一名词是在日本被提出的，但是最早对都市圈进行概念界定的则是美国。随后，日本在美国"都市区"概念的基础上结合自身城市特点形成了关于都市圈的概念，该概念有狭义和广义之分，均属于城市功能地域概念（李国平，2004；许学强等，2009）。目前，随着城市规模的不断扩大，都市圈已经成为一种在世界范围内具有普遍意义的城镇群体空间组合类型，也逐渐成为了一个国家和地区介入全球竞争的基本单元。比如，日本早在 1956 年就出台了《首都圈整备法》、美国则在 1990 年将其在 1910 年提出的"都市区"定名为"都市圈"、中国于2014 年在《国家新型城镇化规划》中首次提出了"都市圈"的概念。但是，由于各个国家社会经济水平发展的差异，都市圈在世界范围内的概念并不统一、含义也存在一定的差异。目前，我国学术界比较认可的概念是"都市圈是以一个或多个中心城市为核心，以发达的联系通道为依托，由核心城市及外围社会经济联系密切的地区所构成的城市功能地域"（张京祥等，2001；张伟，2003；黄亚平等，2021）。

严格来说，都市圈不仅是一个区域性的概念，从某种程度上来说都市圈更是一个具有紧密沟通功能的现实实体。在具体研究过程中，由于都市圈要有至少一个核心城市作为其形成的核心动力，同时，核心城市与周边相邻城市之间的相互作用也被视为都市圈形成的主要动力，而这些动力最终都会以"流"的形态在都市圈空间范围进行集聚与分散。因此，学者们认为都市圈是经济圈实体的一种特殊形式。此外，受都市圈内良好的交通基础设施和各类资源的地理空间分布特征等的影响，都市圈内的各种产业和经济活动之间相互集聚、相互联动，促使都市圈内各行业不断向着集成化、系统化的有机整体发展（Li et al.，2020）。同时，都市圈作为社会经济发展的一个产物，也是一个必须有人参与的社交圈，即都市圈的形成过程中产生了劳动力的需求，不断带动了社会经济的发展，而经济的集聚发展又反向带来人口的集聚，并最终促使它们相互依存、共同发展。

具体来说，关于都市圈与其他尺度城市区域概念的辨析，目前学界基本达成的共识包括以下四个方面。

（1）都市区、都市圈、城市群、都市连绵区（大都市带）是大城市区域化发展到不同阶段出现的城镇空间组合形式。

（2）都市圈是都市区发展的高级阶段，其地域空间范围大于都市区。在中国城市管治背景下的都市区空间范围，一般界定在中心城市行政管辖的地域范围内，而都市圈是跨市域的地域空间组织。

（3）都市圈是城市群形成发育的前期阶段，是城市群中核心城市及外围城镇形成的紧密联系区，可看作是城市群中的次区域。

（4）都市圈是都市连绵区（大都市带）的基本单元，而都市连绵区（大都市带）是若干个都市圈的有机整合体。

第二次世界大战结束后，经济复苏工作得到了极大的重视，美国、英国、日本等一些国家开始在这一阶段大力发展经济，城市经济发展步伐也在这一阶段有了快速提升，并逐渐形成了一批经济实力雄厚、人口较多、产业较为丰富的大城市。20 世纪 60 年代后，随着各个国家外交关系的恢复和建立，以及经济全球化进程的不断加速，最早出现的大城市空间组织结构开始发生变化，特别是受城镇化进程快速推进的影响，这些单一城市形态开始在发展过程中暴露出一系列问题。为了缓解快速城镇化带来的问题，大城市开始与周边相邻城市进行合作，并逐步演化为以大城市为核心城市、与周边多个中小城市相互联系、相互促进的都市圈。比如，美国纽约、日本东京、法国巴黎、英国伦敦等这些世界级的大型都市圈都是在这个过程中逐渐形成并发展壮大的。早期形成的这些都市圈，不仅是其所在国经济最为发达的地区，同时也是全球经济发展的重要区域。表 2 - 1 中列出了全球部分国家的都市圈演变历程。

表 2 – 1　　　　　　　　全球部分国家的都市圈演变历程

国家	年份	基本情况介绍
美国	1910	由于人口统计的需要，首次使用"都市区"概念进行人口统计，这是"都市圈"概念的前身
	1957	由于区域内环境、通勤、安全等的需要，在华盛顿成立了"大都市区"委员会
	1962	出台了《2000 年首都地区规划方案》，布置一批规模不同的卫星城镇或大型居住区
	1990	将"都市区"统一定名为"都市圈"（metropolitan area）
英国	1937	为了解决伦敦人口密度过高的问题，成立了"巴罗委员会"，是该国都市圈的前身
	1946	《新城法》提出在离伦敦市中心 50 千米的范围内建设 8 个卫星城
日本	1956	出台了《首都圈整备法》，首次明确了以东京为中心、半径 100 千米的首都圈地域范围，被称为"第一次首都圈规划"
	1968	提出了以"将东京作为经济高速增长的全国枢纽，实施以合理中枢功能为目标的城市改造"为主要内容的首都圈规划，称为"第二次首都圈规划"
	1976	调整了首都圈规划内容和战略方向，正式出台"第三次首都圈规划"
	1999	东京都市政厅编制了"首都圈规划构想"
韩国	1982	颁布了《首都圈整备规划法》，对首都圈地区进行合理规划，从而使城市均衡发展
	1989	为稳定房价、解决住房难，韩国政府在首尔市近郊的京畿道建设了 5 座卫星城（新都市）
中国	1995	《南京市城市总体规划（1991—2010）》第一次提出"南京都市圈"概念
	2014	出台了《国家新型城镇化规划》，并提出"都市圈"概念
	2019	出台了《关于培育发展现代化都市圈的指导意见》，并提出发展"现代化都市圈"
	2021	国家批复了《南京都市圈发展规划》，同时，南京都市圈也是我国第一个经由国家批复建设的都市圈
	2021 年及以后	随后，国家相继批复了福州、成都、长株潭、西安、重庆、武汉、杭州、沈阳、郑州都市圈等多个国家级都市圈

如今，都市圈及城市群概念日渐成熟，也被广泛应用于大都市规划的蓝图中。发展都市圈不仅成为解决大城市病的重要途径，更是发挥大城市的虹吸效应、吸引资金、人才和产业的有效方式，并通过资金、人才、产业等的集聚带动经济整体高质量发展。我国在 21 世纪初就有学者提出了都

市圈的相关研究，他们认为都市圈是城市集聚的体现，同时也是由强有力的核心城市和与其相近城市所形成的紧密关联的区域（邹军，2001；杨涛，2002）。随后，学者们分别以环渤海地区、长三角地区、珠三角地区等为例，并在一定程度上将这三大城市经济区视为都市圈进行了一系列的实证研究（殷广卫、邹璇，2011；金凤花、李全喜，2012；张雅鹏，2017）。但是，直到2019年2月19日，国家发展改革委公布的《关于培育发展现代化都市圈的指导意见》才首次明确了都市圈的概念，即都市圈是城市群内部以超大特大城市或辐射带动功能强的大城市为中心、以1小时通勤圈为基本范围的城镇化空间形态。从空间形态上看，都市圈是由一个中心城市和一系列邻近的中小城市组成，其中，要求中心城市具有"中心地"的功能，并能够在交通、社会经济发展等多个方面与这些中小城市展开密切的联系。从内部联系上看，中小城市与中小城市在发展过程中联系密切、分工明确，其中，中心城市承担着吸引各类社会资源的任务，并能促进城市之间的相互联系和分工协作，带动圈内中小城市的协同发展。

基于上述分析，本书将都市圈的概念界定为：都市圈是以一个或者多个中心城市为核心，以发达的基础交通运输体系为依托，既能吸引周边城市的各类资源，又能将中心城市的发展优势辐射到周边城市助力于周边城市的快速发展，是城市地域空间形态演化的高级形式，也是大城市发展到一定阶段后所出现的一种空间现象，它是城市群的核心，更是推进城市群高质量发展的重要抓手。

2.2　都市圈旅游

在对都市圈旅游的相关概念进行界定前，首先需要明确区域旅游的相关内容。目前，关于区域旅游研究已经有较多的成果，比如，有研究认为区域旅游系统就是一个与区域全球化发展相联系的全球系统（Sessa，1988）；也有学者对区域旅游系统进行了细分，并将其分为四个子系统，分别是：目的地子系统、客源市场子系统、出行子系统和支持子系统（吴必虎，1998）。在组成要素方面，有学者认为组成区域旅游系统的关键要素包括旅游目的地区域、旅游区、区内路径、人口通道和客源地市场五个要素（黄金火等，2005）；其中，就旅游目的地来说，其核心要素主要包括旅游区、旅游景点和旅游路径（杨新军等，2004）。朱付彪（2011）在对都市圈旅游进行研究时认为，都市圈会不断地发展和扩大，此时的都市圈旅游也应该是建立在都市圈空间范围基础上进行的研究。虽然圈内不同城市的旅游形象有所差别，但是都市圈旅游应具有一定的整体旅游形象，且要能够以圈内各种旅游吸引物为基础，充分依托都市圈内丰富的旅游资源，以整个都市圈为旅游目的地而开展的旅游活动。

已有研究更倾向于将都市圈旅游视为一个由多个城市组成的"单体集合体"，鲜有学者将都市圈旅游视为一个整体旅游目的地进行研究。但是，随着都市圈内不同地区之间联系程度的变强，此时，依赖于都市圈内各种基础设施，以圈内不同城市在经济、社会、文化等方面的联系为纽带，将都市圈打造为整体旅游目的地成为都市圈旅游发展的必然选择，也是都市圈旅游研究的必经之路。

陆林等（2016）对都市圈旅游作了详细的定义，其研究认为都市圈旅游作为区域旅游的一种特殊形态，是由若干个城市内的各种旅游吸引物、旅游服务体系、其他与旅游相关的活动以及自然人文旅游要素等共同构成的一个旅游系统，也是旅游活动过程中所必需的由各种条件或基本要素等相互依托、相互制约、相互协同而形成的，且具有一定层次、特征、结构和功能的旅游地域综合体。

参考陆林等学者对区域旅游的定义，本书拟对都市圈旅游作如下定义：都市圈旅游是一个包含了城市旅游、乡村旅游、高山旅游、冰雪旅游等多种旅游类型的旅游目的地，该旅游目的地是以都市圈为整体、以圈内的不同城市为单元，以圈内的核心城市为集聚中心，由都市圈内的各种旅游资源、旅游基础设施、旅游接待设施、旅游服务设施、旅游商品等有机结合而成，并以都市圈内丰富的旅游资源、高度发展的社会经济条件和发达的交通运输体系等为依托所形成的具有某一整体性旅游目的地形象的区域性旅游目的地；同时，还能够在一定程度上兼具旅游客源地和旅游目的地双重身份的旅游综合体。与普通的区域旅游系统相比，由于圈内城市之间在多个领域的协作互动，使都市圈旅游具有较好的动态性、整体性和开放性等一些特征，这些特征不仅能够有效促使都市圈旅游在新要素、新环境等的作用下不断进行内部组织结构和功能结构的动态调整，还能促使圈内的旅游流和产业体系之间形成较为紧密的联系，且彼此之间可互为旅游客源地和旅游目的地，进而从内部和外部两个层面不断实现都市圈旅游系统的优化。

就旅游构成要素来说，都市圈旅游与普通区域旅游之间也存在一定差异。普通的区域旅游系统是各种旅游活动与旅游资源通过一定媒介在一定地域上所组成的旅游地域综合体，它被认为是由要素结构、子系统结构等通过一定的联系渠道所共同形成的系统组织（张亚林，1989）。但是，与普通区域旅游所不同的是，都市圈旅游是以都市圈为地理单元而进行的区域旅游，因此，我们认为都市圈旅游是固化在一定地理空间、文化空间和社会经济空间内的旅游地要素的集合体和有机体，其组成内容包括旅游吸引物、旅游客源地、旅游交通、旅游产业、旅游服务设施、旅游引导信息等（陆林，2016）。具体内容见表2-2。

表2-2 都市圈旅游的主要组成内容

序号	组成	具体描述
1	旅游客源地	既包含从都市圈外进入都市圈内的游客，又包含了都市圈内人员在圈内不同城市之间的流动。外部游客主要借助交通路线和旅游路线进入都市圈内进行旅游活动，内部游客主要体现为都市圈内不同城市之间互为旅游目的地和客源地
2	旅游吸引物	旅游吸引物包含了城市旅游、乡村旅游、节事旅游、主题公园等不同类型的旅游活动，且这些旅游活动吸引物数量在分布上呈现出从中心城市向边缘城市递减的状态（苏平等，2004）。中心城市多以城市景观、城市商业街区、历史文化景点等为主，其外围旅游吸引物类别较多但较核心地区相比其吸引力有一定的降低；周边城市吸引物数量多，呈点状集聚，但吸引力相对较为分散
3	旅游交通	都市圈旅游交通的组成较为复杂，包括公路、水路、铁路、航空等多种形式，其中，中短距离的出游主要以公路交通和铁路交通为主，而铁路交通方式中的高速铁路则因为运量大、速度快、舒适度高等原因受到广大游客的青睐。特别是都市圈内高铁网络的形成，极大地提升了都市圈内交通通勤效率和换乘接驳能力，通过优化大交通和中小交通之间衔接的顺畅度，能够让圈内外游客实现快速的进出，实现"快进漫游深体验"，进而提升游客的满意度

序号	组成	具体描述
4	旅游产业	旅游产业作为第三产业中的一项细分产业，其涉及的内容较为广泛，与其相关的产业也较多，涵盖了支撑都市圈旅游业发展的城市商业、运输服务业、旅游接待业、信息邮电业等多种行业，同时还包括围绕这些业态布局的旅游销售企业等
5	旅游信息媒介	信息媒介一般被认为是一种传播或贮存信息的物质载体，但是由于旅游业的特殊性，其信息媒介也与普通信息媒介存在差异。都市圈旅游信息媒介被认为是由圈内各城市中的旅游接待业、旅行社、各类旅游网站及相关的文化传播企业等所共同组成的信息传播渠道。其主要目的是以多城市旅游信息传播和产品销售为重点，对都市圈内的旅游资源、旅游接待、旅游形象等进行宣传，为都市圈内外游客提供各类相关信息

2.3　高质量发展

随着社会对经济发展速度和发展过程的高度关注，人们开始反思并提出了"高质量发展"的概念。2017 年 10 月，在党的第十九次全国代表大会上，"高质量发展"这一概念被正式提出。自党的十九大报告提出"高质量发展"这一概念以来，学者们已经在多个学科领域对高质量发展的相关内容进行了较多的研究。比如，有学者从经济学相关理论（钞小静，2018；张永恒，2018）、可持续发展理论（张建军，2019；安树伟，2020）、中国特色社会主义理论（洪银兴，2018；何建民，2018）等不同视角切入，对"高质量发展"的内涵进行了探讨。也有学者研究指出，人类对经济发展的认识也是从数量增长逐渐向质量发展转变，其主要脉络可归结为"经济数量增长—经济增长质量—经济发展质量—高质量发展"（李坤，2019）。此外，党的二十大报告中更是明确提出，"加快构建新发展格局，着力推动高质量发展"，并指出，"高质量发展是全面建设社会主义现代化国家的首要任务""要坚持以推动高质量发展为主题""完整、准确、全面贯彻新发展理念，着力推动高质量发展"。

由此可知，高质量发展是我国面对当前国内外挑战的重要法宝。从经济供给侧来看，新中国成立后为了迅速赶上发达国家的步伐，增强综合国力以实现人民群众的基本温饱，我们不得不忽略一些发展中的问题，竭尽全力地快速推动国家工业化进程。但由于长期粗放的发展方式，资源的无效率使用和生态环境的持续恶化成为了当下跨越"中等收入陷阱"必须面对的问题。为了实现弯道超车，最大化地利用我们的比较优势，中国成为了"世界工厂"，与此同时也带来一系列问题。比如，长期形成的产业结构以低端产品为主，由于核心技术的缺乏，产品附加值上不去，只能通过劳动力的价格优势来赚取差价，企业和社会的生产效率较低。从需求侧来看，改革开放初期为了激发市场的活力，邓小平同志提出，"让一部分人先富起来，先富带动后富，最终实现共同富裕"的发展战略，这一决策无疑是相当有效的，改革开放至今我国经济社会发展速度震惊了整个世界。但发展过程中的国民收入分配差异带来了行业、城乡、区域之间的收入与财富差距，影响了我国经济的可持续发展，导致投资、消费、出口"三驾马车"结构失衡，经济发展的动力在逐步下降。从制度建设来看，政府如何更好地为市场服务，引导市场经济的高效发展仍是目前面临的问题之一，如何通过改革约束地方政府权力，规范市场主体行为，中国经济高质量发展需要强大的制度保障。

针对以上种种问题，不同领域的专家学者们围绕"高质量发展"开展了一系列的研究。目前，学术界对于高质量发展内涵的解读主要集中在社会经济发展、社会生活发展、生态环境发展及新五大发展理念等领域（赵剑波、史丹、邓洲，2019；薛明月、王成新，2022）。在经济发展方面，有研究认为高质量发展是创新和效率的提高，是经济发展方式的优化，是开放共享的发展，是以满足人民美好生活需要为根本目的的发展，着重解决发展不平衡不充分的问题，并以经济增长为根本出发点（王小华、杨玉琪等，2022；任海军、崔婧，2022）。在社会生活发展方面，有研究认为高质量发展要以共同富裕为主要目标，并将共同富裕作为试金石，实现高质量发展与共同富裕的双向互动机制（李友梅，2022；高帆，2021）。在生态环境发展方面，研究认为高质量发展与其是互为因果、相互作用的关系，具有协同发展的作用机理，生态环境质量的提高是高质量发展实现的支撑条件，高质量发展又会带动生态环境质量的提升（伍博炜、王远等，2022）。此外，新五大发展理念是高质量发展的理论支撑，是进一步挖掘高质量发展内涵的重要方向，是进行高质量发展水平评价的重要指标来源（李友梅，2022；伍博炜、王远等，2022）。比如，张辉等（2021）认为，新发展理念切中所有高质量发展的核心特征，新五大发展理念"创新、协调、绿色、开放、共享"，从不同的方面强调了当前发展应着重注意的要点，相辅相成，共同形成了一个逻辑严密的高质量发展方法论。胡家勇等（2022）认为，新发展阶段回答了经济为什么必须实现高质量发展，新发展理念回答了经济高质量发展的内容和遵循，新发展格局指明了经济高质量发展的路径，三者之间内在的逻辑构建了我国经济高质量发展的基本框架。石亚军（2020）认为，高质量发展是新发展理念的终点，新发展理念是高质量发展的路径，高质量发展是迎合当前我国发展现实需要的新时代发展，其基本特征为以创新为第一动力、以协调为内生特点、以绿色为普遍形态、以开放为必由之路、以共享为根本目的。通过新发展理念的践行，激发市场的活力，为当前我国经济发展注入新的动能。

综上所述，本书将高质量发展的概念界定如下：高质量发展是对经济社会发展方方面面的总要求，包括发展理念、发展动力、经济结构、供给体系、社会保障支持体系和综合效益等方面；是与社会生活各要素之间存在互为因果、相互促进的关系，并坚持以人为核心的发展观点，始终以创新、协调、绿色、开放以及共享的发展理念为出发点，着力破解发展不平衡不充分之间的主要矛盾问题，以最终实现共同富裕。

当前，高质量发展已经成为新中国发展的主线以及学者关注的热点之一，其特征也逐渐清晰，结合已有研究成果中对高质量发展的描述，本书认为高质量发展的特征主要表现在普适性、相对性、动态性、可量化性方面。

（1）普适性。普适性指某种事物普遍适用于某些对象中的一种性质，这里所讲的某种事物可以包括制度、规律、观点等。从全球发展视角来看，中国政府提出的高质量发展对全球经济社会发展具有重要意义，有助于解决全球南北发展不平衡以及缩小城乡发展差距等问题，实现全球共同繁荣。从中国的国内发展需求来看，高质量发展是实现强国战略、满足人民日益增长的美好生活需要。从区域发展视角来看，高质量发展战略能够解决区域间发展不平衡的问题，能充分利用各区域的优势，走区域协调发展之路。从企业发展视角来看，高质量发展是企业发展的基础，在激烈的市场竞争环境中，唯有高质量发展的企业才能行稳致远。可以看出，无论是从国内、国外视角，还是宏观、微观层面分析，高质量发展均具有适用性。

（2）相对性。高质量发展的相对性主要体现在两个方面。一方面，同一区域在不同发展时期由于发展程度与发展深度的不同，其高质量发展的内容不尽相同；另一方面，在同一时期内，不同区域由于在区位、资源以及发展基础等方面存在差异，其高质量发展程度也存在优劣。

（3）动态性。动态性是高质量发展进程中最基本的特征。其一，高质量发展进程中目标与思路不断变化，需要在结合实践的过程中进行动态性调整，不断对发展内容进行丰富与完善。其二，高质量发展的程度与阶段具有空间差异性，且随着时间推移，其发展将会产生阶段性变化，在时间与空间上均表现出动态性。

（4）可量化性。可量化表明事物的某种性质或特质能够用数字或指标表示。学者们为更精准地计算并发现高质量发展所展现出来的规律，较多根据高质量发展的概念、特征以及五大发展理念构建评价指标体系，将高质量发展的问题数字化，并取得了丰硕的研究成果。可见，高质量发展具有可量化性。

2.4 旅游高质量发展

由前文研究可知，关于高质量发展的研究涉及多个行业产业，随着旅游业成为许多国家经济发展的重要组成部分，如何提升旅游业发展效率与发展质量成为世界各国旅游政策制定关注的重要问题。其中，关于旅游高质量发展的研究也逐渐引起了广大旅游界学者们的兴趣，有效推动了各界对旅游高质量发展的重视。但是，由于语言习惯、概念界定及国家制度等方面的差异，国外没有"旅游业高质量发展"相关提法，西方学者主要从旅游业发展效率与旅游业发展质量两个维度进行研究，最早可追溯至20世纪 60 年代。目前，国外对旅游效率研究已经积累了非常丰富的文献，主要基于古典经济增长理论和成本——效益理论对旅游业发展效率及旅游经济增长因素进行分析。从研究对象上看，欧美学者对旅游业发展效率的研究主要集中在酒店业（Oliveira and Pedro，2013；Arbelo et al.，2018；Sellers-Rubio and Casado-Díaz，2018；Kularatne，2019）、旅行社业（Barros and Matias，2006；Fuentes，2011；Dragan et al.，2018）、旅游交通业（Tavassoli，2014；Stichhauerova and Pelloneova，2019；Ripoll-Zarraga and Raya；2020）等行业的发展效率和区域旅游业发展效率两类。此外，有学者以旅游费用、员工人数和接待床位数为投入变量，以旅游收入、游客人数和住宿天数为产出变量，运用 CCR-DEA 方法测算了 2013 年 29 个欧洲国家的旅游相对效率。结果表明，旅游业相对有效和无效的国家数量分别为 16 个和13 个（Soysal-Kurt，2017）。还有学者对 2008 ~ 2013 年中国 31 个省（市）的旅游业发展效率进行测度，发现中国总体旅游效率得分较低（0.763），原因是中国东中西三大区域经济发展程度和效率水平不均衡（Chaabouni，2019）。也有学者采用 DEA 对法国 13 个旅游目的地的旅游业发展绩效进行评估，并基于旅游吸引物理论运用模糊集定性比较分析法（fsQCA）探讨了遗迹数量（number of monuments）、博物馆数量（number of museums）、是否有海滩（presence of beaches）、是否有滑雪胜地（presence of ski resorts）等因素对旅游目的地发展效率的影响（Corne and Peypoch，2020）。拉多万诺夫等（Radovanov et al.，2020）基于可持续发展视角利用 2011 ~ 2017 年面板数据，考察了欧盟 27 个成员国和巴尔干半岛 5 个国家的旅游业发展效率，研究表明，欧盟 15 国旅游业发展效率均值最高，其中巴尔干半岛国家旅游发展效率最高，后加入的成员国旅游业效率最低，同时发现旅游发展可持续性、旅游收入占 GDP 份额、游客数及入境旅游收入等都对旅游发展效率具有显著影响。

国内学者在对旅游高质量发展的概念进行界定时，主要参考了党的十九大报告中对经济高质量发展的要求，并以系统论为理论基础对新时代中国旅游业高质量发展进行了归纳（何建民，2018）。也有学者以旅游竞争力为切入点，从旅游资源禀赋、服务配套设施、发展支撑环境等六个维度入手，探讨了高质量发展背景下旅游业发展质量的省际差异（魏敏、李书昊，2018）。于法稳等（2020）基于经济发展与生态环境协调理论，从供需匹配、文旅融合、产业高效等角度，甄别出乡村旅游高质量发展的关键要素。此外，学者们对旅游业高质量发展的测度评价、影响因素与提升路径等也开展了大量研究，研究对象趋向多元，研究尺度宏微兼具，研究方法更加多样（马慧强等，2018；吕腾捷，2020；张新成等，2020）。但是，就现有研究成果来看，国外学界关于旅游高质量发展概念界定的研究成果较少，类似主题均为旅游质量的相关研究，主要从旅游服务质量、旅游产品质量、旅游者体验质量等角度定义旅游高质量发展。

根据前文对高质量发展的论述可知，高质量发展强调经济系统发展过程和结果的高质量，是"五大发展理念"（创新、协调、绿色、开放、共享）的总结和延续。然而，就当前的研究现状来看，国内学术界关于旅游业高质量发展内涵的界定大多基于产业属性，侧重经济效益，较少关注到其社会属性或社会效益。但是，在衡量高质量发展时既要关注其经济属性又要关注其社会属性，其衡量标准应当包含发展的有效性、充分性、协调性、创新性、持续性、分享性和稳定性（胡静等，2022）。有研究指出，高质量发展的主要特征体现为五个转向，即从"数量追赶"转向"质量追赶"，从"规模扩张"转向"结构升级"，从"要素驱动"转向"创新驱动"，从"分配失衡"转向"共同富裕"，从"高碳增长"转向"绿色发展"（王一鸣，2020）。基于此，有学者认为，旅游高质量发展的内容应该包含旅游经济速度与效率、产业结构与高度、生态环境与质量等（刘英基，2020）；也有一部分学者研究认为，旅游高质量发展是在新发展理念引导下的一种发展模式，其内容包括旅游创新发展、协调发展、绿色发展、开放发展、共享发展五个层面（任保平，2020；张新成、梁学成，2020）。表2-3列举了部分学者的研究成果对旅游高质量发展的定义。

表 2 - 3　　　　　国内部分学者对旅游高质量发展的定义

代表作者	发表年份	旅游高质量发展的定义	期刊名称
安淑新	2018	从经济学视角解释认为：旅游高质量发展是以高质量的旅游业为核心，主要依托经济学的投入产出、供需平衡等理论，强调通过供给侧结构性改革、制度创新、技术创新等来提升旅游经济的增长质量	《当代经济管理》
何建民	2018	从政治经济学视角的解释认为：旅游高质量发展是旅游活动利益相关者各自利益与资源、社会人文环境和自然环境之间相和谐的合法（合理）的诸多要素相互作用的综合体	《旅游学刊》
张新成、梁学成等	2020	旅游高质量发展是由表征旅游业发展动力的创新发展系统、检验旅游产业与社会经济系统间的协调发展系统、解决旅游产业外部性与生态共生的绿色发展系统、反映区域内旅游产业的内外联动性的开放系统、考察旅游产业公共性和公益性的共享发展系统、体现旅游产业特色和发展基础的文旅资源系统所共同构成的综合体	《干旱区资源与环境》
张朝枝等	2022	从可持续发展观视角的解释认为：旅游高质量发展是围绕人的全面发展，遵循经济、社会文化和环境发展底线，协调地方、区域、国家与全球尺度的可持续发展的一种发展模式	《华中师范大学学报（自然科学版）》
胡静等	2022	从旅游产业属性视角的解释认为：实现效率与公平的有机结合是旅游业高质量发展的本质；其中，供给有效、发展公平是其高质量发展的核心要义；发展过程中以制度创新、技术赋能为动力，注重培育多元主体，融合多种业态，善于发展并满足需求且能够有效引导需求	《华中师范大学学报（自然科学版）》
戴学锋、杨明月	2022	从全域旅游视角认为：旅游高质量发展的主要内容可以从四个层面进行归纳总结。一是旅游产品和旅游服务的高质量发展，即实现旅游"吃住行游购娱"全要素的提升；二是旅游者的高质量发展，即实现旅游者素质的全面提升；三是旅游业治理体系的高质量发展，即实现旅游业治理体系从"小旅游"向"大旅游"转变；四是旅游业治理能力的高质量发展，即建立独立有效的旅游目的地体系，树立综合型旅游目的地形象	《旅游学刊》
唐健雄等	2022	从新发展理念角度解释认为：旅游业高质量发展至少应涵盖五个维度，并结合新发展理念的概念内涵将其具体总结描述为经济稳定高效、民生质量提升、创新驱动发展、生态文明建设和供需水平升级	《统计与决策》
戴斌等	2022	旅游业高质量发展不仅限于经济增长范畴，还涉及社会、政治、文化、生态等方面；其中，创新驱动、绿色发展和民生福祉是旅游业高质量发展的关键因素，高质量的供给体系、高效率的投入产出和稳定的社会发展制度是旅游业高质量发展的基础保障	《华中师范大学学报（自然科学版）》

代表作者	发表年份	旅游高质量发展的定义	期刊名称
王兆峰	2022	旅游业高质量发展应是旅游经济高质量发展融入"多维性"与"新发展理念"后实现的全面深化发展。结合"创新、协调、绿色、开放、共享"新发展理念，将旅游业高质量发展解构为：创新驱动、结构优化、效率提升、增长稳定、对外开放、区域协调、经济发展、社会繁荣、环境友好	《经济地理》

上述学者在对旅游高质量发展进行界定时并没有完全统一，但是不难发现，在进行概念界定时，"创新、协调、绿色、开放、共享"的发展理念始终贯穿整个过程。可见，旅游业高质量发展在某种程度上可被认为是旅游经济高质量发展在融入了"多维性"与"新发展理念"后实现的一种全面深化式发展。因此，本书基于学者们对旅游经济高质量发展的定义，结合"创新、协调、绿色、开放、共享"的新发展理念，揭示旅游业与经济、社会及环境的多维发展，从而提出旅游业高质量发展核心概念。

（1）创新发展维度。创新发展着力解决旅游业高质量发展的动力问题。党的二十大报告指出，"理论创新没有止境，在坚持理论创新的同时进行实践探索，着力造就创新型人才，完善科技创新体系，加快实施创新驱动发展战略"。创新与旅游业高质量发展的相互作用表现在两方面。其一，创新在旅游业高质量发展过程中主要表现为多方协同创新，包括产品升级、资源利用率、科技进步、人才培养等方面，其中，以创新为发展理念推动新型基础设施建设（以下简称新基建），推动数字化转型与智能化升级，培育新型旅游市场。其二，旅游业高质量发展促使创新进步，旅游业涉及多个行业，旅游业高质量发展为创新成果的应用提供广阔的舞台、丰富的资金及规范的制度等；旅游业高质量发展促进旅游形式升级，如智慧旅游、低碳旅游等。此外，创新发展要求地方行政主体和市场主体要结合大众旅游发展的时代特征和地方旅游业发展环境，坚持制度创新和科技创新双轮驱动，发挥移动通信、物联网、大数据、人工智能等技术在旅游业发展中的作用。推动旅游企业特色化发展，培育和催生新的业态和新的产品；提升文化旅游管理技术水平，全面提升自主创新能力；积极探索与经济社会发展相适应的旅游发展新路径、新模式，培育新的旅游产业增长点，增强旅游业发展的驱动力。

（2）协调发展维度。协调发展着力解决旅游业高质量发展的不平衡性问题。党的二十大报告指出，要着力推进城乡融合和区域协调发展，协调各方制度体系，深入实施区域协调发展战略。旅游高质量发展在统筹协调方面主要表现在区域旅游协调发展和产业协调发展。其一，区域旅游协调发展在探索区域旅游差异性、个性化发展的同时还要实现不同区域优势互补发展，最终促进不同区域旅游平衡发展。其二，旅游产业协调发展要求旅游业在自我升级、主动融合的同时，逐渐模糊甚至打破与第一、第二、第三产业的壁垒，延长产业链，创建"旅游+"或"+旅游"的新发展模式，实现良性互动、多方共赢的高质量发展格局。此外，协调发展作为一种手段，既要求内部协调又要求外部协调，内部协调要求旅游产业内部结构保持较强的协调性，即旅游业相关的各部门和要素的发展规模、速度以及水平达到协调程度，同时旅游产业各个系统之间也要实现协调，如旅游市场结构、旅游产品结构、旅游组织结构、旅游投资结构等，进而实现旅游经济长期可持续发展；从外部协调的角度来看，旅游高质量发展就是要缩小东西部区域之间、城乡之间的旅游业发展水平的差距，推动旅游产业均衡、协调发展。

（3）绿色发展维度。绿色发展着力解决旅游业高质量发展可持续性问题。党的二十大报告指出，"要推动绿色发展，促进人与自然和谐共生""加快发展方式的绿色转型，发展低碳产业，稳妥推进碳达峰与碳中和""倡导绿色消费与低碳化生产、生活方式，积极参与到应对气候变化的全球环境治理中"。发展旅游业必然会涉及自然、文化等资源的开发，旅游业高质量发展要求放弃粗放型、无序型、盲目型的开发模式，应牢固树立绿色发展观，注重提高资源开发效率与对生态环境保护的关注，加强污水处理，增加公园等绿地面积，提升绿色环保水平。同时，响应"双碳"目标的要求，有效降低旅游业碳排放量，遵循"绿水青山就是金山银山"的发展理念，保障旅游业高质量可持续发展。就本书来说，绿色发展维度要求旅游高质量发展以绿色发展、可持续发展为基本目标，以满足人民美好生活需要为根本任务，综合考虑旅游业发展过程中的经济效益、社会效益以及生态效应等，在保证旅游经济稳定增长的同时处理好社会、生态环境等各方面可能产生的负面效应，如能源消耗过多、传统风貌破坏、环境污染严重、用地冲突等，构建人与自然和谐发展新格局，进而推动旅游业可持续稳定的发展。

（4）开放发展维度。开放发展着力解决旅游业高质量发展的内外融合问题。党的二十大报告指出，我国继续以对外开放为基本国策，吸引外资与对外投资，坚持高水平的开放。开放发展就是要形成更大范围、更高角度、更深程度的对外开放。建设开放型世界经济，以造福于全球人民。对于旅游产业来说，开放使得国内外在旅游资源、旅游经济、旅游者之间的往来更加紧密。开放意味着双向开放，即"引进来"与"走出去"相结合，要求国内的旅游企业要走出去，跨国企业要引进来，提升我国旅游业的国际知名度，吸引更多的外国游客，加快推进旅游业高质量发展进程。在本书中，开放发展被认为是旅游高质量发展是其他产业与旅游业的融合发展，基于旅游业综合性、带动性、服务性、创新性强等特征，从旅游业高质量发展目标出发，大力推动旅游业与文化、健康、体育、教育等产业的融合发展，实现增加产业产值、带动产业升级、提高国民收入、带动大众就业等目标。

（5）共享发展维度。共享发展着力解决旅游业高质量发展的公平正义等相关问题。党的二十大报告指出，要健全共建共治共享的社会制度，形成人人享有的社会共同体。共享是中国特色社会主义的本质要求，其遵循了社会主义共同富裕的原则，并坚持以人民为中心的发展思想，以解决分配不公平、收入差距、城乡差距等问题，实现各尽所能、按需分配的理想格局，使更多的人民群众真正公平地享有旅游业发展带来的福利。具体来说，其一，把外来游客和本地居民统一到共同的市场，实现主客共享的高质量旅游；其二，最大限能地提高旅游资源利用效率，推动旅游资源更高效率地造福于人民，实现旅游业高质量发展。因此，共享发展既是旅游高质量发展的理念也是发展手段，同时又是载体和目的，支撑和引导着旅游业的高质量发展。因此，以共享理念为出发点和落脚点，是实现旅游高质量发展的重要着力点，真正做到发展为了人民、发展依靠人民、发展成果由人民共享。在共享发展理念下，旅游业高质量发展要能够让旅游产品供给充分满足人民群众对美好生活的需求，能够促进旅游业与其他行业融合发展，同时还要能够实现文化旅游的共建共享。

　　基于上述分析，本书主要以新发展理念五个维度为理论基础，科学界定旅游业高质量发展的理论内涵、内在逻辑及构成维度。关于旅游高质量发展和新发展理念的理论关系如图 2-1 所示。

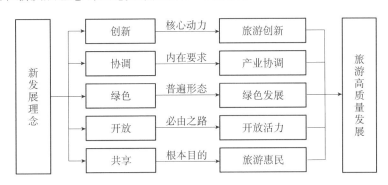

图 2-1　新发展理念与旅游高质量发展的理论关系

　　基于上述分析，本书将旅游高质量发展的概念做如下界定。旅游业高质量发展是指以满足人民对美好生活的需要和对美好旅游的需要为发展目标，以解决旅游业发展中的供需错位、盲目开发、同质模仿、产能低效等问题为任务，坚持生态文明思想和新发展理念，以科学规划为引领，以创新驱动为动力源泉，以文化和旅游融合发展为重要渠道，实现旅游市场供给和需求相匹配，旅游业态的不断创新，产业向高效优质方向发展，达到经济、社会与生态相协调的旅游业发展模式。其概念内涵框架图如图 2-2 所示。

　　基于本书对旅游高质量发展内涵的定义，参考陈岩英（2022）提出的新时代城市旅游高质量发展的定义，本书拟提出都市圈旅游高质量发展的定义。本书主要从三个层面对都市圈旅游高质量发展进行定义：一是都市圈内核心城市和非核心城市的基础设施和环境的高质量发展，即都市圈内不同城市的基础设施良好、交通发达便利、环境优美、民众友善、社会和谐的发展条件和环境；二是都市圈内旅游产业要素的高质量发展，即要求都市圈内各个城市具有优质的、极具市场吸引力的特色旅游资源和产品，

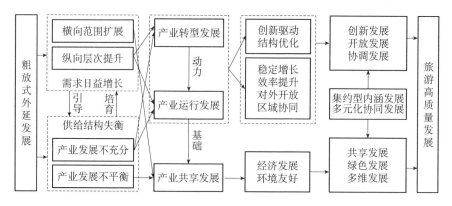

图 2 - 2　旅游业高质量发展概念的理论框架

并具有高效、协同、融合发展的旅游饮食、住宿、交通、游览、购物、娱乐等产业要素；三是都市圈内的旅游产业经济整体水平较高且有较强的创新力和显著的竞争力，具有较强的技术应用和转化能力，以及可持续发展的旅游品牌力。

2.5　基础理论

2.5.1　系统论

奥地利生物学家贝塔兰菲（L. V. Bertalanffy）在 20 世纪 20 年代初率先提出了系统论思想，并将其定义为：系统是相互联系、相互作用的元素构成的有机统一体，系统内部元素之间存在一定交互关系，且内部元素与外部环境之间不断发生交互。中国著名学者钱学森将系统定义为由若干相互作用、相互依赖的部分按照一定规律构成的有机整体。

（1）系统论的核心思想。系统论的核心思想是整体观念，首先，系统论认为系统中各要素并非独立的、简单存在于系统中，每个要素在系统中都有其独特作用，若将要素从系统中剥离，将有可能失去作用；其次，要素之间既是矛盾的又是相互联系的，它们共同构成系统整体；最后，系统是所有要素按照一定规律有机组合的整体，而非要素的简单相加，且组合后的要素功能要高于所有单个要素功能之和（常绍舜，2011）。

（2）系统论的原理。对系统论原理进行分层细化可知，其原理包含：

层次性、整体性、开放性、目的性、稳定性、自组织性、相似性等。此处
仅介绍与本书关联度较高的部分原理。具体内容见表 2 - 4。

表 2 - 4　　　　　　　　　　　　系统论的主要原理

原理	具体内容
整体性	系统是由若干要素组成的、具有独立要素所没有的性质和功能的有机整体
层次性	组成系统的各要素在结构、功能等方面存在质的等级差异性
开放性	不仅系统内部要素之间存在交互关系，与外部环境也存在物质、能量、信息等的交换
稳定性	系统能在一定范围内实现自我调节，即在历经一系列变化后能恢复到原有状态
自组织性	系统内部各要素能自发地组织起来，保证系统从无序向有序、从低级有序向高级有序发展

（3）系统论的研究方法。第一，整体化思维法，将该方法用于讨论高
铁网络对旅游业高质量发展的影响时，需运用整体的、发展的、联系的观
点思考，并非静止孤立地看待问题；第二，层次化方法，该方法是在思维
方式整体化基础上形成的，并基于整体化思维对系统进行分层规划，依据
不同层次下的系统要素特征，选择针对性方案，完成规划目标。

随着系统论的发展不断丰富和完善，不同研究领域对于系统论的应用
具有差异性，主要包括以下两个方面。其一，高铁作为重要的交通方式，
在交通发展系统中发挥着不可替代的作用，而交通作为旅游业发展的六要
素之一，对旅游业的发展也发挥着不可替代的作用，交通与高铁作为旅游
业系统中的各要素，对旅游业发展具有一定的影响效应。其二，旅游业高
质量发展并不是简单地追求量的发展，更主要是实现质的全方位发展，由
前文旅游业高质量发展的概念界定可以看出，旅游业高质量发展包括创
新、协调、绿色、开放、共享五个系统，各系统之间相互协同、共同促
进，最终实现旅游业高质量发展。

2.5.2　综合评价理论

综合评价是一个管理认知过程，是人们发现、认知、影响事物的一种
重要方式，是复杂且系统的工作；同时，它作为统计方法体系的一个重要
分支，在现实生活中也经常被应用于对各类经济社会问题进行定量评价。

此外，不同的学科体系对综合评价技术的定义也不一致，就管理学学科来说，它将综合评价视为一种能够与多目标决策技术相互联系的重要的定量管理工具。因此，也有研究认为综合评价是一种多指标评价方法，它是一种能够利用比较系统规范的方法对多个指标、多个单位同时进行评价的方法。综合评价的重要性主要体现在三方面：其一，对研究对象进行客观且深入的理解；其二，正确地对研究对象进行评价与优选；其三，是优化管理、完善实践的重要支撑。目前，综合评价方法在实际环境的应用范围较为广泛，其应用的一般步骤如下。首先，根据研究对象的特征和研究需要，构建相应的综合评价指标体系；其次，依据指标的特征和指标数据的性质，选择适当的评价模型或评价方法；最后，采集指标数据，对原始数据进行相应的处理并实施评价，结合评价结果真实、客观、科学地对事物进行评判。在实际应用中，可根据实际情形将综合评价方法分为多种类型，如定性评价法、定量评价法、基于统计分析的评价法、基于目标规划模型的评价法、多方法融合的评价法等；而在实际应用中，也可根据研究需要，选择具体的评价方法，如层次分析法、模糊评价方法、数据包络分析法、灰色综合评价以及 TOPSIS 方法等。

随着学者们对综合评价方法研究的不断深入，在理论模型构建和实践应用中都取得了较多的成果。综合来看，已有研究成果中，根据需求的不同，综合评价的应用主要分为两大类。一是单一的综合评价方法（比如，专家打分法、层次分析法（AHP）、数据包络分析法（DEA）、统计分析法、模糊综合评判法、人工神经网络评价法、灰色综合评价法等）；二是组合综合评价方法（将两种或以上的综合评价方法通过一定形式组合为一个综合性的方法，并能够有效弥补使用单一方法研究时的不足，如模糊（Fuzzy）层次分析法（F-AHP）。

为了能够客观且准确掌握都市圈高铁网络与旅游业高质量发展的综合水平，以及前者对后者的影响作用，本书基于相关理论体系，构建高铁网络与都市圈旅游业高质量发展的综合评价体系，对高铁网络发展与都市圈旅游业高质量发展进行综合评价研究，进而为都市圈高铁网络的完善以及都市圈旅游业高质量发展提供针对性优化建议，以期解决实际问题，坚持理论结合实践的发展原则。

2.5.3　协同论

作为一门在 20 世纪 70 年代逐渐形成和发展起来的新兴交叉学科，不同学者对"协同论"的称呼也不一致，有学者将其称为"协同学"。协同论最初起源于德国理论物理学家哈肯研究激光过程中"有序和无序"现象，之后，哈肯发表《协同学导论》，对协同理论进行系统的论述。协同是指复合系统中各子系统相互作用而产生的整体效应。协同论的研究对象一般是由许多子系统联合作用所产生的复合结构，主要用于研究外部参量的驱动力量和子系统之间是如何相互作用并影响整个系统运作的，以及它们是如何以自组织的方式在宏观尺度上形成空间、时间或功能有序结构的条件、特点及演化规律。也就是说，协同论主要探讨开放系统的内部子系统之间是如何协调配合建立宏观有序系统的机理和原则。因此，协同论探讨的是各事物的共性性质以及合作机理，协同论指出各系统尽管性质有所不同，但在总体发展环境中，各系统之间存在着相互协作而又相互影响的发展关系，并以自组织的方式在宏观尺度上形成空间、时间或有序结构的演化规律，使得各系统从无序走向有序的发展趋势。因此，协同是现代管理发展的必然趋势，是事物得以持续发展的关键支撑，也是管理系统得以完善的必然途径。

协同论的基本形式如下：

$$Q[q(X,t)] = N[q(X,t),\alpha] + F \qquad (2-1)$$

对于不同系统，$q(X,t)$ 有不同含义，既可以是宏观参量也可以是微观参量；其中，α 为控制参量，F 为随机涨落力。

（1）协同论的核心思想。协同论的核心思想是以现代科学的最新成果（如信息论、控制论、系统论等）为基础，结合结构耗散理论知识，使用动力学、统计学等理论，对不同领域进行分析，提出多维相空间理论，并建立一整套数学模型和处理方案，用以从微观到宏观描述系统的转变规律（黄磊，2015）。

（2）协同论的原理。第一，不稳定（涨落）原理，系统内各子系统以及各系统要素在协同与竞争时，受随机因素干扰及外界条件和力量的限制，便产生了涨落。第二，自组织原理，当系统重新由无序走向有序，获得新结构与功能时，如果整个过程没有外界力量干预，可定义系统是自组织的。第三，支配原理，支配原理的核心是快变量服从慢变量，慢变量在新系统形成时起决定作用；慢变量指系统在临界点变化很慢的参量，快变量是临界点变化较快的变量，两种变量是相对存在的，不能单独界定快慢变量（崔强等，2014）。

（3）协同论的方法。第一，微观协同法，当系统内各要素间的相互作用情况及演变规律已知时，可根据要素演变规律构建模型，并通过调整控制变量，观察系统的稳定性情况。第二，宏观协同法，通过分析已有实验数据，获取相应系统动力学信息，并推测系统的基本定律。第三，唯象协同法，先进行变量识别，从众多变量中筛选出相关度较高的变量，并建立数学模型，再使用微观或宏观协同法进行分析（周毅和孙帅，2015）。

随着协同论在物理学、管理学、社会学以及经济学等各个领域的广泛运用，其内容也不断得到丰富和完善，不同研究领域对于协同论的应用体现在不同方面，而与本书紧密相关的内容主要包括两个方面。其一，本书在构建旅游业高质量发展指标的过程中，为全面反映旅游业在外部协调发展中的状况，运用协同发展的理论，选取旅游业与第一、第二、第三产业发展的协调度作为关键指标。其二，在完成高铁网络对都市圈旅游业高质量发展影响实证分析的探讨后，为追求进一步优化发展，以协同机制为依托，提出实现高铁网络与都市圈旅游业深度融合发展的对策建议。

2.5.4 空间结构理论

空间结构理论作为地理学和区域科学的重要理论基础，它是指一定区域范围内社会经济各组成部分及其组合类型的空间相互作用和空间位置关系，以及反映这种关系的空间集聚规模和集聚程度。空间结构理论来源已久，它是在古典区位理论基础上发展起来的一种总体的、动态的区位理论。空间结构理论认为，任何一个区域或国家，在不同的发展阶段，有不同特点的空间结构，空间结构理论在实践中可用来指导制定国土开发和区域发展战略。因此，对于不同地区来说，完善、协调与区域自然基础相适应的空间结构对区域社会经济的发展具有重要意义。

随着空间结构理论的不断发展与应用，在不同学科和应用情境下，对空间结构的解释也存在一定的差异。比如，现代城市经济学在对空间结构进行解释时，认为其是基于单中心城市模型和多中心城市模型的理论。早在工业化时期，城市规模与活动半径相对于现在的一线城市来说是非常小的，随着工业化进程的推进，大量人口开始在城市集聚，促使城市变得拥挤和稠密。进入 20 世纪后，城市的发展模式在本质和范围上发生了改变，企业和家庭逐渐开始远离城市中心区域，工作地点和居住地点开始分离并导致通勤的形成，城市的边界开始向外扩展，都市区化的城市发展模式逐渐显现。此时，如果将都市区化的城市视为一种小型城镇体系，那么区域空间结构的相关理论研究就可以用于解释都市区的空间结构演进趋势。比如，一些典型的理论如的弗里德曼（Friedman，1966）"核心—边缘"理论以及克鲁格曼（Krugman，1991）的中"中心—外围"理论。弗里德曼（1966）试图利用"核心—边缘"理论阐述一个区域如何由互不关联、相互孤立的发展，演变为不平衡发展并最终走向互相关联的平衡发展过程。该理论认为，在前工业化阶段，城镇发展缓慢，各自成为独立中心，相互间联系不紧密；在工业化初期阶段，区域内外要素沿着经济梯度逐渐由边缘区域向核心区域流动，核心区域和边缘区域的不平衡发展现状开始形成并不断加剧；在工业化成熟阶段，核心区域的要素、产业开始回流至边缘区域，核心区域和边缘区域进入相对平衡的发展阶段；直到工业化后期阶段，整个区域成为在功能上相互联系、发展均衡的城镇体系。克鲁格曼（1991）提出的"中心—外围"理论则是在 DS 垄断竞争一般均衡分析框架①下，结合萨缪尔森的冰山成本理论，将空间概念引入一般均衡分析框架中后所形成的理论。"中心—外围"理论的基本原理是指，当运输成本足够低、制造业产品种类足够丰富以及制造业份额足够大时，某个地区微

---

① DS 垄断竞争模型，也称"DS 框架"。因由美国经济学家迪克西特（Arinash Dixit）和斯蒂格利茨（Joseph Eugene Stiglitz）在 1977 年发表的《垄断竞争的最优产品的多样性》一文中提出，故称"DS"垄断竞争模型。

弱的优势便会不断放大，最终成为中心区域，而其他地区则会成为外围区域。比如，当贸易成本进一步下降时，高贸易成本的产业将位于中心区域，而低贸易成本的产业将位于外围区域，进而在外围出现新的增长极，推动区域形成多中心的空间结构。

目前，空间结构理论在旅游中的应用一般将地理经济学及其他相关学科内的空间结构理论与旅游区域相结合形成，主要包括增长极理论、"核心—边缘"理论、"点—轴"空间理论等（涂玮，2015）。其中，在增长极理论中，对增长极的研究主要沿着部门增长极（推动型产业）和空间增长中心（集聚空间）两条线展开。增长极理论应用于旅游产业发展时，主要强调对旅游经济结构和旅游经济地域空间的优化，既要发展推动型旅游产业，又要以推动型旅游产业为中心带动整个区域旅游业的发展。"核心—边缘"理论重点解释一个区域的旅游产业如何由互不关联、孤立发展，变成与其他地区旅游产业之间彼此联系的过程，以及由极不平衡发展变为相互关联的平衡发展的区域旅游系统。"点—轴"空间理论包括据点开发理论和轴线理论。据点开发理论是地域极化理论的一种，该理论认为，在进行旅游产业发展时，要通过集中建设一个或几个据点来影响与带动周围地区旅游产业的发展；其中，轴线开发或者称带状开发是据点开发理论模式的进一步发展，该理论认为，区域旅游产业的发展与区域内基础设施的建设水平密切相关（徐秋实，2006）。因此，就本书来说，通过对空间结构理论的相关内容进行阐释与解读，有助于为后文研究都市圈旅游空间格局演变及其高质量发展等提供理论体系支撑。

本章小结

首先，本章在国内外现有研究基础上，对都市圈、都市圈旅游、高质量发展、旅游业高质量发展、都市圈旅游高质量发展等相关核心概念进行界定，同时对不同概念的内涵进行了解读和扩充。其次，对系统论、综合评价理论、协同理论、空间结构理论等基础理论进行了梳理。最后，详细介绍了不同理论的原理、概念、特征及在旅游行业的应用情况等，并简要阐述了各理论方法在本书中的应用思路。

第3章 中国高速铁路及都市圈的发展现状

3.1 中国高铁网络的形成

高速铁路（high-speed rail，HSR，以下简称高铁）作为新时代交通运输方式变革的新产物，具有快速、舒适、准点等特征，但是自高铁问世以来，关于高铁的定义目前并没有统一，不同国家、不同时代对高铁的定义都存在一定的差异。日本的新干线被认为是世界上最早的高速铁路，因此，日本也被认为是全球高速铁路发展建设最早的国家。日本学术界在早期的研究中将高速铁路定义为：在某一条铁路的主要运营区段，当列车的最高运行速度在 200 公里/时及以上时，则可将其称为高速铁路。与日本的定义相比，美国在定义高速铁路时，对速度则有所降低，美国铁路局认为运行时速在 145 公里/时及以上时就可被认为是高速铁路。此后，欧洲的一些国家在对高铁进行定义时，与日本、美国提出的定义相比较在运行速度上有了一定的变化，其中，以国际铁路联盟为代表的早期组织在对高铁进行定义时对旧线路时速和新线路时速做了区分，并认为就高铁时速来说应分别达到以下标准：旧线路改造后的车速应达到 200 公里/时、新线路的车速应达到 250～300 公里/时。此后，随着高铁技术的不断改进和成熟，该组织在 1985 年日内瓦协议上又对高铁进行了重新定义，新定义不再是单纯的考虑车速，还纳入了客运和货运的思想，即对于新建客货共线型高铁来说，其时速应为 250 公里/时以上，对于新建客运专线型高铁来说，其时速应为 350 公里/时以上（郝晨，2020）。

与国外相比，中国的高速铁路建设及运营相对较晚，正式提出建设高速铁路概念要追溯到 20 世纪 90 年代，即 1992 年的《京沪高速铁路线路方案构想报告》中首次提出要建设中国的高铁。随后，中国的铁路技术在 1997 到 2007 年间历经了一个快速发展阶段，中国铁路在此期间一共完成了六次大提速，铁路高速化概念正式进入中国，至此中国的高速铁路呈现出一个快速发展建设的阶段。基于当前我国高速铁路的发展现状，国家铁路局将中国高铁（China railway high-speed，CRH）定义为：新建设计开行 250 公里/时（含预留）及以上动车组列车，初期运营速度不小于 200 公里/时的客运专线铁路。目前，我国的高速铁路列车型号主要包括：CRH1、时速 250 公里/时，CRH2、时速 350 公里/时，CRH3、时速 350 公里/时，CRH5、时速 250 公里/时，CRH6、时速 200 公里/时，CRH380、时速 380 公里/时（运营时速 350 公里/时），CR400、时速 400 公里/时（运营时速 350 公里/时），TR08、时速 500 公里/时（运营时速 431 公里/时）。

中国常见铁路客运列车共有七种，包括：高速动车组列车（简称高动列车，G 字开头）、普通动车组列车（简称动车，D 字开头）、城际动车组列车（简称城际列车，C 字开头）、直达特别快速旅客列车（简称直特，Z 字开头）、特别快速旅客列车（简称特快，T 字开头）、快速旅客列车（简称快速，K 字开头）、普客列车（无字母），具体营运速度见表 3 - 1。

表 3 - 1　　　　　　　　中国常见铁路客运列车营运速度

列车类型	G 字头	D 字头	C 字头	Z 字头	T 字头	K 字头	无字母
营运速度（公里/时）	250 ~ 350	200 ~ 250	200 ~ 350	≤160	≤140	≤120	≤100

资料来源：https://www.dgchijin.com/73331.html。

由前文分析可知，营运速度在 200 公里/时及以上的铁路和动车组系统都可以被称为高铁，而在表 3 - 1 中可以发现，G 字头、D 字头、C 字头三种类型列车的营运速度均超过 200 公里/时，同时，三种类型列车的乘车体验与时效性均相似。因此，本书将 G 字头、D 字头、C 字头三种类型列车均视为高铁。

为了更清晰阐明我国高铁的主要特征，表 3 - 2 列出了我国不同类型轨道交通线路运行速度的情况。

表 3－2　　　　　　　　　我国不同轨道交通的运行速度对比

轨道交通线路类型	运行速度	适用路线情况
高铁	250～350 公里/时	主要适用于高速铁路干线
城际铁路	200 公里/时以下	相邻城市之间的中短距离客运专线，比如，武孝城铁、郑开城铁等
普通铁路	160 公里/时以下	适用于在困难地段建造
地铁	100 公里/时以下	连接城市内不同地区的交通节点

资料来源：由作者整理获取。

高速铁路网络（high-speed railway network，以下简称高铁网络），是指包括高速铁路、高铁站和高铁列车在内的多种地理实体共同构建的铁路网络运输系统（刘慧、崔虎平等，2021；田梦，2021）。从高铁网络概念可以看出，高铁网络主要包括两种情况：其一，指高铁营运路线下产生的高铁网络，反映了高铁铁轨之间的连接关系；其二，指高铁建设路线下产生的高铁网络，反映了各城市之间高铁的连接关系。由于高铁营运网络的完善要以高铁建设网络为基础，此处着重分析中国高铁网络的建设情况。

2008 年，我国《中长期铁路网规划》提出要加快"四纵四横"的高铁网络客运专线的建设，营运速度预计达到 200 公里/时以上。2016 年 7 月，新修订的《中长期铁路网规划》（2016～2030 年）指出，预计到 2030 年，我国要在"四纵四横"高铁网主骨架的基础上构建新时期"八纵八横"高速铁路网，以城际铁路为补充的高速铁路网。2021 年 8 月 24 日，中国国家铁路局发布：我国"四纵四横"高铁网已全面建设成功。关于"四纵四横"线路的详细信息见表 3－3。

除了上述提出的"四纵四横"的高铁路线之外，我国"八纵八横"的高铁网也正在逐步完善，高铁已经覆盖了全国 92% 的拥有 50 万以上人口的城市。2016 年 7 月，国家发展改革委、交通运输部、中国国家铁路集团有限公司联合发布了《中长期铁路网规划》，勾画了新时期"八纵八横"高速铁路网的宏大蓝图。"八纵"通道包括沿海通道、京沪通道、京港

表 3－3　　我国"四纵四横"高速铁路的基本情况介绍

纵横线	名称	途经的主要站点城市	运营里程	时速	开通时间	其他说明
纵线	北京—上海客运专线（简称京沪高铁）	北京、天津、济南、徐州、蚌埠、南京、上海等城市的24个站点	运营里程1318公里	设计时速350公里/时，有提速至380公里/时的空间	2011年6月30日正式开通，全线于2015年6月30日通车运营	是中国客运较繁忙、增长潜力较大的高速铁路
	北京—武汉—广州—深圳客运专线（简称京广高铁、广深港高铁）	北京、石家庄、郑州、武汉、长沙、广州、深圳、香港等城市的37个站点	运营里程2291公里	设计时速350公里/时	2009年12月26日广州至武汉开通，2011年12月26日广州至深圳开通，2012年9月26日武汉至郑州开通，2012年12月26日北京到郑州开通，2018年9月23日全线开通	是中国客运量最大、列车数量最多的高速铁路，也是世界上运营里程最长的高速铁路
	北京—沈阳—哈尔滨（大连）客运专线（简称京哈高铁、沈大高铁）	北京、承德、辽宁、阜新、沈阳、鞍山、营口、大连、铁岭、四平、长春、哈尔滨等城市的32个站点	运营里程1612公里	设计时速350公里/时	2012年12月1日京哈高铁沈哈段开通，2018年12月29日承沈段开通，2021年1月22日京哈高铁全线开通运营	是中国首条，同时也是世界上第一条投入运营的新建高寒地区长大高速铁路
	杭州—宁波—福州—深圳客运专线（简称杭深高铁）	杭州、宁波、台州、温州、福州、厦门、深圳等城市的54个站点	运营里程1464公里	设计时速250~350公里/时	2013年12月28日全线开通	是我国中长期铁路网络规划中沿海通道的重要组成部分

续表

纵横线	名称	途经的主要站点城市	运营里程	时速	开通时间	其他说明
横线	南京—武汉—重庆—成都客运专线（简称沪汉蓉城际铁路，宁蓉铁路）	南京、合肥、武汉、重庆、成都等城市的 56 个站点	运营里程 1665 公里	设计时速 160～250 公里/时	2014 年 7 月 1 日全线开通	是第一条横贯我国东部和西部地区的沿长江铁路快速大通道
	徐州—郑州—兰州客运专线（简称沪兰高速铁路）	连云港、徐州、商丘、郑州、洛阳、西安、宝鸡、兰州、西宁、乌鲁木齐站等城市的约 30 个站点	运营里程 1606 公里	设计时速 250～350 公里/时	2021 年 2 月 8 日全线开通，其中，2010 年 2 月 6 日郑西高铁开通，2013 年 12 月 28 日宝西高铁开通，2014 年 12 月 28 日兰新高铁开通，2016 年 9 月 10 日郑徐高铁开通	是连接中国西北部地区与中东部地区的一条重要通道，同时也是连接"一带一路"，辐射中亚和欧洲的横向路网干线
	杭州—南昌—长沙客运专线（简称沪昆高速铁路）	上海、杭州、南昌、长沙、贵阳、昆明等城市的 54 个站点	运营里程 2252 公里	设计时速 300～350 公里/时	2016 年 12 月 28 日全线开通	是中国东西向线路里程最长、速度等级最高、经过省份最多的高速铁路
	青岛—石家庄—太原客运专线（简称青太高速铁路）	青岛、济南、潍坊、德州、沧州、衡水、石家庄、太原等城市的 20 多个站点	运营里程 906 公里	设计时速 250 公里/时	2018 年 12 月 26 日全线通车	是山西省对外客运的重要通道，对缓解现有铁路西煤东运起到了重要作用

资料来源：由作者整理获取。

（台）通道、京哈—京港澳通道、呼南通道、京昆通道、包（银）海通道、兰（西）广通道。"八横"通道包括绥满通道、京兰通道、青银通道、陆桥通道、沿江通道、沪昆通道、厦渝通道、广昆通道。随着"四纵四横"高铁网络建设的完成以及"八纵八横"高铁网络建设的不断完善，中国尤其是中东部地区高铁建设逐渐呈现网络分布，且高铁网络密度相较于2008年提出的规划要明显增加。

3.2 中国高速铁路建设运营概况

据统计，2019年中国在铁路建设方面完成了8029亿元的固定资产投资，投资新建铁路线路8489公里，其中，新建的高铁线路达到了5474公里。据国家统计局的统计数据显示，截至2019年末，全国铁路路网密度为145.5公里/万平方公里，中国铁路以13.9万公里的运营里程在全球位于前列，铁路运营里程同比增长了6.1%；到2020年7月，中国铁路营业里程达到了14.14万公里，其中高铁营业里程3.6万公里。数据显示，截至2022年末，中国铁路营业里程达到了15.5万公里，其中高铁营业里程4.2万公里，稳居世界第一。图3-1给出了2015～2019年全国铁路固定资产投资统计，图3-2给出了全国铁路营业里程情况。

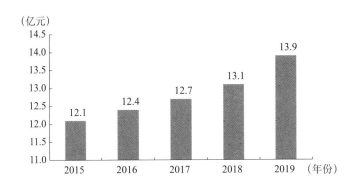

图3-1 2015～2019年全国铁路固定资产投资统计

资料来源：交通运输部、中商产业研究院。

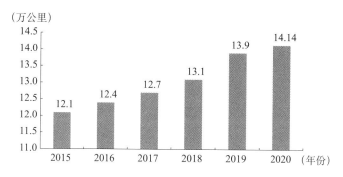

图 3 - 2　2015 ~ 2020 年全国铁路营业里程
资料来源：交通运输部、中商产业研究院。

　　由国家铁路建设规划发布的资料可知，自 2003 年我国真正意义上的第一条高铁（秦皇岛—沈阳，秦沈客运专线）建成通车以来，截至 2022 年末，我国高铁、快铁及城铁等累计通车里程 4.2 万公里（不含台湾省数据），其中 2014 年、2015 年达到高峰，这两年建成高铁突破 1 万公里，随后 2018 年和 2019 年通车里程均突破 4000 公里。在所有类型的铁路中，设计时速为 300 ~ 350 公里/时的高铁占比约 41% ，设计时速为 250 公里/时的客专占比约 36% ，时速为 200 公里/时的客货共线铁路及城际铁路占比约 23% 。图 3 - 3 给出了自 2008 年以来我国高铁、快铁及城铁的年度通车里程情况。

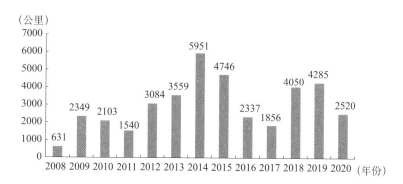

图 3 - 3　2008 ~ 2020 年中国高铁、快铁及城铁的年度通车里程
资料来源：国家铁路建设规划。

　　根据国家发展改革委最新提出的我国《中长期铁路网规划》的内容可知，到 2025 年我国的铁路网络覆盖范围将进一步扩大，其中，铁路网的规模预计达到 17.5 万公里，高速铁路网的覆盖里程也将达到 3.8 万公里，期望能够在优化铁路网络结构的基础上，更好地发挥铁路运输的骨干作用，进而更好地促进社会经济的快速发展。到 2030 年，期望在全国范围内基本实现内外互联互通、区际多路畅通、省会高铁连通、地市快速通达、县域基本覆盖的铁路发展格局。

3.3 中国已开通的高铁线路信息

国家铁路局发布的《2022 年铁道统计公报》显示，2022 年全国铁路固定资产投资完成 7109 亿元，投资新建线路 4100 公里，其中，新建的高速铁路里程达 2082 公里。统计数据显示，截至 2022 年末，全国铁路营业里程达到 15.5 万公里，其中高速铁路达到 4.2 万公里（占比 25.94%）。为了更准确描述国内高铁发展的情况，参考铁路建设规划发布的信息，对国内已通车高铁线路的相关信息进行汇总整理，见表 3 - 4。

3.4 中国都市圈的发展概况

3.4.1 都市圈发展的要素条件

都市圈作为城市发展到一定阶段的产物，它的发展一方面能够在更大程度上发挥中心城市的规模经济效应和集聚经济效应，缓解大城市病，满足不同人群的需求，兼具效率和公平；另一方面，它也是进一步扩大内需、稳定有效投资的结合点，可以促进消费结构升级，释放消费潜力，扩大基础设施和公共服务设施的投资需求，为经济高质量发展提供持续动力（清华大学中国新型城镇化研究院，2019）。在都市圈内部，各城市之间通过合作，能够打破行政藩篱，实现生产专业化、集中化以及服务均等化，从而实现协调发展。

（1）城市型社会的到来。当前，从世界各国的发展进程来看，当一个国家或者地区的城镇化率超过了 50% 时，其城市发展则会逐渐步入一个新的时期，即工业化快速发展及经济繁荣的时期。同时，在该时期内，随着

表 3－4　国内已通车高铁线路的相关信息（截至 2022 年 12 月 31 日）

序号	线路名称	起始站点	运营里程（公里）	通车时间	设计时速（公里/时）	途经的主要站点
1	京哈线	秦皇岛—沈阳北	404	2003 年 10 月 12 日	250	绥中、山海关、锦州、台安、葫芦岛北
2	沪蓉线	南京南—合肥南	157	2008 年 4 月 18 日	250	全椒
3	京津城际线	北京南—天津	117	2008 年 8 月 1 日	350	武清
4	胶济客运专线	大明湖—青岛	357	2008 年 12 月 21 日	200	济南东、济南西、曲阜东、泗水南、蒙山、费县北、临沂北、莒南北、日照南、青岛西、青岛北
5	石太客运专线	石家庄—太原南	206	2009 年 4 月 1 日	250	阳泉北
6	沪蓉线	合肥南—汉口	359	2009 年 4 月 1 日	250	六安、金寨、麻城北、红安西
7	沪蓉线	遂宁—成都东	146	2009 年 7 月 7 日	250	大英东
8	杭深线	宁波—温州南	275	2009 年 9 月 28 日	250	宁海、临海、台州、雁荡山、乐清、温岭、三门县、绍坊
9	杭深线	温州南—福州南	294	2009 年 9 月 28 日	250	瑞安、平阳、苍南、太姥山、福鼎、霞浦、宁德
10	京广高速线	武汉—广州南	1069	2009 年 12 月 26 日	350	咸宁北、赤壁北、岳阳东、长沙南、衡阳东、衡山西、耒阳西、郴州、乐昌东、韶关
11	徐兰高速线	郑州东—西安北	523	2010 年 2 月 6 日	350	洛阳龙门、三门峡南、华山北、渭南北
12	杭深线	福州南—厦门北	226	2010 年 4 月 26 日	250	福州、闽清北、古田北、延平、三明北、三明、永安南、双洋、漳平西、龙岩、南靖、角美
13	沪宁城际线	上海—南京	301	2010 年 7 月 1 日	300	安亭西、太仓、常熟、张家港、南通西、如皋、海安、泰州、扬州

序号	线路名称	起始站点	运营里程（公里）	通车时间	设计时速（公里/时）	途经的主要站点
14	昌九城际线	南昌—九江	135	2010 年 9 月 20 日	250	永修、共青城、德安、庐山
15	沪昆高速线	上海虹桥—杭州东	159	2010 年 10 月 26 日	350	金山北、嘉兴南
16	长珲城际线	长春—吉林	111	2010 年 12 月 30 日	250	长春西、长春、双吉
17	海南环岛高铁线东段	海口—三亚	308	2010 年 12 月 30 日	250	海口东、老城镇、福山镇、临高南、银滩、白马井、棋子湾、东方、金月湾、头峰、黄流、乐东、崖州、凤凰机场
18	京沪高速线	北京南—上海虹桥	1318	2011 年 6 月 30 日	350	天津南、廊坊、济南西、枣庄、滕州东、徐州东、宿州东、蚌埠南、定远、南京南、丹阳北、常州北、无锡东
19	广深港高速线	广州南—深圳北	102	2011 年 12 月 26 日	350	虎门
20	沪蓉线	汉口—宜昌东	292	2012 年 7 月 1 日	250	汉川、天门南、潜江、荆州、枝江北
21	京广高速线	郑州东—武汉	536	2012 年 9 月 28 日	350	许昌东、漯河西、驻马店西、信阳东、孝感北、明港东
22	合客运专线	合肥—蚌埠南	132	2012 年 12 月 16 日	350	合肥北城、水家湖、淮南东
23	哈大高铁线	沈阳北—哈尔滨西	538	2012 年 12 月 1 日	350	铁岭西、开原西、四平东、公主岭南、公主岭、长春西、德惠西、双城北
24	哈大高铁线	大连北—沈阳北	383	2012 年 12 月 1 日	350	大连、金州、登沙河、皮口、城子坦、庄河北、青堆、北井子、东港北、丹东、凤城东、通远堡西、本溪、本溪新城
25	京包客运专线	呼和浩特东—包头	173	2012 年 12 月 3 日	200	呼和浩特、察素齐、萨拉齐、包头东

续表

序号	线路名称	起始站点	运营里程（公里）	通车时间	设计时速（公里/时）	途经的主要站点
26	京广高速线	北京西—郑州东	693	2012 年 12 月 26 日	350	保定东、定州东、石家庄、高邑西、邢台东、邯郸东、安阳东、鹤壁东、新乡东
27	沪蓉线	重庆北—遂宁	158	2012 年 12 月 30 日	200	合川、潼南
28	宁杭高速线	南京南—杭州东	255	2013 年 7 月 1 日	350	南京、扬州、泰州、海安、如皋、南通西、张家港、上海虹桥、镇江、丹阳、常州、无锡、昆山南、苏州、嘉兴南
29	杭深线	杭州东—宁波	155	2013 年 7 月 1 日	350	绍兴北、绍兴东、余姚北、庄桥
30	向莆铁路	南昌西—福州	546	2013 年 9 月 26 日	200	丰城东、吉水西、吉安、泰和、赣县北、于都、会昌北、瑞金、南城、建宁县北、将乐、三明北、尤溪、永泰、长汀南、冠豸山、龙岩、厦门北、南靖、莆田
31	津秦高速线	天津西—秦皇岛	261	2013 年 12 月 1 日	350	天津、滨海西、唐山、滦河、北戴河
32	广昆线	广通北—昆明	115	2013 年 12 月 27 日	200	禄丰南
33	徐兰高速线	西安北—宝鸡南	167	2013 年 12 月 28 日	350	咸阳秦都、杨陵南、岐山
34	沪蓉线	利川—重庆北	278	2013 年 12 月 28 日	200	石柱县、丰都、涪陵北、长寿北
35	杭深线	漳州—深圳北	472	2013 年 12 月 28 日	250	漳浦、云霄、诏安、潮汕、普宁、陆丰、鲘门、惠州南、深圳坪山
36	柳南客运专线	南宁—柳州	223	2013 年 12 月 28 日	250	南宁东、宾阳、来宾北
37	衡柳线	衡阳东—柳州	499	2013 年 12 月 28 日	200	祁东、祁阳、永州、东安东、全州南、兴安北、桂林北、桂林、永福南、鹿寨北
38	邕北线	南宁东—北海	197	2013 年 12 月 30 日	250	钦州东、合浦

续表

序号	线路名称	起始站点	运营里程（公里）	通车时间	设计时速（公里/时）	途经的主要站点
39	大西高速线	太原南—西安北	571	2017年7月1日	250	晋中、太谷西、祁县东、霍州东、侯马西、运城北、灵石城、洪洞西、西、永济北、渭南北
40	沪昆高速线	南昌西—长沙南	342	2014年9月16日	350	新余北、高安、宜春、萍乡北、醴陵东
41	沪昆高速线	杭州东—南昌西	582	2014年12月10日	350	富阳、桐庐、建德、千岛湖、景德镇北、义乌、金华、玉山南、庐山、九江、鄱阳、永修、南昌、婺源、黄山南、上饶、德安、鹰潭北、进贤南、七
42	沪昆高速线	长沙南—新晃西	420	2014年12月16日	350	韶山南、湘潭北、娄底南、邵阳北、新化南、溆浦南、怀化南
43	西成客运线	成都东—江油	152	2014年12月20日	300	青白江东、德阳、罗江东、绵阳
44	成贵客运线	成都东—峨眉山	162	2014年12月20日	300	成都南、双流机场、双流西、东、青神、乐山、彭山北、眉山、峨眉
45	兰新客运专线	兰州西—乌鲁木齐	1786	2014年12月26日	250	西宁、大通西、泉南、嘉峪关南、玉门、哈、鄯善北、吐鲁番北、民乐、张掖西、临泽南、酒、柳园南、哈密、吐
46	贵广客运专线	贵阳东—广州南	857	2014年12月26日	300	都匀南、从江、五通、贺州、怀集、桂林西、阳朔、肇庆西、佛山西、钟山
47	南广线	南宁—广州南	574	2014年12月26日	250	南宁东、宾阳、贵港、云浮东、三水南、佛山西、桂平、梧州南、藤县
48	青荣城际线	青岛北—荣成	303	2014年12月28日	250	即墨北、海阳北、威海、莱阳、海阳、烟台南、威海北、文登东

续表

序号	线路名称	起始站点	运营里程（公里）	通车时间	设计时速（公里/时）	途经的主要站点
49	沪昆高速线	新晃西—贵阳北	286	2015 年 6 月 18 日	350	铜仁南、凯里南、贵定北
50	合福高速线	合肥北城—福州	850	2015 年 6 月 28 日	350	合肥南、无为、铜陵北、南陵、旌德、绩溪北、歙县北、黄山北、婺源、上饶、武夷山北、建瓯西、延平、古田北
51	哈齐客运专线	哈尔滨北—齐齐哈尔南	266	2015 年 8 月 17 日	300	肇东、安达、大庆东、大庆西、杜尔伯特
52	沈丹客运专线	沈阳南—丹东	208	2015 年 9 月 1 日	300	本溪新城、本溪、南芬北、五龙背东、通远堡西、凤城东
53	长珲城际线	吉林—珲春	361	2015 年 9 月 20 日	250	蛟河西、敦化、大石头南、安图西、延吉西、图们北
54	宁安客运专线	南京南—安庆	258	2015 年 12 月 6 日	250	马鞍山东、当涂东、芜湖、繁昌西、铜陵、池州
55	南昆客运专线	南宁—百色	223	2015 年 12 月 11 日	250	隆安东、平果、田东北、田阳
56	丹大线	丹东—大连北	292	2015 年 12 月 17 日	200	东港北、北井子、大孤山、青堆、庄河北、城子坦、杏树屯、花园口、皮口、金州
57	成渝高速线	成都东—重庆	308	2015 年 12 月 26 日	350	成都南、彭山北、乐山、宜宾西、兴文、毕节、贵阳北、遵义、路黄黄
58	金温线	金华—温州南	188	2015 年 12 月 26 日	250	金华南、武义北、武义、永康南、缙云西、丽水
59	赣瑞龙线	赣县—龙岩	248	2015 年 12 月 26 日	200	赣州、于都、会昌北、瑞金、长汀南、古田会址、冠豸山

续表

序号	线路名称	起始站点	运营里程（公里）	通车时间	设计时速（公里/时）	途经的主要站点
60	兰渝线	重庆北—广元	352	2015年12月26日	200	重庆西、璧山、永川东、内江北、资中北、简阳南、成都东、新都东、罗江、东青白江、广汉北、德阳、绵阳、江油、江油北
61	滨绥线	牡丹江—绥芬河	139	2015年12月28日	200	穆棱、绥阳
62	海南环岛高铁线西段	海口—三亚	345	2015年12月30日	200	海口东、老城镇、福山镇、临高南、银滩、白马井、棋子湾、东方、尖峰、金月湾、黄流、乐东、崖州、凤凰机场
63	宁启线	南京—南通	284	2016年5月15日	200	扬州、泰州、姜堰、海安、如皋
64	徐兰高速线	郑州东—徐州东	362	2016年9月10日	350	开封北、民权北、商丘、砀山南、永城北、萧县北
65	郑渝高速线万渝段	万州北—重庆北	245	2016年11月28日	250	梁平南、长寿湖、长寿北、复盛、垫江
66	沪昆高速线	贵阳北—昆明南	463	2016年12月28日	350	安顺西、普安县、盘州、富源北、曲靖北、嵩明
67	南昆客运专线	百色—昆明南	487	2016年12月28日	250	富宁、广南县、珠琳、普者黑、弥勒、石林
68	徐兰高速线	宝鸡南—兰州西	401	2017年7月9日	250	东岔、天水南、秦安、通渭、定西北、兰州西
69	京包客运专线	呼和浩特东—乌兰察布	126	2017年8月3日	250	旗下营南、卓资东
70	武九客运专线	大冶北—九江	128	2017年9月21日	250	白沙铺、阳新、瑞昌西、枫林
71	西成客运专线	西安北—江油	469	2017年12月6日	250	阿房宫、鄠邑、佛坪、城固北、洋县西、汉中、宁强南、朝天、广元、青川、剑门关

续表

序号	线路名称	起始站点	运营里程（公里）	通车时间	设计时速（公里/时）	途经的主要站点
72	石济客运专线	石家庄—济南东	307	2017 年 12 月 28 日	250	藁城南、辛集南、衡水北、景州、平原东、齐河、禹城东、济南西
73	衢九线	衢州—九江	334	2017 年 12 月 28 日	200	玉山南、上饶、德兴、婺源、景德镇北、鄱阳、湖口、都昌
74	渝贵线	重庆西—贵阳北	345	2018 年 1 月 25 日	200	永川东、荣昌北、眉山东、乐山、宜宾西、毕节、黔西
75	深湛线江湛段	新会—江门—茂名	268	2018 年 7 月 1 日	200	新会、江门、恩平、阳东、阳西、马踏、茂名
76	楚大线	广通北—大理	175	2018 年 7 月 1 日	200	楚雄、南华、祥云
77	大西高速线	太原南—原平西	116	2018 年 9 月 28 日	250	阳曲西、忻州西
78	哈佳线	哈尔滨—佳木斯	343	2018 年 9 月 30 日	200	哈尔滨、胜利镇、宾州、双龙湖、方正、达连河、高楞、得莫利、依兰
79	杭昌高速线杭黄段	杭州东—黄山北	285	2018 年 12 月 25 日	250	富阳、桐庐、建德、千岛湖、黄山北、婺源、景德镇北、鄱阳、湖口、九江、大冶北
80	哈牡客运专线	哈尔滨—牡丹江	300	2018 年 12 月 25 日	250	帽儿山西、尚志南、一面坡北、苇河西、横道河子东、海林北
81	青盐线	青岛北—盐城北	438	2018 年 12 月 26 日	200	日照西、岚山西、赣榆、连云港、滨海港、阜宁东
82	怀衡线	怀化南—衡阳东	319	2018 年 12 月 26 日	200	新化、娄底、长沙南、韶山南、江东、洞口、隆回、邵阳西、邵东、杨桥、安西渡

续表

序号	线路名称	起始站点	运营里程（公里）	通车时间	设计时速（公里/时）	途经的主要站点
83	成雅线	成都西—雅安	140	2018 年 12 月 28 日	200	崇州、大邑、邛崃、蒲江
84	京哈高速承沈段	承德南—沈阳	504	2018 年 12 月 29 日	350	喀左、平泉北、辽宁朝阳、北票、阜新
85	新通客运专线	新民北—通辽	197	2018 年 12 月 29 日	250	彰武、甘旗卡
86	南龙线	南平—龙岩	247	2018 年 12 月 29 日	200	建瓯西、延平西、三明、永安南、三明北、漳平西
87	成贵客运专线乐宜段	乐山—宜宾西	141	2019 年 6 月 15 日	250	犍为、泥溪、屏山
88	梅汕客运专线	梅州西—潮汕	120	2019 年 10 月 11 日	250	畲江北、建桥、丰顺东、揭阳、揭阳机场
89	日兰高速线日曲段	日照西—曲阜东	235	2019 年 11 月 26 日	350	厉家寨、莒南北、临沂北、费县北、蒙山、泗水南
90	京港高速线商合段	商丘—合肥北城	378	2019 年 11 月 29 日	350	商丘东、芦庙、亳州南、古城东、太和东、阜阳西、淮南南、凤台南、颍上北、寿县、水家湖、合肥南
91	郑阜高速线	郑州—阜阳西	276	2019 年 12 月 1 日	350	新郑机场、鄢陵、周口东、淮阳南、淮阳、临泉
92	郑渝高速线郑襄段	郑州东—襄阳东	389	2019 年 12 月 1 日	350	禹州、郏县、平顶山西、方城、南阳东、邓州东
93	成贵客运专线宜贵段	宜宾西—贵阳东	372	2019 年 12 月 16 日	250	长宁、兴文、威信、镇雄、毕节、大方、黔西、白云北、清镇西
94	徐盐客运专线	徐州东—盐城	313	2019 年 12 月 16 日	250	睢宁、宿迁、泗阳、淮安东、阜宁南、建湖
95	黔常线	黔江—常德	335	2019 年 12 月 26 日	200	咸丰、来凤、龙山北、桑植、张家界西、牛车河、桃源

续表

序号	线路名称	起始站点	运营里程（公里）	通车时间	设计时速（公里/时）	途经的主要站点
96	银兰客运专线银中段	银川—中卫南	207	2019 年 12 月 29 日	250	河东机场、灵武北、吴忠、红寺堡北、中宁东
97	京包客运专线京张段	北京北—乌兰察布	333	2019 年 12 月 30 日	250	清河、怀来、下花园北、宣化北、张家口、兴和北、怀安
98	合杭高速线	肥东—湖州	309	2020 年 6 月 28 日	350	巢湖东、芜湖、宣城、郎溪南、广德南、安吉
99	喀赤客运专线	喀左—赤峰	156	2020 年 6 月 30 日	250	建平、宁城、平庄
100	连镇客运专线淮丹段	淮安—丹徒	199	2020 年 12 月 11 日	250	宝应、高邮、扬州东、大港南、镇江
101	郑太客运专线太焦段	太原南—焦作	358	2020 年 12 月 12 日	250	晋中、榆社西、襄垣东、长治东、高平东、焦作西
102	京港高速线合安段	肥西—安庆	160	2020 年 12 月 22 日	350	舒城东、庐江西、桐城东、桐城南
103	银西客运专线	吴忠—西安北	543	2020 年 12 月 26 日	250	甜水堡、环县、曲子、庆城、庆阳、宁县、彬州东、礼泉、乾县、永寿西、咸阳
104	盐通高速线	盐城—南通西	158	2020 年 12 月 30 日	350	盐城大丰、东台、海安、如皋南
105	安九高速线	安庆—九江	176	2021 年 12 月 30 日	350	安庆、黄冈
106	日兰高铁曲庄段	曲阜—菏泽—庄寨	199	2021 年 12 月 26 日	350	临沂市、济宁市、菏泽、开封市兰考县
107	赣深高铁	赣州—深圳	434	2021 年 12 月 10 日	350	赣州、河源、惠州、东莞、深圳
108	张吉怀高铁	张家界—怀化	245	2021 年 12 月 6 日	350	张家界、芙蓉镇、吉首、凤凰古城、怀化
109	沈佳高铁牧佳段	牡丹江—佳木斯	245	2021 年 12 月 6 日	250	牡丹江、鸡西、双鸭山、佳木斯
110	朝凌高铁	辽宁朝阳—凌海	107	2021 年 8 月 3 日	350	辽宁朝阳、锦州、凌海

续表

序号	线路名称	起始站点	运营里程（公里）	通车时间	设计时速（公里/时）	途经的主要站点
111	绵泸高铁内泸段	内江—泸州	128	2021年6月28日	250	内江、自贡、泸州
112	徐连高铁	徐州—连云港	185	2021年2月28日	350	徐州、邳州、新沂、东海、连云港
113	京哈高铁京承段	北京—承德	192	2021年1月22日	350	北京、承德
114	杭台高铁绍台温段	绍兴—温岭	226	2022年1月8日	350	绍兴、上虞、嵊州、天台山、临海、台州、温岭
115	济郑高铁郑濮段	郑州—濮阳	195	2022年6月20日	350	濮阳、新乡、郑州
116	成昆高铁	成都—昆明	915	2022年12月26日	160	成都、眉山、乐山、凉山彝族自治州、攀枝花、云南省楚雄彝族自治州、昆明
117	济莱高铁	济南—钢城	117	2022年12月30日	350	济南、历城、章丘、雪野、莱芜、钢城
118	渝厦高铁常长段	常德—益阳—长沙	154	2022年12月26日	350	常德、汉寿、益阳、宁乡、长沙
119	阜黄高铁黄黄段	黄冈—黄梅	127	2022年4月22日	350	黄冈、浠水、蕲春、武穴、黄梅
120	郑渝高铁万襄段	襄阳—万州	434	2022年6月20日	350	襄阳、南漳、保康、神农架、兴山、巫山、奉节、云阳、万州、巴东
121	合杭高铁湖杭段	湖州—杭州	138	2022年9月22日	350	湖州、德清、富阳、桐庐、杭州
122	银兰高铁中兰段	中卫—兰州	173	2022年12月29日	250	中卫、北滩、平川、靖远、白银、秦王川、兰州
123	弥蒙高铁	弥勒市—蒙自市	106	2022年12月6日	250	弥勒、蒙自

注：运营里程在100公里/时以内或设计时速在200公里/时以下的线路在200公里/时以下的高铁数据。本表为非官方统计数据，可能与官方数据有差异，仅供参考。此外，本表中暂未统计港澳台三个地区的高铁数据。

资料来源：根据"中国铁路建设规划""中国铁路12306"上资料整理获得。

城镇化进程的不断加速，城镇人口数量不断暴增，随之出现交通拥堵、环境污染、基础设施配套不足等一系列大城市病。表 3 - 5 中列举了国外部分国家的城镇化率超过 50% 之后所出现的一系列情况。

表 3 - 5　　　　　　　　英美日城镇化率超 50% 后的发展情况

国家	城镇化率超 50% 的时间	经济发展情况	主要问题
英国	1850 年左右	1848 年英国钢产量超过世界其他国家的总和；1851 年伦敦举办首届世界博览会	城市人口膨胀，城市空间高度拥挤，居住环境严重恶化
美国	1918 年左右	1910 年农业基本实现机械化，1920 年城市住宅通电比例从 10% 上升到 20%	资源环境恶化严重
日本	1968 年左右	1956 ~ 1972 年是日本工业化发展的黄金时期，其间工业生产增长了 8.6 倍，年均增长 13.6%	土地资源高度紧张，交通拥挤严重，城市住房紧张

资料来源：表中数据由作者整理获取。

从国际经验来看，解决这些大城市病通常采取的措施包括：加强并完善城市内公共交通运输体系建设，对城市中的产业进行合理布局，对城市人口集聚进行合理规划，在核心城市与周边中小城市之间形成都市圈发展格局，或者是推动区域间的合理分工和要素流动。据研究显示，早在 2012 年中国的城市化率就已经达到了 50%，且在 2018 年底达到 60%。截至 2021 年末，我国城镇常住人口达到 91425 万人，比 2020 年末增加了 1205 万人；乡村常住人口 49835 万人，减少 1157 万人。常住人口城镇化率为 64.72%，比 2020 年末提高 0.83 个百分点。城镇区域扩张、城镇人口自然增长和乡村人口流入城镇是主要影响因素，分别促使城镇化率提高了 0.36 个、0.12 个和 0.35 个百分点（国家统计局，2022）。图 3 - 4 中给出了历次人口普查我国的城镇人口比重。由此可见，中国的一些大城市朝着都市圈转型发展的条件已经具备。

（2）核心城市的逐渐壮大。基于前文关于都市圈的论述中提出的早期国际大型都市圈，此处选择以国际上目前发展较为成熟的东京都市圈和伦敦都市圈为例进行讨论，作为这两个都市圈的核心城市，伦敦和东京两座城市对其所在国家的 GDP 贡献均超过 20%，并逐渐成为其国家乃至世界的重要发展引擎。综观国内，在北京、上海、广州、深圳等一线城市的引

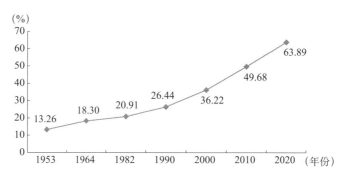

图 3 - 4　历次人口普查城镇人口比重变化趋势

资料来源：国家统计局。

领下，中国城市的经济实力正在日益增强。2018 年，我国经济发展水平排名前十的城市的 GDP 总值占全国 GDP 的 23.4%，由此可见，核心城市对周边区域的辐射和带动明显增强，这些都为都市圈的形成创造了条件（见表 3 -6）。

表 3 - 6　　　　　　　　　　　　2018 年都市圈核心城市 GDP

国别	都市圈	核心城市	GDP（亿元）	GDP 在全国占比（%）	在其国内排名
中国	京津冀都市圈	北京	30320	3.37	2
		天津	18810	2.09	7
	长三角都市圈	上海	32680	3.63	1
		南京	12820	1.42	11
		杭州	13509	1.50	10
	粤港澳都市圈	广州	22859	2.54	5
		深圳	24691	2.74	4
		香港	25766	2.86	3
	成渝都市圈	成都	15342	1.70	8
		重庆	20363	2.26	6
美国	纽约都市圈	纽约	71070	5.03	1
日本	东京都市圈	东京	70518	20.56	1
英国	伦敦都市圈	伦敦	65000	33.6	1

资料来源：中国都市圈发展报告（2018）。

（3）周边中小城市快速成长。综观国外代表性都市圈的社会经济发展情况可知，圈内中小城市对都市圈整体 GDP 的贡献均占 40% 以上。比如，就英国的伦敦都市圈来说，其周边中小城镇的 GDP 产值占都市圈整体 GDP 产值的比例竟高达 58.4%，说明周边中小城市的经济实力和产业能级对于都市圈整体的发展推动也是至关重要的。在国内，以长三角、珠三角等为代表的发达地区，核心城市周边的中小城镇数目繁多且产业集聚度相对较高。这些中小城镇在承接核心城市产业转移的同时，也实现了与核心城市的协同发展，为都市圈的发展壮大提供了有力支持。表 3 - 7 对 2018 年国内外的部分代表性都市圈的 GDP 情况及其周边中小城镇的 GDP 情况进行了对比分析。

表 3 - 7　　　2018 年国内外部分代表性都市圈及其周边中心城镇的 GDP 情况

国内的代表性都市圈	都市圈 GDP（万亿元）	都市圈 GDP 全国占比（%）	中小城镇 GDP（万亿元）	中小城镇占都市圈 GDP 的比（%）
长三角都市圈	17.8	19.8	7.12	40.0
粤港澳都市圈	10.87	12.2	3.43	31.3
京津冀都市圈	9.36	10.4	3.50	37.7
成渝都市圈	5.75	6.4	2.19	38.1
国外的代表性都市圈	都市圈 GDP（万亿美元）	核心城市 GDP（万亿美元）	中小城镇 GDP（万亿美元）	中小城镇占都市圈 GDP 的比
纽约都市圈	1.74	0.90	10.84	48.3
东京都市圈	1.62	0.95	0.67	41.3
伦敦都市圈	2.26	0.94	1.32	58.4

资料来源：中国都市圈发展报告 2018。

（4）公共交通网络的发达完善。都市圈发展的核心是圈内不同资源要素的流动与优化分配，此时，交通基础设施的网络建设则成为拉动要素流动的必要条件。近年来，随着以高速铁路为代表的轨道交通的不断建设和完善，轨道上的都市圈正在加紧形成，随着半小时通勤圈、1 小时交通圈的提速，将为国内都市圈发展创造有利条件。以我国的长三角都市圈为例，都市圈 2 小时交通圈覆盖范围已经由 2013 年的 13.6 万平方公里扩大到 2016 年的 19.0 万平方公里，在都市圈中的面积占比也由 2013 年的 46.3% 上升至 2016 年的 64.4%。由此可见，这些发展成绩都为都市圈人口和产业的优化分配提供了可能。

3.4.2　中国主要都市圈的分类

都市圈是城市地域空间形态演化的高级形式，也是城镇化进程中大城市区域化发展到一定阶段所出现的空间现象。随着经济全球化的推进及信息社会的建立，都市圈已经成为一种在世界范围内具有普遍意义的城镇群体空间组合类型，也是一个国家和地区介入全球竞争的基本单元（黄亚平，2021）。目前，世界上著名的都市圈主要有纽约都市圈、伦敦都市圈、巴黎都市圈、东京都市圈、名古屋都市圈、大阪都市圈等。近年来，我国都市圈的发展建设也取得了较大的成效，不同机构部门也依据不同标准对其进行了分类，内容如下。

（1）"戴德梁行"公司对中国都市圈的分类。国际房地产顾问"五大行"之一的"戴德梁行"公司，通过构建以"经济活跃度""商业繁荣度""交通便捷度""区域联系度"作为一级指标的都市圈综合发展质量评价体系，对全国都市圈的发展水平和能级特点等进行分类。"戴德梁行"的统计结果显示，目前在国内可以称之为都市圈的共有 26 个，大致可分为以下几种类型：成熟型都市圈（2 个）、赶超型都市圈（2 个）、成长型都市圈（12 个）和培育型都市圈（10 个），具体分类情况见表 3-8。

表 3-8　全国都市圈的分类情况

都市圈类型	表现形式	都市圈名称	圈内主要城市	圈内其他城市
成熟型都市圈	核心城市不仅总体经济实力和交通便捷度等较为突出，其周边中小城市的经济也相对发达	长三角都市圈	上海、南京、杭州、合肥	苏州、湖州、常州、滁州、嘉兴、金华、马鞍山、南通、宁波、绍兴、台州、泰州、无锡、芜湖、宣城、扬州、镇江、舟山、安庆、铜陵、池州、盐城
		粤港澳都市圈	广州、深圳、香港、澳门	珠海、佛山、惠州、东莞、中山、江门、肇庆
赶超型都市圈	都市圈在发展均衡度上虽存在欠缺，但城市的总体发展实力要高于全国平均水平	京津冀都市圈	北京、天津	石家庄、秦皇岛、唐山、廊坊、保定、沧州、张家口、承德
		成渝都市圈	成都、重庆	德阳、眉山、雅安、绵阳、资阳、自贡、内江、乐山、遂宁、广安

续表

都市圈类型	表现形式	都市圈名称	圈内主要城市	圈内其他城市
成长型都市圈	都市圈的总体发展成熟度相对偏弱，且均存在明显的弱势方向，但都市圈拥有明显的平稳或快速发展趋势，未来发展潜力巨大	西安都市圈	西安	商洛、宝鸡、铜川、渭南、咸阳
		青岛都市圈	青岛	威海、潍坊、烟台、日照
		厦门都市圈	厦门	泉州、漳州
		武汉都市圈	武汉	鄂州、黄冈、黄石、仙桃、咸宁、孝感、潜江、天门
		沈阳都市圈	沈阳	本溪、抚顺、鞍山、辽阳、铁岭
		长沙都市圈	长沙	湘潭、株洲、益阳、岳阳
		大连都市圈	大连	丹东、营口
		郑州都市圈	郑州	开封、新乡、洛阳、许昌、焦作、平顶山、晋城、鹤壁
		福州都市圈	福州	宁德、莆田
		昆明都市圈	昆明	楚雄彝族自治州、曲靖、玉溪
		济南都市圈	济南	滨州、德州、莱芜、聊城、泰安、淄博
		哈尔滨都市圈	哈尔滨	大庆、松原、绥化
培育型都市圈	城市发展受地域、交通、人口等因素的影响较大，因此该类都市圈的整体发展相对滞后	长春都市圈	长春	四平、吉林、辽源
		呼和浩特都市圈	呼和浩特	乌兰察布
		南昌都市圈	南昌	新余、抚州、九江、宜春
		太原都市圈	太原	晋中、阳泉、吕梁、忻州
		贵阳都市圈	贵阳	安顺、黔南布依族苗族自治州、毕节、遵义
		银川都市圈	银川	阿拉善盟、石嘴山、吴忠
		南宁都市圈	南宁	崇左、防城港、来宾、贵港、钦州
		兰州都市圈	兰州	白银、临夏回族自治州、定西
		西宁都市圈	西宁	海东
		乌鲁木齐都市圈	乌鲁木齐	昌吉回族自治州

资料来源："戴德梁行"对中国都市圈的分类汇总表。

（2）中国城市发展潜力排名研究报告对都市圈的分类。除上述分类外，相关学者和研究机构也基于不同需求，对中国的都市圈进行了分类，其中，2019 年 4 月，《中国城市发展潜力排名》研究报告指出，以中心城市为引领的都市圈城市群是支撑中国经济高质量发展的主要平台，是中国当前以及未来发展的重点。基于此，该报告在综合考虑面积、人口、GDP等指标的基础上，以 GDP 为核心指标对中国城市圈进行了如表 3 - 9 所示的分类和排序。

表 3 - 9　　　《中国城市发展潜力排名》研究报告对都市圈的分类（2019 年）

都市圈	GDP（万亿元）	面积（万平方公里）	人口（万人）
上海都市圈	4.68	1.57	3413
苏锡常都市圈	3.75	2.43	2640
深惠莞都市圈	3.71	1.58	2625
广州都市圈	3.52	1.89	2623
北京都市圈	3.27	2.08	2510
南京都市圈	2.55	2.72	2025
杭州都市圈	2.27	3.23	1915
武汉都市圈	2.24	5.08	3017
郑州都市圈	1.99	3.71	2769
成都都市圈	1.98	3.39	2515
天津都市圈	1.88	1.19	1559
厦门都市圈	1.72	2.52	1776
长沙都市圈	1.58	2.81	1501
重庆都市圈	1.56	2.86	1878
西安都市圈	1.29	3.73	2041
青岛都市圈	1.26	1.50	1128

注：该表仅列举了 GDP 总额在 1.00 万亿元以上的都市圈。

（3）国家发展改革委批复的国家级都市圈。2019 年 2 月 19 日，《国家发展改革委关于培育发展现代化都市圈的指导意见》发布，意见提出，"加快培育发展现代化都市圈""到 2035 年，现代化都市圈格局更加成熟，形成若干具有全球影响力的都市圈"。随后，《南京都市圈发展规划》在2021 年 2 月 2 日获国家发展改革委复函同意，也是我国首个由国家发展改革委正式复函同意的都市圈规划。2023 年 12 月，国家发展改革委共批复10 个国家级都市圈。具体内容见表 3 - 10。

表 3 - 10　国家级都市圈发展规划批复情况及简介

获批年份	规划名单	都市圈所在地	简介
2021	《南京都市圈发展规划》	江苏 安徽	主要包括：江苏南京、镇江、扬州、淮安、常州金坛、溧阳；安徽芜湖、马鞍山、滁州、宣城，占地面积 2.7 万平方公里
	《福州都市圈发展规划》	福建	主要包括：福州、莆田、宁德，南平及平潭综合实验区，陆域面积 2.6 万平方公里（占福建的 33.5%），地区生产总值约 1.5 万亿元（占福建的 34.5%），2020 年常住人口约 1300 万人
	《成都都市圈发展规划》	四川	主要包括：成都、德阳、资阳等城市的全域，以及眉山、德阳、资阳至简阳拓展至成都的部分地区，面积 2.64 万平方公里，总面积 3.31 万平方公里；规划范围全域
	《长株潭都市圈发展规划》	湖南	主要包括：长沙全域，株洲、湘潭及韶山山的部分区域，面积 1.89 万平方公里，2021 年常住人口 1484 万，经济总量 1.79 万亿元
2022	《西安都市圈发展规划》	陕西	主要包括：西安全域，咸阳、铜川，渭南的部分区域，以及杨凌农业高新技术产业示范区，面积 2.06 万平方公里，2020 年底常住人口 1802 万人，地区生产总值约为 1.3 万亿元
	《重庆都市圈发展规划》	重庆 四川	主要包括：重庆渝中区、大渡口区、江北区、沙坪坝等 21 个区和四川广安。2020 年，重庆都市圈常住人口 2440 万人，总面积 3.5 万平方公里
	《武汉都市圈发展规划》	湖北	主要包括：武汉（中心城市）、黄石、鄂州、黄冈、孝感、咸宁、仙桃、天门、潜江共 9 个城市，是湖北产业和生产要素最为密集、最具活力的地区，以占湖北 1/3 国土面积、1/2 的人口，创造了全省 2/3 的 GDP 产值
2023	《杭州都市圈规划》	浙江	主要包括：杭州（中心城市）、湖州、嘉兴、绍兴、衢州、黄山；其中，杭州市域 5 县市及德清、安吉、海宁、桐乡、歙县等杭州相邻 7 县市为紧密层，规划区域总面积 53239 平方公里，面积约占长三角区域的三分之一
	《青岛都市圈发展规划》	山东	主要包括：青岛（中心城市）、潍坊、诸城、高密、日照、烟台，2022 年末常住人口 1558 万人
	《郑州都市圈发展规划》	河南	主要包括：郑州（中心城市）、开封、洛阳、平顶山、新乡、焦作、许昌、漯河、济源。截至 2021 年，都市圈地区生产总值 3.28 万亿元，常住人口 4670 万人

资料来源：由作者整理获取。

本章小结

本章重点对中国高速铁路、高速铁路网络的定义、特征以及建设运营情况等进行了详细介绍，介绍了我国已经建成的"四纵四横"高铁网络和正在建设的"八纵八横"高铁网络，并罗列了全国范围内一部分已开通且正在运营的高铁线路信息，包括线路名称、起始站点、运营里程、通车时间、设计时速和途经站点等；同时，对都市圈的发展起源、发展的条件要素以及中国现阶段的都市圈分类情况等进行了详细分析。本章的研究内容为后续研究高铁网络与都市圈旅游的关系以及高铁网络对都市圈旅游高质量发展的影响等奠定了扎实的基础。

第4章 高铁网络与都市圈
旅游发展的关系及影响

高铁网络对都市圈旅游发展的影响是多因素合理作用下的结果。本章首先运用耦合协调理论对高铁网络与都市圈旅游发展的耦合协调关系进行分析，在深入剖析二者协同发展关系和耦合协调发展机理的基础上，以实证分析的形式对其耦合协调发展水平进行测评，揭示高铁网络与都市圈旅游发展的相互作用关系。同时，从旅游交通可达性、旅游交通成本、旅游要素流动成本以及旅游区位与资源要素等方面剖析高铁网络影响都市圈旅游发展的主要因素，并进行实证分析，以深入诠释高铁网络对都市圈旅游发展的作用机制。

4.1 高铁网络与都市圈旅游业耦合协调发展分析

在旅游消费市场需求转型的背景下，关于高铁网络与旅游发展的研究成果较多，已有成果从机制、联系、原理等角度详细阐述了高铁网络对旅游业发展的影响，研究成果对快速交通时期下区域旅游新格局的演化具有重要推动作用。但是，面对旅游经济发展的新趋势，高铁与都市圈旅游业能否协调发展，将直接影响都市圈乃至旅游产业的转型升级。因此，系统测算中国高铁与都市圈旅游业耦合发展的水平，对二者的产业转型升级和协同发展效应提升具有重要意义；同时，对科学制定促进中国高铁与旅游产业融合发展的战略，具有重要的现实意义。本节主要从中国大陆境内的高铁主干线及相连支线所覆盖的众多城市中选取12个都市圈（包括153座城市）为样本，运用耦合协调发展理论研究高铁对都市圈旅游业耦合协调发展的作用机理。基于2018年的数据，采用耦合协调度模型，研究各个城市高铁网络与旅游产业耦合协调程度，并为下文探讨高铁网络与都市圈旅游高质量发展奠定基础。

4.1.1　高铁网络与都市圈旅游耦合协同发展关系

由第 1 章的国内外研究现状分析可知，关于高铁网络促进旅游业发展的事实已经毋庸置疑。为了更具体地探究高铁网络对旅游发展变化的影响，有学者从微观层面，采用数理模型或经济学方法，研究高铁网络对区域旅游发展的影响（Luis Campa et al. ，2016；Kanasugi et al. ，2017；黄泰等，2014）；也有学者从马太效应、旅游通勤圈（Schnadt et al. ，2015）、高铁旅游带（Sato，2015）等视角分析了高铁网络在区域旅游中的作用和影响力。李如友等（2015）应用门槛回归模型剖析交通基础设施对区域旅游经济发展的作用；白洋等（2017）以丝绸之路经济带为对象，分析交通基础设施对丝绸之路经济带旅游经济增长的空间效应。

虽然，交通便利程度已成为新时代衡量一个国家或地区旅游业发展水平的重要标志（保继刚，2002），但是，二者之间也是一对矛盾体。旅游业的迅猛发展会造成交通运输业供给在时间和空间上短缺，交通的滞后发展又会限制旅游业的发展速度和质量。只有两者在外部政策和环境等因素影响下保持动态一致，才能提升综合竞争优势，从而推动旅游业的可持续发展。因此，促进交通运输业与旅游业协调发展是当今旅游供需系统研究的一项重要内容（毕丽芳，2017）。比如，有学者认为交通作为一种旅游属性对游客的出游模式选择具有一定的影响，并通过构建多项 Probit 模型进行实证研究，明确了交通与区域旅游发展之间的耦合协调关系（Can，2013）。此外，在交通运输业与旅游业发展互动研究方面，有学者对印度交通与旅游发展关系进行探讨后提出，可进入性差是印度旅游业发展缓慢的主要原因之一（Raguraman，1998）。同时，交通方式与距离也是影响旅游目的地吸引力和旅游者决策的关键因素（Luis，2004；Gillmor，2004），其中，旅游交通成本是影响游客选择交通方式的主要因素（Can，2013）。

此后，随着交通方式的多元化发展，特别是以高铁为代表的大运输量交通方式的崛起，促使围绕铁路交通和旅游发展的研究逐步成为学术界的关注焦点（吴晋峰、潘旭莉，2010；王兆峰，2012），逐步提升了高铁对旅游业发展的作用价值，强化了关于高铁与旅游在空间、时间等方面关联的定性和定量研究（陈晓、李悦铮，2008；汪德根、陈田、陆林，2015）。比如，邓涛涛等（2020）构建了旅游与交通的耦合协调度模型，证明了耦合协调度模型与熵权灰色关联模型相结合能够对动态耦合关系实施有效评价。由此可见，此阶段提出的研究成果更倾向于探讨高铁可达性及其产生的各种效应对旅游空间结构演变的影响作用（Sasaki，1997；Gutierrez，2003）。虽然，已有成果提出了旅游交通规划的理论、方法和布局规律等（Li and Chen，2019；Kurihara and Wu，2016；殷平等，2019），为交通与旅游的深度融合发展提供了方向指导；但是，关于高铁网络和都市圈旅游业耦合协调发展关系的研究较少，已有研究主要从综合层面探讨交通运输业与旅游经济联系的耦合协调发展关系（余菲菲、胡文海、荣慧芳，2015；马勇、李丽霞、任洁，2017；刘康、王坤、樊文琴，2019）。虽然，部分研究探讨了高铁与旅游流（Pagliara，2015；叶茂、王兆峰，2019）、交通系统与旅游系统（蒋小玉、李永文，2014；Aleksandra，2014）等之间的耦合关系，但是此类研究多采用层次分析、模糊综合评价等方法分析交通运输业与旅游发展水平的相互关系，研究结果存在一定的主观性，影响了评价结果的精确性。

综上可知，虽然关于高铁网络与旅游业发展之间的研究成果较多，但是针对高铁与旅游业的发展耦合关系，特别是与都市圈旅游业发展耦合关系的研究很少，且相关成果的研究方法也以定性描述为主，缺乏定量研究。此外，基于耦合度模型的研究仍然处于起步阶段，仅少数学者关注了高铁可达性与旅游经济之间的耦合关系（朱桃杏、葛勇、王慧，2019；王新越、赵文丽，2017），但鲜有研究者对高铁网络与都市圈旅游业耦合协调发展的内在机理和区域差异等问题进行系统化的定量研究。基于此，本书在已有研究的基础上，探讨高铁网络与都市圈旅游业的耦合协调关系和机理，并在中国大陆地区选择 12 个都市圈（包括 153 座城市）为样本，通过构建高铁网络与都市圈旅游业耦合协调程度的评价指标体系，运用耦合协调度模型对高铁网络与都市圈旅游业耦合协调发展水平进行评价，以期为研究高铁网络与都市圈旅游业高质量发展提供参考。

4.1.2　高铁网络与都市圈旅游耦合协调发展机理

耦合并不是对多个系统进行单纯的相加，它是指两个或两个以上系统通过内外部等多个方面的相互作用而彼此影响的现象，耦合度是描述这种多个系统之间相互作用的程度（Vefie，1996）。当系统之间配合得当、相互促进时，称为良性耦合；反之，称为不良性耦合。协调是指不同系统在耦合过程中配合得当，并由此逐渐衍生出一种良性循环关系，好的协调关系是促使系统健康持续发展的保证（Yang et al.，1996）。耦合协调度是度量不同系统在发展过程中和谐一致的程度，体现了系统由无序向有序变化的趋势（Wu et al.，1997）。虽然，旅游与高铁作为两个不同的产业，但是，由于旅游产业具有关联性强的特征，与其相关联的产业超过 100 个（苏建军、孙根年等，2012）；而高铁具有辐射性强的特征，能有效推动多个产业的联合发展（季凯文、齐江波，2020）。因此，由于产业属性的相互促进，使得两种产业存在显著的耦合性特征。为了更清晰地阐明高铁网络和都市圈旅游产业之间的耦合协调发展关系，本书主要从内部机制和外部动力两个层面剖析二者的耦合协调发展机理，如图 4 - 1 所示。

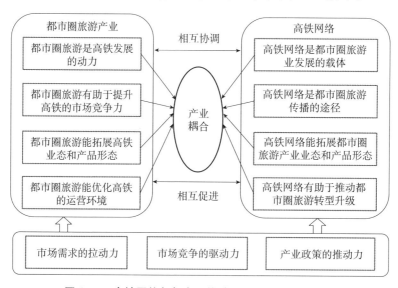

图 4 - 1　高铁网络与都市圈旅游业耦合协调发展关系

首先，在内部机制方面，高铁网络是都市圈旅游发生的有效载体和传播的有效途径，为都市圈旅游地的进入提供了快速通道和保障，提高和拓展了旅游产业的市场范围和区域影响力（Clewlow et al.，2014）。同时，高铁网络的时空压缩效应拓展了旅游业态和产品形态，旅游产业借助高铁元素进行多种旅游资源的联合开发，扩大了产业链（Kim et al.，2018）。此外，随着居民收入水平的增长，乘坐高铁出行越来越普遍，游客不再满足于单纯的旅游观光和休闲体验，而是追求体验与互动型旅游，迫使旅游产业加快转型升级（汪德根等，2015）。旅游产业的转型升级促进了都市圈内产业的集聚，都市圈旅游产业集聚带动了其他相关产业的发展，市场交易成本降低，从而优化了高铁运营环境。

其次，在外部动力方面，主要包括市场竞争激烈化的驱动力、市场需求多样化的拉动力和产业政策的推动力三个方面。在激烈的市场竞争环境下，高铁网络与都市圈旅游产业融合发展的目的是追求利益最大化，可以在更大的范围内让高铁和都市圈旅游资源得到合理配置和利用，产生具有融合性的产品和服务，使高铁和都市圈旅游产业形成更强的市场竞争力，为地区创造出新的消费市场（Pagliara et al.，2014；Liu and Shi，2019）。当前，居民消费结构正在升级，游客对旅游产品的需求不再满足于单一产品和服务的基本职能，而是追求形式多样化的产品和服务，这将倒逼高铁网络与都市圈旅游产业加速融合，衍生出更多的产业业态和产品形态。此外，产业的发展离不开政策支持，国家出台的促进高铁与旅游产业发展的产业政策，为高铁与都市圈旅游产业融合发展提供了良好的政策推动力（Zhou et al.，2021）。

4.1.3　高铁网络与都市圈旅游耦合协调发展评价

1. 评价模型

为了深入分析高铁网络与都市圈旅游业发展之间的耦合关系，本书构造了能够较全面反映高铁运输产业和都市圈旅游产业这两个系统整体功效和协同效应的耦合评价模型。耦合评价模型的优势主要表现为：第一，模型综合了系统之间相互影响的强度以及在耦合互动作用下的协调发展水平，能有效结合高铁和旅游业的特征研究其协调发展情况；第二，模型可以判断两个或两个以上系统之间的耦合协调发展程度，并能反映不同地区的综合发展水平。

（1）计算综合评价指数。从某种程度上说，虽然高铁和都市圈旅游业是两个不同的系统，但是二者之间存在相互影响的关系。比如，传统旅游六要素中的"行"就与高铁密不可分。因此，在计算综合评价指数时，本书拟采用集成方法来实现系统中各指标对总系统的影响。在具体实施过程中，主要采用几何平均法和线性加权法构造如下公式：

$$F(x) = \sum_{i=1}^{m} \alpha_i x_i , \quad G(y) = \sum_{j=1}^{n} \beta_j y_j \qquad (4-1)$$

式（4-1）中，$F(x)$ 表示都市圈旅游发展的评价指数，$G(y)$ 表示高铁网络状况的评价指数。x_i 和 y_j 分别表示都市圈旅游发展和高铁网络发展的无量纲化指标值。α_i 和 β_j 分别表示都市圈旅游和高铁网络两个系统中各指标的权重。

此外，考虑到指标的客观性较强的特征，在对指标赋权时由于常用的层次分析法更适用于对主观性较强的指标进行赋权。因此，本书主要使用熵值赋权法来计算指标权重。与层次分析法相比，熵值法更适合对客观性较强的指标进行赋权，它能够通过分析各指标间的关联程度以及各指标所提供的信息量来确定指标的权重，进而有效避免主观因素所带来的偏差（Hanafizadeh et al. , 2009；Chan，2015）。

（2）计算耦合度。根据耦合协调模型的要求，构建都市圈旅游和高铁网络的耦合度计算公式：

$$C = \sqrt{\frac{F(x) \times G(y)}{\left[\dfrac{F(x) + G(y)}{2}\right]^2}} \qquad (4-2)$$

式（4-2）中，C 为耦合度。当 $C = 1$ 时，表明系统之间的耦合关系较优，系统各要素之间处于最佳耦合状态；当 $C = 0$ 时，表明系统之间的耦合关系较差，系统各要素之间的关联度很弱，甚至不相关，系统处于无序发展的状态。

（3）计算耦合协调度。在式（4 - 2）中 C 可以反映两个子系统的关联性，但是其计算结果存在缺陷。第一，耦合度只能在一定程度上说明系统之间作用程度的强弱，但不能反映出同一时间下不同地区之间的耦合协调水平大小。第二，可能存在两个系统的综合发展水平都比较低但是 C 值比较高的情况；也可能存在两个系统的综合发展水平一高一低，但是 C 值比较高的情况。因此，必须对模型进行改进，才能真实反映都市圈旅游业与高铁之间的协调发展水平（姜嫣，马耀峰，2012）。最终，本书引入耦合协调度模型进行修正，计算不同地区的高铁网络和都市圈旅游之间的协调发展水平：

$$D = \sqrt{C \times T} , \; T = \alpha F(x) + \beta G(y) \qquad (4 - 3)$$

式（4 - 3）中，C 为耦合度，D 为耦合协调度，$D \in （0, 1）$。D 的值越接近 1 说明耦合效果越好。T 为都市圈旅游业与高铁网络的综合评价指数，α 和 β 为待定系数，反映高铁网络和都市圈旅游发展之间的相对重要程度。在协调发展过程中，都市圈旅游业和高铁网络的相互影响作用是有差异的。高铁网络的发展能够加速旅游产业的发展（Li et al.，2019；Kurihara et al.，2016；Pagliara，2015；Lu，2017）。但是，由于高铁的建设属于国家基础设施项目，其规划和建设过程中受多种要素的综合影响，而旅游业并不是唯一驱动力。因此，在确定 α 和 β 的取值时需要充分考虑旅游、交通、社会经济等多个领域的影响；基于此，本书通过与旅游、交通及相关领域的 18 位专家进行访谈，并基于专家们多轮次的反馈结果进行计算，最后，分别将 α 和 β 的值赋为：$\alpha = 0.35$ 和 $\beta = 0.65$。同时，为了更直观反映都市圈旅游与高铁耦合协调发展状况，参考已有研究成果（廖重斌，1999），本书将高铁网络与都市圈旅游的耦合协调度划分为 10 个等级（见表 4 - 1）。

表 4 - 1　　　　　　　　　　　　耦合协调度等级分类

耦合协调度取值	0 ~ 0.09	0.10 ~ 0.19	0.20 ~ 0.29	0.30 ~ 0.39	0.40 ~ 0.49
协调等级	极度失调	严重失调	中度失调	轻度失调	濒临失调
耦合协调度取值	0.50 ~ 0.5	0.60 ~ 0.69	0.70 ~ 0.79	0.80 ~ 0.89	0.90 ~ 1.00
协调等级	勉强协调	初级协调	中级协调	良好协调	优质协调

2. 评价指标选取

科学合理的评价指标体系是协调度评价的基础和依据，直接影响到评价结果的准确性和科学性。通过分析高铁网络和都市圈旅游业耦合协调的作用关系，依据科学性、系统性、数据可得性等原则，在参考已有研究成果的基础上构建高铁网络与都市圈旅游产业耦合协调发展的评价指标体系。目前，部分学者已经提出了关于交通与旅游业发展耦合关系的评价指标。比如，张年和张诚（2016）将旅游收入、旅游人数、旅游收入占地区GDP比重等作为旅游产业系统的评价指标，将铁路营业里程、客运量、旅客周转量等作为交通系统的评价指标。马勇等（2017）将旅游人数、旅游收入等作为旅游系统的指标，将公路里程、铁路客运量、城市公共交通车辆运营数等作为交通运输系统的指标。此外，在研究高铁网络与旅游业之间的关系时，研究者们倾向于将旅游收入、游客数量、旅游产品价格、旅游服务水平作为评价指标（Yan et al.，2014；Pagliara et al.，2017）；同时，也有学者将城市规模、旅游资源、高铁站的数量和位置，以及旅游接待能力（也有学者称其为旅游接待业发展水平）等作为评价指标（Varela，Navarr，2016；Yin et al.，2019；Yang and Li，2019；Albalate et al.，2015）。此外，学者们在研究高铁网络与旅游发展的关系时，GDP也是一项不可忽略的指标（Gao et al.，2019；Albalate et al.，2016；Li et al.，2018）。因此，参考已有研究成果中提出的测评指标，本书最终构建的评价指标体系见表4-2。

表4-2 评价指标及描述

指标	指标权重	指标描述	符号
人口总数 （单位：万人）	0.0712	都市圈内城市的常住人口总数	Cpop
GDP （单位：亿元）	0.1616	都市圈内城市的国内生产总值	Cgdp
高铁站个数 （单位：个）	0.1397	都市圈内城市中的高铁车站总数	Csta
高铁班次 （单位：列）	0.0890	都市圈内开通的高铁班次	Chsr

指标	指标权重	指标描述	符号
旅游资源 （单位：个）	0.0975	都市圈中不同等级景区的数量（从 A 级景区到 AAAAA 级景区）	Ctre
旅游人数 （单位：万人）	0.1417	在一个固定时间段内到达都市圈内的游客总人数	Cta
旅游收入 （单位：亿元）	0.0938	旅游目的地在一定时期内通过销售各种旅游产品获得的货币收入总和	Ctr
酒店数量 （单位：个）	0.2055	都市圈内的酒店总数	Chot

资料来源：由作者整理获取。

3. 数据来源

为了保证采集的指标数据的全面性、准确性和可靠性，本书以 2018 年为时间节点采集指标数据。其中，关于高铁网络的指标数据主要从铁路运输的官方网站（www.12306.cn）统计得到的，关于城市人口总数、城市 GDP、旅游人数、旅游收入等数据，主要从相关城市的 2018 年统计年鉴和 2018 年国民经济和社会发展统计公报中收集得到。此外，关于旅游资源禀赋的数据是从这些城市的文化和旅游局的信息披露中收集的，酒店数量的数据从携程网统计得到。

4. 研究对象选择

截至 2020 年 12 月 31 日，中国大部分高铁主干线基本建成，高铁网日趋完善。西部地区的高铁里程逐渐增加，各省份基本上形成了以省会城市为核心的 1～2 小时高铁通勤圈，中国将真正步入高铁时代（中国交通运输部）。因此，以中国高铁为研究对象，具有极强的代表性。但是，为了保证结果的准确性，并不能将中国的所有城市纳入研究中。本书在选择研究对象时主要遵循以下两个原则。第一，被选择的都市圈内要拥有一定数量旅游资源。第二，被选择的都市圈内的高铁开通时间应该一年以上。第三，被选择的都市圈应该是分布于中国的东部、南部、西部、北部、中部等地区。最终，本书从高铁主干线及相连接支线所覆盖的城市中选择了 12 个都市圈（包括 153 座城市）为研究对象。关于都市圈及其所包含城市的具体信息见表 4－3。

表 4 - 3　　　　　　　　本书所选 12 个都市圈的 153 座城市信息

序号	都市圈名称	包含的城市
1	京津唐都市圈 （选取 10 座城市）	北京、廊坊、天津、唐山、秦皇岛、承德、张家口、保定、石家庄、沧州
2	辽沈都市圈 （选取 11 座城市）	抚顺、沈阳、辽阳、营口、大连、本溪、铁岭、阜新、盘锦、锦州、葫芦岛
3	松嫩都市圈 （选取 10 座城市）	齐齐哈尔、大庆、哈尔滨、牡丹江、鸡西、长春、吉林、松原、佳木斯、伊春
4	中原都市圈 （选取 17 座城市）	三门峡、洛阳、焦作、新乡、郑州、开封、商丘、许昌、漯河、平顶山、南阳、周口、驻马店、鹤壁、安阳、濮阳、邯郸
5	齐鲁都市圈 （选取 12 座城市）	济南、泰安、淄博、青岛、烟台、威海、东营、滨州、德州、济宁、临沂、日照
6	淮海都市圈 （选取 11 座城市）	连云港、徐州、淮北、宿州、蚌埠、淮南、宿迁、淮安、枣庄、亳州、阜阳
7	长三角都市圈 （选取 23 座城市）	芜湖、南京、扬州、镇江、常州、无锡、苏州、昆山、上海、嘉兴、杭州、绍兴、宁波、南通、泰州、滁州、合肥、宣城、湖州、舟山、台州、金华、义乌
8	武汉都市圈 （选取 8 座城市）	武汉、黄冈、咸宁、孝感、鄂州、黄石、仙桃、潜江
9	桂邕都市圈 （选取 13 座城市）	桂林、柳州、来宾、南宁、钦州、北海、贵港、玉林、梧州、贺州、百色、崇左、防城港
10	成渝都市圈 （选取 16 座城市）	重庆、内江、资阳、成都、德阳、绵阳、广安、南充、遂宁、达州、泸州、宜宾、自贡、眉山、乐山、雅安
11	秦陇都市圈 （选取 13 座城市）	渭南、西安、咸阳、宝鸡、天水、定西、兰州、商洛、铜川、延安、庆阳、平凉、白银
12	北疆都市圈 （选取 9 座城市）	吐鲁番、乌鲁木齐、昌吉、石河子、克拉玛依、哈密、伊宁、博乐、塔城

资料来源：由作者整理获取。

4.1.4　高铁网络与都市圈旅游耦合协调发展测评

1. 高铁网络与都市圈旅游综合发展水平

在计算高铁网络与都市圈旅游发展的耦合协调度时，首先要计算各自的综合发展指数，即综合发展水平。基于采集到的 12 个都市圈的 153 座城市的基础数据，结合式（4 - 1）进行计算，得到 $F(x)$ 和 $G(y)$ 的取值（见表 4 - 4）。

表 4 - 4　　　**高铁与都市圈旅游业的综合发展水平及耦合协调度计算结果**

都市圈	$F(x)$	$G(y)$	耦合度 C 值	协调指数 T 值	耦合协调度 D 值	协调等级	耦合协调程度
京津唐都市圈	0.1087	0.0658	0.8836	0.2419	0.4300	5	濒临失调
辽沈都市圈	0.0389	0.0430	0.8119	0.1016	0.2727	3	中度失调
松嫩都市圈	0.0481	0.0457	0.8181	0.1168	0.2972	4	轻度失调
中原都市圈	0.0355	0.0332	0.7676	0.1032	0.2734	3	中度失调
齐鲁都市圈	0.0805	0.0492	0.7458	0.1660	0.3430	4	轻度失调
淮海都市圈	0.0319	0.0281	0.7590	0.0891	0.2545	3	中度失调
长三角都市圈	0.0970	0.0642	0.8237	0.2181	0.4093	5	濒临失调
武汉都市圈	0.0527	0.0617	0.7409	0.1398	0.2990	3	中度失调
桂邕城市圈	0.0407	0.0407	0.8269	0.1017	0.2833	3	中度失调
成渝都市圈	0.0784	0.0393	0.8096	0.1525	0.3202	4	轻度失调
秦陇都市圈	0.0567	0.0254	0.8185	0.1038	0.2660	3	中度失调
北疆都市圈	0.0223	0.0073	0.8390	0.0426	0.1708	2	严重失调

资料来源：由作者运用耦合协调度模型计算获得。

结合表 4 - 4 中的内容，参考国外学者韦克（Weick，1990）提出的研究结论，本书将 $F(x)$ 和 $G(y)$ 之间的关系界定为以下三种情况。

（1）当 $F(x) > G(y)$ 时，表示高铁网络的发展水平滞后于都市圈旅游业的发展水平。说明旅游业发展投入高、开发力度较大，而高铁网络建设投入较少，发展相对迟缓。这种情况下，旅游业发展往往会因为得不到交通运输业的有效支撑而无法维持，最终导致都市圈旅游业不能持续有效发展。主要包括以下几个都市圈：京津唐都市圈、松嫩都市圈、中原都市圈、齐鲁都市圈、淮海都市圈、长三角都市圈、成渝都市圈、秦陇都市圈、北疆都市圈。

（2）当 $F(x) < G(y)$ 时，表示都市圈旅游的发展水平滞后于高铁网络的发展水平。说明高铁网络的发展较好，投入力度较大，而旅游业的投资开发力度相对较弱，发展相对较差。这种情况下往往因为旅游业发展落后、旅游人数不足而影响交通的继续发展，不能有效地通过旅游来带动都市圈的经济发展。主要包括：辽沈都市圈、武汉都市圈。

（3）当 $F(x) = G(y)$ 时，表示高铁网络和都市圈旅游业之间处于协调发展的状态，这是较理想的发展模式。主要包括：桂邕都市圈。

2. 高铁网络与都市圈旅游耦合协调度测算

将 $F(x)$ 和 $G(y)$ 的计算结果带入耦合协调度模型，得到 2018 年中国12 个都市圈的高铁网络与旅游业协调发展水平（具体结果见表 4-4 的"耦合协调度 D 值"列）。随后，根据耦合协调度 D 值的分布区间情况，对高铁网络与都市圈旅游业之间的耦合协调发展结果进行整理，得到表 4-5 所示内容。

表 4-5　　　　　高铁网络与都市圈旅游发展耦合协调度评价结果

耦合协调度 D 值区间	耦合协调程度	都市圈数量	都市圈名称
[0.9~1.0)	优质协调	0	无
[0.8~0.9)	良好协调	0	无
[0.7~0.8)	中级协调	0	无
[0.6~0.7)	初级协调	0	无
[0.5~0.6)	勉强协调	0	无
[0.4~0.5)	濒临失调	2	京津唐都市圈 长三角都市圈
[0.3~0.4)	轻度失调	3	松嫩都市圈 齐鲁都市圈 成渝都市圈
[0.2~0.3)	中度失调	6	辽沈都市圈 中原都市圈 淮海都市圈 武汉都市圈 桂邕城市圈 秦陇都市圈
[0.1~0.2)	严重失调	1	北疆都市圈
(0.0~0.1)	极度失调	0	无

资料来源：由作者计算获得。

由表 4-5 中的结果可知，耦合协调度取值在 0.5 及以上级别的都市圈数量为 0，说明此 12 个都市圈的高铁网络与旅游业发展的耦合协调度较差。其中，长三角都市圈和京津唐都市圈的高铁网络与旅游业发展耦合协调等级最高，但是仍处于濒临失调的状态。另外，有 3 个都市圈的高铁网络与旅游业发展耦合协调等级为轻度失调，6 个都市圈的高铁网络与旅游业发展耦合协调等级为中度失调，1 个都市圈的高铁网络与旅游业发展耦合协调等级为严重失调。通过对上述都市圈包含城市、地理位置、经济水平、旅游资源禀赋等进行比较分析发现，高铁网络与都市圈旅游之间的耦合协调发展是受多种因素综合影响的，且两种产业之间耦合协调水平较高的都市圈均表现出一些相似的特征，即这些都市圈的规模较大、经济水平较高、高铁网络发达、交通可达性好，且旅游资源丰富。然而，对于处于中度失调和严重失调的都市圈来说，高铁网络和旅游业发展水平中任何一方发展相对薄弱，都有可能导致二者的耦合协调度不高。此外，处于中度失调的都市圈数量最多，且这些都市圈在高铁建设、旅游资源禀赋、经济发展水平等方面，较之东部沿海地区来说，在某一项或某几项上相对落后。最后，严重失调的都市圈主要是西北部的欠发达地区，其在交通基础设施建设、经济水平、旅游产业发展等方面都较为落后；虽然，该部分地区拥有丰富的自然旅游资源，但是由于交通可达性差、经济发展水平相对较低等原因，限制了游客通过高铁达到旅游目的地的能力，阻碍了旅游资源的深度开发。

综合上述研究成果可知，中国的都市圈旅游业与高铁网络耦合协调发展的整体水平较低，高铁网络与都市圈旅游业相互促进的作用机制没有得到充分发挥，二者的协调发展水平有待进一步提升。比如，从经济发展指标来看，不同都市圈的耦合协调发展程度与都市圈经济发展水平存在正相关关系。虽然经过多年的发展，中国高铁网络与都市圈旅游发展都取得了一定成果，发展水平逐年提升，且在丰富的自然和人文旅游资源的支撑下，都市圈旅游业的发展速度高于高铁的发展速度，但是受各种因素影响，二者协调发展水平不高，都市圈旅游业发展受到来自多方因素的制约，都市圈旅游业的经济效应得不到充分发挥，无法带动相关产业的高质量发展，更难以有效发挥高铁对都市圈旅游业发展的推动作用。因此，上述研究结果也充分表明，研究高铁网络背景下都市圈旅游高质量发展具有较高的实际意义。

4.1.5　高铁网络与都市圈旅游耦合协调发展评价结果

通过上述研究，本书认为高铁网络与都市圈旅游业的耦合协调发展存在以下情况，具体内容总结如下。

（1）中国高铁网络与都市圈旅游业发展不协调的问题仍然比较突出，尤其是对于一些社会经济欠发达地区来说，这种情况更加严重，说明借助高铁网络推动都市圈旅游发展的效用还未完全释放出来。就现阶段两种产业的发展水平来看，都市圈旅游发展水平普遍高于高铁网络的发展水平。由表4-4中的结果及本书对 $F(x)$ 和 $G(y)$ 关系的界定可知，在12个都市圈中，有9个都市圈高铁网络发展水平滞后于旅游业的发展水平，2个都市圈的旅游业发展滞后于高铁网络的发展水平，仅有1个都市圈高铁网络发展水平与旅游产业发展水平处于协调发展状态，但是需要注意的是该都市圈的整体经济水平较低、高铁和旅游业发展相对缓慢，即虽然处于协调发展状态，但仍然处于低水平下的协调。

（2）高铁网络与都市圈旅游发展在空间上表现出明显的阶梯化特征，发展水平由东向西逐渐递减，且西部地区的高铁网络和都市圈旅游业的发展水平均不高。此外，对于经济发达的都市圈来说，高铁网络与旅游业发展的耦合协调程度明显高于经济欠发达地区，沿海地区的都市圈普遍高于中西部地区的都市圈，并表现出一定的集群化和阶梯化特征。比如，在东部形成了以上海、杭州为核心的长三角都市圈，在北部形成了以北京、天津为核心的京津唐都市圈。

（3）从都市圈旅游业与高铁网络的耦合协调度来看，随着国家宏观政策及区域发展战略的调整，旅游业和高铁网络的耦合协调发展在中部、东部、西部地区之间的差距正在缩小，且二者的耦合协调还表现出一定的空间集聚效应。此外，通过对不同耦合协调度 D 值下都市圈的社会经济数据进行对比分析发现，都市圈旅游与高铁网络的耦合协调发展还受其他因素的综合影响。比如，经济发展水平、旅游产业规模、旅游接待业水平及城市规模等会产生一定的影响。通过对上述因素的影响力度按从大到小进行排序，分别是：区域经济实力、产业规模、旅游接待业水平和城市规模等；此外，上述各因素之间也存在不同程度的相互作用，共同推动着都市圈旅游业与高铁的耦合协调发展。

由此可见，当前情况下高铁网络与都市圈旅游产业耦合发展过程中尚存在一定的不足之处，如何有效解决这些不足是有效推动高铁网络时代都市圈旅游业高质量发展的重要保障。因此，本书拟从以下几个层面进行探讨，以期为研究都市圈旅游高质量发展的路径和对策建议等提供参考，具体内容如下。

（1）加大高铁基础设施的建设力度。由表 4 - 4 中的结果及本书对 $F(x)$ 和 $G(y)$ 关系的界定可知，在 12 个都市圈中，有 9 个都市圈的高铁发展水平滞后于旅游业的发展水平。因此，为了改善高铁发展水平滞后的状况，需要加大在交通运输业方面的投入力度，完善高铁基础设施建设，增强高铁网络及其相关基础设施的服务能力，为都市圈旅游业发展提供良好的交通支撑。比如，增加高铁路网密度、加强高铁运输的技术改造、提高运输能力和服务水平等；同时，还可适当增加热门旅游地区的高铁旅游线路，打造高铁沿线特色旅游线路，比如，根据高铁的班次、时间等设计合理的旅游行程与旅游产品，充分发挥高铁旅游的优势。

（2）加强高铁与旅游的联合营销。在高铁网络和都市圈旅游的耦合协调发展过程中，二者应以市场开放、客源互送、优势互补、合作共赢等为原则，在垂直方向深化产业链深度，开展联合营销。比如，通过开发多样化高铁旅游产品，加快建立二者间的互利互惠联动机制。此外，还可以创新高铁旅游产品的开发模式，定期开展高铁旅游数据交换，及时发布高铁旅游的最新信息，推动高铁运输业、旅游业及现代服务业的深度融合。

（3）西北地区应充分利用高铁网络化建设带来的优势，推动旅游资源向社会经济的转化，发挥自然资源和民族文化方面的优势，发展特色文化旅游产业。比如，通过与中部、东部地区形成错位竞争，积极向国家争取相关配套设施建设的政策扶持，建设多方位、多元化交易平台。同时，借助"一带一路"旅游大背景的优势，抓住高铁带来的"快进"契机，完善高铁沿线旅游服务设施的建设，提高旅游服务质量，探索与"一带一路"上其他国家的旅游合作，实现西北部地区在跨国旅游领域的全面合作。此外，加快推进旅游线路的跨区域共建，探索推进都市圈内和都市圈之间的旅游资源共享，拉动西北地区的旅游发展。

（4）依托高铁网络加强不同都市圈之间的旅游联系。中国的旅游资源特色鲜明、种类较多。比如，东北地区、北部沿海地区、黄河中游、长江中游等地区在交通区位和旅游资源特色方面都具有良好的优势。但是，受其他因素的综合影响，上述不同地区之间的高铁联系薄弱，限制了这些地区之间及其与其他地区旅游业的合作发展。因此，一方面可以通过高铁网络化的建设与完善，加强这些地区与东南沿海地区经济、人才、资源、客源的交流，促进这些地区自身发展，形成高铁与旅游相互促进的具有区域特色的发展模式，推动都市圈旅游整体发展；另一方面，可以借助高铁网络的运输优势，向上述都市圈输送人才、技术和经验，带动其高铁旅游的协同发展。

4.2 高铁网络影响都市圈旅游发展的主要因素

交通运输业的发展水平已经成为衡量一个地区经济水平发展的重要指标，交通运输的快速发展为旅游业的不断崛起提供了良好基础和支撑平台，作为连接游客与旅游目的地的桥梁，交通运输的舒适性、可达性及其经济成本、时间成本等因素，都深刻影响了游客的出行选择和出行时的组织方式。

由上一节的研究可知，高铁网络和都市圈旅游业的发展存在一定的耦合协调关系。高铁作为一种大通道上的快速交通运输方式，具有速度快、运量大、舒适性好等特征。在高铁网络的带动下，都市圈游客出游行为也会发生相应的改变，进而促使不同旅游目的地之间的竞合关系发生改变，并导致都市圈旅游空间结构的重构与演变。此外，高铁空间效应认为，区域元素之间存在空间依赖性和相互影响作用，主要观点为：虽然都市圈旅游作为区域旅游的一种特殊形式，但是其在旅游资源禀赋、产业创新能力等方面与区域旅游相似，均呈现差异分布，且受出行中各类成本的影响，这种差异不足以强化游客前往每一个目的地的愿望，此时，充分发挥都市圈内高铁的大交通运输能力，对推动都市圈旅游空间结构演变、增强圈内旅游综合创新实力具有重要作用。

与此同时，由于旅游业是一个涵盖范围十分广泛的行业，这一特性也使得旅游要素具有庞杂性等特征。对于都市圈旅游来说，高铁网络作用下的空间结构演化受多重因素的综合影响，既有内在的产业要素又有外在的市场因素。其中，内在因素主要指游客行为特征，包括游客经济收入水平、社会地位、个人认知能力、有效出行时间等。内在因素由于主观性太强且是不可控的，如果使用这些因素进行研究，须用各类因素的社会平均值或平均水平，但这种计算方式就失去了研究的普遍性和代表性，研究结论的合理性会降低，因此，本书暂不将内在因素纳入研究。已有研究也指出，在影响都市圈旅游发展的众多因素中，外在因素是客观因素，这些因素不仅包括当地的社会经济水平、基础设施建设水平，还包括旅游基础服务设施、旅游资源禀赋、旅游交通、旅游区位等，其中，旅游空间距离和交通可达性被认为是影响都市圈旅游空间重构的显著因素（Abeyratne，2000；Prideaux，2000；陆林等，2014；汪德根等，2015）。不仅如此，都市圈内客观存在的空间距离可借助交通网络的可达性转变为时间距离，即固定空间距离在快速、便捷的交通运输工具的支持下，其空间距离在相对层面上变小了，特别是高铁网络产生的时空压缩效应让游客在固定时间内实现了出游空间距离的扩大，能够到达更远的目的地（或者是在固定的空间距离下花费更少的时间成本）。

综合来看，交通可达性、时间成本、经济成本、旅游产业水平、旅游资源禀赋等都是影响都市圈旅游空间高铁效应发挥的主要因素。基于此，本书重点从交通可达性、交通成本、旅游要素流动成本、旅游区位与资源要素几个方面展开论述。

4.2.1　交通的可达性因素

旅游目的地的交通可达性程度主要指游客到达目的地的便利程度，即已有交通设施是否为出行者创造出了友好的道路设施和交通环境，是否建立了完善的交通运输系统、是否建立了具备竞争力和吸引力的交通运输方式等，且这些交通方式是否有助于减少个人出行距离或换乘频次等。对游客来说，交通可达性将会直接影响其前往旅游目的地的意愿，同时也会影响游客对旅游目的地的满意度情况。斯皮尔曼和韦格纳（Spiekermann and Wegener，1996）以欧洲的高速铁路网为例进行研究，发现高铁开通前后，区域内部和不同区域之间的可达性发生了较大变化，并对可达性产生了积极影响。布洛基（Brotchie，1991）在对日本新干线进行研究时指出，高铁节点之间的连接度对社会发展有极其明显的促进作用，从各个方面影响社会经济活动区位的选择。通过对已有研究成果进行分析可知，在研究高铁网络的交通可达性时，参考其他公共交通可达性研究的经验，最终本书认为可从以下三个层面对高铁的可达性展开论述，分别是：易达性、通达性和可动性。

第一，易达性。高铁网络的易达性因素主要用于评价游客前往都市圈内核心城市或核心景区的便捷程度，对景区选址提出了较高的要求，即要求景区应选在方便游客到达的地段；此时，如何在景区规划阶段合理进行布局，充分利用其他交通工具与高铁的衔接进行科学合理的规划就显得尤为重要。

第二，通达性。通达性是从整体层面来评估高铁网络作用下都市圈内的可达性水平，是衡量区域内游客整体出游可达状况的因素，能够直观反映游客在都市圈内乘坐高铁出游的舒适度和便捷度（换乘的时间和频率等）。通常情况下，用通达性来探讨都市圈内高铁网络的建设是否完整、高铁对景区运营产生的效益等，同时，通达性也是景区在借助高铁进行旅游规划时需要参考的一项重要指标。

第三，可动性。可动性主要指游客乘坐高铁在都市圈内的出行情况（即选择高铁出游的游客数量占总出游人数的比例），评价都市圈内高铁可动性的主要方式就是求解圈内的平均出行距离和出行时间，进而直观显示出游客出行的方便程度。对游客来说，如果景区所在地理位置的可动性较差，则会对游客前往该景区的积极性产生负面影响。

4.2.2　旅游交通成本因素

一般来说，旅游过程中的交通成本主要分为时间成本和经济成本两大类。其中，时间成本主要是指游客从出发地到达目的地所花费的总时间；

经济成本是指游客从出发地到目的地乘坐交通工具所产生的总费用，两种成本的最低化是控制旅游交通成本的主要渠道。比如，鲁格（Rugg，1973）在消费者理论新方法基础上对出游交通成本进行分析，提出了基于游客目的地行为选择的理论框架。此外，也有研究指出，游客作为理性人，出游过程中追求自身利益最大化是其进行决策的初衷，当游客可用的旅行时间既定时，为了更优地完成旅行，则需要降低出游过程中的时间成本，一旦交通便捷度不能支撑强化目的地的吸引力，游客就会选择其他可达性强、交通更为便捷的目的地。此时，不同交通方式对游客时间成本的缩短成为降低旅游交通成本的重要方式之一，而高铁的快速、准时、舒适、运量大等特征正好满足了游客的这一需求。

然而，也有一部分研究指出，虽然高铁网络降低了游客的出游成本，但游客在做出决策时会同时受到时间因素和经费预算的限制，且这两个因素在不同人群中存在较为明显的替代效应（殷平，2012）。比如，以出游的经费预算为例，不同收入水平的游客对费用成本的预算机制是有差异的，高收入游客更愿意用费用效应来替代时间效应。可以预见，对这一类人来说，他们更注重节约时间成本且注重出游过程中的舒适性、安全性等，他们更愿意通过支出更高的经济成本来换取更少的时间成本；反之，低收入者由于不愿意在经济成本上有太多投入，他们更倾向于通过增加时间投入来取代经济投入，并以此获得旅游效用的最大化。

4.2.3　旅游要素流动成本因素

高铁运输的快速性不仅提高了旅游产业要素流动的速度和频率，还极大地降低了要素流动的成本。在此过程中，虽然旅游目的地是不可移动的，但是由于各类旅游要素流动的成本降低了，促使游客选择目的地时的决策行为受到影响，并促使该过程中高铁网络在对一部分景点产生过滤效应的同时也会对另一部分景点产生虹吸效应①。此时，技术、资本、资源、

---

① 虹吸效应，又称虹吸现象，物理上原本是指由于液态分子间存在引力与位能差能，液体会由压力大的一边流向压力小的一边。此处主要是指：高铁开通前一些具备区域旅游竞争优势的旅游节点在高铁开通后旅游吸引力变得更强（汪德根等，2015）。

劳动力等要素由于流动成本的降低而受到影响，并促使要素流动的频率、次数、距离等有了不同程度增加，从而引导游客选择要素流向更优的区位。虽然，在整个流动过程中旅游目的地是不可动的，但旅行成本的降低帮助游客实现在短时间内完成目的地与出发地之间的往返，增强了出游意愿。

不仅如此，高铁可达性带来的出行优势也实现了更多旅游资源的集聚，特别是旅游企业的集聚更为明显。在传统高成本交通运输条件下，游客在固定时间内只能选择都市圈内的某个或某几个景点作为目的地。游客为了保证自己出行的效益最大化，会从整个区域中选择若干个景点而放弃一部分景点，导致都市圈内的旅游资源由于处于较激烈的环境中而需要不断寻求变更，极有可能造成一部分景点走向衰败。高铁网络产生的效应在一定程度上改变了这种形势。高铁网络运输的快速性让游客能在固定时间内游览更多景点，根据游客寻求出游效益最大化原则，游客会尽可能全地游览都市圈内的景点，如此便会削弱都市圈内旅游资源点之间的竞争强度，旅游企业也开始偏向于在该区域内集聚。可见，高铁网络对旅游产业要素流动的影响主要表现为，高铁网络带来的产业要素流动的低成本让旅游产业要素在都市圈内出现集聚，相对于圈外的旅游资源来说，圈内就形成了更强的竞争力。总之，高铁网络改变了旅游产业要素的流动成本，使得在空间竞争作用下产业要素的集聚或离散，进而不断催化旅游空间格局的演变。

4.2.4 旅游区位与资源要素

都市圈形成后，圈内各个城市的空间地理位置基本上处于一个长期不变的状态，此时，受不同城市的社会经济水平、交通基础设施水平、旅游资源禀赋等因素的综合影响，不同城市的旅游发展条件各异，并最终导致圈内不同城市之间的旅游发展水平存在一定差距。此外，在空间地理位置固定的情况下，不同城市的交通可达性以及与客源地的空间距离等也存在差异，且不同城市之间的旅游发展联系、旅游资源特色以及空间距离等亦有所不同，并最终导致圈内不同城市旅游发展区位条件的不同。此时，即使都市圈内拥有较为丰富且具有一定特色的旅游资源，但是受圈内旅游目的地的交通可达性较弱和资源分布不平衡等问题的影响，圈内各个城市之间旅游业的协调发展能力不足，限制了都市圈旅游的整体发展水平。

由上述分析内容可知，都市圈内的旅游资源禀赋及空间地理位置分布特征等对都市圈旅游具有较大的影响，即在旅游资源无法移动时，如何高效快速地将游客输送旅游目的地，成为解决这一问题的有效手段。而受高铁网络的影响，圈内各城市的交通可达性被明显提升，都市圈内部及其与圈外客源地之间的空间距离不断被缩短，距离不再是大多数游客出行时考虑的首要问题，促使都市圈的旅游吸引力不断增强，旅游区位优势不断凸显，围绕核心城市与核心旅游景区，形成高铁旅游圈或旅游带。不仅如此，随着高铁旅游带、高铁旅游圈的形成，促使传统与新型旅游资源的不断开发和旅游资源质量的稳步提升；同时，也推动了圈内不同地区、不同景区之间的协同发展，有效提升了都市圈旅游产业的集聚发展。

4.3 高铁网络影响都市圈旅游发展的实证分析

4.3.1 研究对象选择

目前，中国已经形成了"四纵四横"的高铁网络，并正在致力于"八纵八横"高铁网络的规划建设，截至 2020 年 12 月 31 日，国内的大部分高铁主干线基本建成，城际高铁网也日趋完善，西部地区的高铁里程逐渐增加，全国各临近省会城市基本上形成了 1～2 小时的高铁通勤圈，尤其是北京到全国大部分省会城市都进入了 8 小时的高铁通勤圈，中国将真正步入高铁时代。比如，以北京为通勤圈的核心，按照 350 公里/时的高铁时速计算，石家庄和天津属于 1 小时通勤圈，郑州、太原、沈阳、济南等省会城市属于 2 小时通勤圈，南京、长春、合肥、呼和浩特等省会城市属于 3 小时通勤圈，上海、西安、武汉、杭州、哈尔滨等省会城市属于 4 小时通勤圈。除了乌鲁木齐、拉萨、台北、海口等省会城市外，其他省会城市基本属于北京的 8 小时通勤圈。

为了保证研究内容精炼性和聚焦性，结合上文关于中国都市圈分类情况和高铁网络建设运营情况的分析，本书在执行时主要以国内部分发展水平相对较好且高铁网络相对完善的都市圈为例进行分析。基于研究者所在地区，结合当前国内高铁网络建设现状，并在充分考虑研究对象强代表性等的基础上，主要以郑州都市圈及河南省内其他已经开通高铁线路的城市为例进行分析，主要原因如下。

1. 在高铁建设方面

根据最新的"十三五"（2016～2020 年）铁路规划和《中长期铁路网规划》（2016～2030 年），全国在建的高铁线路中，涉及河南省内的高铁规划线路如图 4 - 2（a）与图 4 - 2（b）所示。其中，截至 2021 年底，河南省内已经形成以郑州为中的"米"字形高铁网络，且在 2023 年 10 月，郑州都市圈成功获批为国家级都市圈，成为全国第十个获得复函的都市圈规划，标志着推动郑州都市圈建设取得重要阶段性成果①。总体来说，河南已经基本形成了以郑州为核心的"米"字形高铁网络，"米"字形高铁河南境内里程 2032 公里，总投资 2564 亿元，已建成投用 1196 公里，基本上覆盖了河南的所有地市（见表 4 - 6）。因此，本书使用的数据资料均以郑州都市圈及河南省内其他已经开通高铁线路的城市的数据资料为依据进行研究。

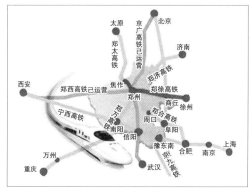

图 4 - 2（a）河南省铁路网规划

图片来源：作者自绘。

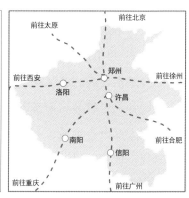

图 4 - 2（b）河南省内已开通高铁路网

---

① 《郑州都市圈发展规划》获国家复函，河南省人民政府门户网站。

表 4 – 6　　　河南高铁（快铁）运营里程统计表（截至 2019 年 12 月）

序号	线路名称	省内里程（公里）	设计时速（公里/时）	开通时间
1	徐兰高速线郑西段	318	350	2010 年 2 月 6 日
2	京广高铁郑武段	507	350	2012 年 9 月 28 日
3	京广高铁京郑段		350	2012 年 12 月 26 日
4	徐兰高铁郑徐段	253	350	2016 年 9 月 10 日
5	郑开城际线路	50	200	2014 年 12 月 28 日
6	郑焦城际线路	78	250	2015 年 6 月 26 日
7	郑机城际线路	28	200	2015 年 12 月 31 日
8	郑万高铁郑南段	350	350	2019 年 12 月 1 日
9	郑阜高铁	200	350	2019 年 12 月 1 日

资料来源：由作者整理获取。

2. 在旅游资源方面

河南省不仅是中国第一人口大省，还是中国重要的经济大省，2022 年河南的 GDP 稳居中国第 5 位，位居中西部地区首位。此外，河南历史悠久、旅游资源丰富，截至 2022 年底，河南有世界文化遗产 6 项 25 处，全国重点文物保护单位 358 处，国家 AAAAA 级旅游景区 15 处。近几年，随着居民经济收入水平的提升以及精神层面需求的不断提高，河南旅游业发展取得了较好的成效。比如，就 2018 年全年来说，河南共接待游客78582.95 万人次，比 2017 年增长 18.2%。旅游总收入 8120.21 亿元，增长 20.3%。截至 2018 年末，全省 4A 级以上景区 178 处，星级酒店 432个，旅行社 1137 家①。近年来，随着"行走河南、读懂中国""记忆中原、老家河南"等一系列主题活动的举办，以及各类文化活动的出圈，让河南的文旅产业得到了飞速发展。据 2023 年 1 ~ 10 月的统计数据显示，全省接待游客 8.82 亿人次，旅游收入 8377.97 亿元，分别为去年同期的203.39%、265.77% 和 2019 年同期的 111.87%、101.09%。通过对河南的旅游资源进行简单梳理，下表给出了不同分类下河南文化旅游资源的概括（见表 4 – 7）。

---

① 河南省统计局 . 2018 年河南省国民经济和社会发展，2019 – 03 – 02.

表 4 - 7　　　　　　　　　河南文化和旅游资源概况

类别	具体内容
文物类	全省有不可移动文物 65519 处。其中，世界文化遗产类 24 处，国家级文物保护单位 358 处，省级文物保护单位 1231 处，开放省以上文物保护单位 970 处，博物馆 346 家
非物质文化遗产类	全省 113 个项目列入国家级非遗名录，728 个项目列入省级非遗名录，国家级非物质文化遗产生产性保护示范基地 5 个、国家级非物质文化遗产保护研究基地 2 个
历史文化名城类	全省拥有国家级历史文化名城、名镇、名村 20 个，省级历史文化名城、名镇、名村 112 个。中国传统村落 123 处，省级传统村落 807 处
山水旅游类	山水旅游资源主要集中在"三山一水"上（南太行有 3 个 5A 级景区、伏牛山有 7 家 5A 级景区、桐柏—大别山的红色景区和黄河黄金旅游带）。共有世界地质公园 4 个、国家地质公园 7 个、国家级生态旅游示范区 5 个；从新型旅游业态上看，温泉度假发展较好，全省有 41 家温泉度假区；以郑州方特欢乐世界、开封清明上河园等为代表的主题游乐园共 30 家。还有 30 家滑雪场、30 家漂流

资料来源：河南省文化和旅游厅。

对上述地区旅游资源进行统计分析后发现，河南不仅具备发达的高铁网络，更拥有富足的旅游资源，且其旅游资源呈现出如下特征。第一，旅游资源丰富，涵盖了中国旅游资源分类中的 8 大主类和 31 个亚类，涉及了全部旅游资源的基本类型；其中，具有国际级影响潜力的旅游资源超过 30 处，具有全国性影响潜力的旅游资源超过 60 处，在旅游资源方面满足本书的需求。第二，区位优势明显，在以郑州为核心的"米"字形高铁网络的连通下，与长三角、珠三角和成渝等重点城市群的空间距离 1000 公里左右，与京津唐、长株潭、昌九城市走廊及武汉城市群等的空间距离为 500 公里左右，研究区域依托发达的交通运输条件，拥有得天独厚的客源市场进入优势。第三，空间组合良好，区域内旅游资源呈现"人文与自然""山岳与水体"等类型和空间组合态势，能够满足游客在选择旅游目的地时的多元化需求。无论是旅游发展的宏观层面还是微观层面，上述城市在中国旅游城市圈的形成和发展中都扮演着重要角色，具有很强的代表性。

在河南省内的高铁网络初步形成之后，为充分了解高铁网络影响下河南旅游市场的主要客源地及其分布情况，本书也对河南国内旅游客源市场结构进行了分析。比如，研究人员于 2022 年 5 ~ 7 月，分别在洛阳龙门石窟、栾川鸡冠洞、栾川老君山、登封少林寺、焦作云台山、驻马店嶙峡山以及开封清明上河园等国家 5A 级景区中进行了调研，通过对景区游客进行随机抽样调查，得到游客的来源地省份分布见表 4 - 8。

表 4 - 8　　　　　2022 年河南国内旅游客源市场结构　　　　单位:%

河南	河北	湖北	陕西	安徽	北京	山西	江苏
59.20	3.25	3.20	2.98	2.68	2.40	2.25	2.25
湖南	江西	上海	四川	辽宁	福建	天津	吉林
1.58	1.20	1.18	1.15	1.12	1.06	1.04	0.98
浙江	山东	广东	黑龙江	甘肃	其他地区		
2.03	2.01	1.80	0.98	0.84	4.82		

资料来源：表中数据由作者根据调研数据整理获得。

从上表 4 - 8 中可知，河南各旅游目的地的国内旅游市场客源主要存在如下特征。第一，以河北、湖北、陕西、安徽、山西等为一级客源市场。第二，以江苏、浙江、山东、广东等为二级客源市场。第三，以东北地区、西南地区、东南地区等为三级客源市场。由此可知，河南的旅游客源市场几乎延伸到了中国的所有省（市）。正如我们所知，河南作为中国中部地区的第一人口大省，不仅拥有丰富的旅游资源，还拥有非常便捷的高铁运输系统。此外，随着以省会郑州为中心所形成的"米"字形高铁网络的形成，让全省的所有城市进入了一个 3 小时的高铁旅游圈。由此可见，在选择河南作为研究对象时，不管是在高铁网络的建设完善程度、旅游资源禀赋情况，还是交通便利程度、地理区位等方面都具有一定的优势。

4.3.2　样本因素及调研实施

为了更好地研究高铁网络对河南旅游业发展的影响作用，本书首先筛选影响游客选择旅游目的地时的主要影响因素，并以此来决定高铁与旅游业发展之间的关系，以及高铁网络是如何影响河南旅游业的发展。结合上文提出的影响因素分类，在参考国内外相关研究文献的基础上（Prideaux，

2000；Masson，2009；汪德根，2013；黄泰，查爱欢等，2014；穆成林，2015），本书最终提出了3大类共13个因素（见表4-9），并采用李克特五级量表引导受访者用1（非常不重要）、2（不重要）、3（一般）、4（重要）、5（非常重要）的等级方法来回答问卷问题。

表4-9 高铁网络对旅游业发展的主要影响因素

分类	具体因素	变量
目的地的可达性	居住地与目的地之间交通的便捷情况	$X1$
	景区与所在地高铁站之间的距离	$X2$
	景区与所在城市之间交通的衔接程度	$X3$
	目的地交通网络的完备程度	$X4$
	前往目的地高铁的发车频率	$X5$
前往目的地的旅游成本	居住地到达目的地的旅游时间成本	$X6$
	居住地到达目的地的旅游经济成本	$X7$
目的地的旅游产业水平	目的地景区（点）的知名度	$X8$
	目的地的旅游接待水平	$X9$
	目的地拥有各种档次和类型的娱乐休闲活动	$X10$
	目的地旅游产品的丰富程度	$X11$
	目的地城市的经济发展水平	$X12$
	居住地与目的地旅游产品的相似性或同质化	$X13$

本书在河南省内选择了若干个较为知名，且有高铁线路经过的城市中的景点或景区作为研究对象，并展开多次调研进行数据收集。为了保证研究结果的普遍性和代表性，在研究时主要以徐兰高铁和京广高铁两条主干线附近的5A级景区为调研对象，同时，为了保证研究的真实性和有效性，尽量选择与高铁站点的距离较近的景区为调研对象。基于此，在研究过程中于2022年7~8月，分别在驻马店嶂岈山（AAAAA级景区）、开封清明上河园（AAAAA级景区）等景区对游客进行随机抽样调查，共发放问卷200份，回收问卷193份，有效问卷179份。2022年8~9月，课题组在登封少林寺（AAAAA级景区）和焦作云台山（AAAAA级景区）进行了调研，共发放问卷200份，回收问卷189份，有效问卷181份。2022年10~12月，在洛阳龙门石窟（AAAAA级景区）、栾川鸡冠洞（AAAAA级景

区）、栾川老君山（AAAAA 级景区）等景区进行了调研，共发放问卷 250 份，回收问卷 227 份，有效问卷 219 份。本书在剖析高铁网络对都市圈旅游发展影响时共发放问卷 650 份，回收问卷 609 份，问卷回收率为 93.7%；其中，回收的有效问卷 579 份，回收问卷中的有效问卷占比为 95.07%。

4.3.3　数据处理与相关性分析

在对调研数据进行整理之后，本书运用 SPSS 统计软件中的因子分析方法进行分析处理，通过因子分析的方差极大正交旋转方法，在 13 个影响因素中提取公因子。需要注意的是，在进行因子分析之前，首先要确保各变量之间具有相关性，如果变量之间不相关，则不适合使用因子分析方法。不仅如此，在对因素进行因子分析前，需要对问卷进行检验，即 KMO（Kaiser-Meyer-Olkin）检验和 Bartlett 球体检验，KMO 与 Bartlett 球体检验是用于比较变量间简单相关系数和偏相关系数的检验。当 KMO 的取值大于 0.5，且 Bartlett 球体检验的 x^2 统计值的显著性概率 P 值 <0.05 时，则认为问卷有结构效度，才能进行因子分析。而且，为保证问卷能够更好地反映主要研究内容、获取的数据具有可分析性，需要对调查问卷进行效度分析和信度分析，只有问卷的信度和效度同时通过检验，方能确保问卷是有意义的。

（1）信度分析。信度，即调查问卷的可靠性与可信性。对调查问卷进行信度分析是运用问卷调查法过程中必不可少的一步，它是检验问卷稳定性情况的有效方法，同时，信度分析还能检验问卷中的每个问题之间内在一致性情况，它是反映问卷被测对象真实程度的重要指标。本书采用 Cronbach's Alpha 系数值（取值在 0 ~ 1 之间）的大小来进行信度分析，Cronbach's Alpha 系数值越大，表明问卷的信度越好。具体分析结果见表 4 – 10。

表 4 – 10　　　　　　　　　　问卷信度分析结果

Cronbach's Alpha	基于标准化项的 Cronbachs Alpha	项数
0.991	0.992	13

资料来源：表中数据由作者计算获得。

由表 4-10 中的数据可以看出，高铁网络对河南旅游业发展影响量表的整体 Cronbach's Alpha 系数取值为 0.991，表明调研问卷的内部一致性很好，说明每个维度的内部也具有较高的一致性，问卷通过信度检验。

（2）效度分析。效度，即调查问卷的有效性。本书的效度分析采用因子分析中的 Kaiser-Meyer-Olkin（KMO）值与 Bartlett 的球形度检验来进行判别，KMO 值越高表示问卷的效度越好。首先，对量表的整体效度进行检测，检验量表的有效性；其次，再对各个维度进行效度检测，以检查问题是否充分反映出所要测量内容（表 4-11）。

表 4-11 问卷效度分析结果

取样足够度的 Kaiser-Meyer-Olkin 度量		0.949
Bartlett 的球形度检验	近似卡方	12968.395
	df	45
	Sig	0.000

资料来源：表中数据由作者计算获得。

通过表 4-11 可以看出，量表的整体 Kaiser-Meyer-Olkin 值为 0.949，显著性指标 Sig 的取值为 0.000，表明量表效度很高，问卷设计较为合理，即说明每个题项都能较好地反映调研主题。

（3）提取公因子。从上述因素中提取公因子时需充分考虑公因子方差，通常情况下，公因子方差的取值范围在 0~1 之间，取值越接近 1，说明指标变量被公因子说明的程度越高。通过 SPSS 软件中的因子分析方法运行之后发现，上述指标因素在描述高铁对旅游业发展影响效应时的公因子方差取值均高于 0.7，即所有指标因素均可以被表达得很好（见表 4-12）。

表 4-12 公因子方差

变量	$X1$	$X2$	$X3$	$X4$	$X5$	$X6$	$X7$
提取公因子方差	0.843	0.951	0.94	0.927	0.916	0.917	0.875
变量	$X8$	$X9$	$X10$	$X11$	$X12$	$X13$	
提取公因子方差	0.895	0.887	0.89	0.929	0.921	0.926	

资料来源：表中数据由作者计算获得。

（4）解释的总方差和碎石图。表 4 – 13 中"方差的%"的值表示因子对总变量的表达情况，第一个因子的特征根值为 11.818，解释了原有 13 个变量总方差的 90.905%，说明表达的效果较好，因此，只选取第一个因子为主因子即可。随后，通过如图 4 – 3 所示的碎石图可知，在第一个因子之后折线就变得平缓。

表 4 – 13　　　　　　　　　　　　解释的总方差

变量	初始特征值			提取平方和载入		
	合计	方差的%	累积%	合计	方差的%	累积%
1	11.818	90.905	90.905	11.818	90.905	90.905
2	0.430	3.310	94.215			
3	0.214	1.650	95.865			
4	0.111	0.855	96.720			
5	0.093	0.716	97.436			
6	0.083	0.635	98.071			
7	0.070	0.541	98.613			
8	0.043	0.329	98.942			
9	0.035	0.268	99.209			
10	0.031	0.240	99.449			
11	0.030	0.231	99.681			
12	0.025	0.195	99.876			
13	0.016	0.124	100.000			

资料来源：由作者计算获得。

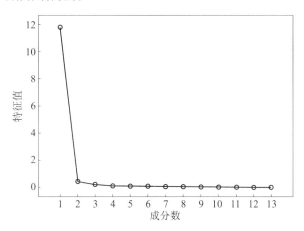

图 4 – 3　因子对变量表达程度的碎石

资料来源：作者根据计算结果绘制获得。

因此，通过以上分析可以发现，影响旅游者选择出游目的地的因素较多，主要包括出行成本、交通的可达性、目的地的旅游产业水平与服务设施等。但是，这并非表示没有其他因素影响旅游者选择旅游目的地。比如，在因子分析过程中，公因子方差低于 0.5 的因子被剔除了，但是这些方差较低的公因子实际上也在一定程度上对游客选择旅游目的地的行为产生了影响。

可见，高铁网络对都市圈旅游发展产生了较大的影响，高铁网络的时空压缩效应，促使游客的出游时间得到了较大幅度的缩短，以往那些影响旅游者选择旅游目的地的因素的权重也因高铁效应而发生改变。比如，在高铁开通之前，很多游客会因为路程遥远或者交通不便而选择放弃前往某一个目的地，高铁开通之后这种局面发生了改变，远程旅游目的地在时间空间上被拉近，对于旅游者而言选择的动机也会随之增强，进而影响了都市圈的游客行为和旅游空间格局。

本章小结

该章依照从理论分析到实证检验的步骤研究了高铁网络对都市圈旅游发展的影响。首先，运用耦合协调理论梳理了高铁网络与都市圈旅游产业耦合协调发展的关系、机理等；其次，构建高铁网络与都市圈旅游产业耦合协调发展评价的指标体系，并在我国选取 12 个都市圈（包括 153 座城市）为样本进行实证分析，探究高铁网络与都市圈旅游产业发展的耦合协调水平；最后，基于耦合协调发展分析结果，剖析了高铁网络影响都市圈旅游发展的主要因素，并基于因素分析构建了分析量表，进行实证研究，明确高铁网络对都市圈旅游发展的具体影响情况，以期为后文研究高铁网络对都市圈旅游高质量发展的影响打下基础。

第5章　高铁网络推动都市圈旅游格局演变研究

高铁网络形成后，以都市圈为代表的区域旅游交通的可达性格局发生了很大的变化，产生了明显的时空压缩效应、过滤效应等一系列效应。在这些效应的影响下，都市圈旅游等诸多要素的空间格局也相应地产生一定变化。为了进一步分析这些要素的变化特征及其对都市圈旅游格局演变的影响，本章的研究重点从高铁网络影响下的旅游可达性、旅游资源布局变化、旅游客源结构变化、出游行为变化等方面入手，深入剖析高铁网络下都市圈旅游空间格局的变化特征。

5.1　高铁网络时代都市圈内的可达性变化

可达性又称通达性，是描述人类以最小活动量获取最大接触机会或效用的基本规律，可达性反映了空间实体克服距离障碍进行交流的难易程度（Karlqvist，1971）。可达性从人类本性层面诠释了人地关系，应用于交通规划、城市规划和地理学等领域，比如，时间地理学、交通地理学、区域经济学和城市经济学等学科的相关概念也是建立在可达性概念基础之上（陆玉麒，2002）。不管是作为度量交通网络结构的有效指标，还是作为评价区域（或地点）取得发展机会和控制市场能力的有效因素之一，可达性概念和理论的发展，不断完善和丰富包括区位论在内的传统地理学理论，成为国内外交通运输领域研究的热点内容（Geurs，2004）。从已有关于可达性的研究成果中可得到相关启示：接近高速公路或铁路站点的地区获益最多，快速交通建设有利于提高边缘地区的可达性水平（Li，2001；Zhu，2004）；交通可达性与城市体系相互作用，融合发展（Murayama，1994；

Dupuy, 1996); 可达性与经济发展、城市化和大规模人口增长关系紧密, 可达性地域空间效应研究是可达性研究的重要组成部分 (蒋海兵, 2013); 快速交通网络压缩时间距离, "时空收敛" 效应日趋凸显, 创造出更多交通区位优势, 提高了日常可达性, 由此深刻地改变了人们生产与生活方式 (王德, 2008); 加权平均时间、日常可达性与潜力值已被应用于高铁可达性研究 (Gutierrez, 2001)。

在高铁网络时代, 全国城市的可达性空间格局发生了变化, 呈现出 "核心—外围" 的变化模式, 与非高铁网络环境相比, 全国城市的整体可达性得到了优化。比如, 湖南、江苏等省份的部分区域扩展成为全国的可达性中心地区, 这些地区的加权旅行时间值在 6.5 小时以内。本书参考汪德根等 (2016) 学者提出的研究结论, 运用 ArcGIS 平台中 Nature Break 命令, 将加权平均旅行时间分为四个圈层, 分别表示可达性好 (7 小时以内)、可达性较好 (7~12 小时)、可达性一般 (12~22 小时) 和可达性差 (22 小时以上) 四个等级, 并进行详细分析。

第一, 在全国 "四纵四横" 高铁网络框架下, 可达性好的区域逐渐向东南、华南、西南、西北等地区延伸, 除河北南部、中原地区、环渤海地区西南部、长江中游地区等区域外, 京津冀鲁地区的北京、天津、邯郸、石家庄、邢台、保定、衡水等城市, 中原地区的漯河、许昌、开封、商丘、淄博、临沂、潍坊、太原、晋城、阳泉等城市, 湖南的长沙、株洲、湘潭、衡阳、娄底等城市, 长三角地区的上海、杭州、苏州、无锡等城市, 共计 130 个城市可达性都降至 7 小时以内, 构成全国可达性值的第一圈层。这些城市不仅在地理位置上位于东部中心地带, 且经济相对较为发达; 同时, 由于位于高铁网络的中心区域, 被多条高铁线路所覆盖, 可达性水平处于全国领先地位。比如, 高铁网络下可达性值在前 10 位的城市分别为郑州 (5.41 小时)、漯河 (5.46 小时)、许昌 (5.49 小时)、开封 (5.50 小时)、蚌埠 (5.51 小时)、宿州 (5.56 小时)、徐州 (5.57 小时)、商丘 (5.57 小时)、驻马店 (5.63 小时) 和新乡 (5.65 小时)。这些城市可达性水平较高, 除了交通因素外, 还与地理位置有关。这些城市位于中国中原地区, 从中国地理形态看处于核心位置, 到全国东南西北四个方向的城市的绝对距离均衡，因此，可达性值位居全国前 10 位。

第二，高铁网络时代全国可达性第二圈层的空间范围主要沿兰新线向西北地区延伸，包括宁夏的中卫、银川、固原等城市，甘肃的平凉、陇南、兰州、定西、天水等城市。沿哈大线向东北地区延伸，包括吉林的通化、松原、辽源、长春、四平等城市，以及辽宁的大连、抚顺、铁岭、营口、辽阳、鞍山、沈阳等城市，内蒙古的通辽，包头、呼和浩特、鄂尔多斯、赤峰等城市；沿贵广高铁、沪昆高铁和沪南高铁向西南地区延伸，东部包括贵州的黔西南、毕节、六盘水、遵义、安顺、黔东南等城市，广西的南宁、来宾、贺州、梧州、柳州、桂林等城市，以及云南的红河、保通、昆明、曲靖等城市，珠三角地区的佛山、广州、珠海、云浮、清远、东莞、中山、深圳等城市，共计 155 个城市可达性较好，可达性值都在7 ~ 12 小时之间，高铁网络时代可达性第二圈层的面积为 12214 平方公里，占全域面积的比重为 33.83%。

第三，第三圈层的城市主要包括西南、西北地区中部的酒泉、嘉峪关、玉树、果洛、海西、那曲、昌都、昌吉、吐鲁番、乌鲁木齐、哈密等城市，以及东北地区黑龙江的伊春、鸡西、牡丹江、齐齐哈尔、大兴安岭等，这 43 个城市的可达性构成全国可达性的第三级圈层，可达性值在 12 ~ 22 小时之间，圈层面积为 11865 平方公里，占全域面积的比重为32.8%（汪德根等，2016）。

第四，新疆的和田、喀什、克孜、日喀则、山南、阿勒泰、阿克苏、塔城等地区，以及西藏的拉萨和林芝的可达性值都在 22 小时以上，构成高铁网络化下可达性值的第四圈层，阿里的可达性值依然高达 43.61 小时，高铁网络时代该圈层面积为 6230 平方公里，占全域面积的比重为17.25%[1]。

5.2　高铁网络时代都市圈旅游资源布局变化

高铁网络不仅影响了都市圈内的交通可达性情况，还间接改变了都市

---

[1]　汪德根. 高铁网络时代区域旅游空间格局 [M]. 北京：商务印书馆，2016 年 11 月第 1 版。

圈内的旅游资源的空间布局。参考上一章研究范式，在分析高铁网络对都市圈旅游资源布局变化产生的具体影响时，仍然选择以郑州都市圈及河南省内其他已经开通高铁线路的城市为样本进行详细探讨。随着河南"米"字形高铁网络的建成通车，全省旅游交通的可达性发生了变化，产生了较为明显的时空压缩效应。在高铁网络的影响下，河南旅游空间格局也产生了相应的变化。为进一步分析高铁网络对河南旅游业发展格局演变的影响情况，本章将重点从河南旅游资源布局变化、河南旅游客源结构变化、居民出游行为变化等方面展开研究。

5.2.1 都市圈内主要旅游资源布局

已有研究认为，旅游者更倾向于选择知名度较高的旅游资源点作为旅游目的地，且游客在到达目的地后选择的景点级别与旅游者到该目的地的距离成本有关（陈健昌，1988）。因此，为了能深入分析高铁网络对都市圈旅游资源布局变化的影响，在进行本节研究之前先做出以下设计。第一，本书选择的调研对象主要为河南境内的5A级旅游资源，暂不考虑4A级及以下级别的旅游资源。第二，本书在选择旅游资源时，要求其所在城市有高铁站点，或者距离高铁站点较近，考虑到换乘其他交通工具的时间成本和经济成本，在选择旅游资源时要求其距离最近的高铁站距离在150公里以内。

首先，本书搜集了河南省5A级旅游资源的数量及分布。截至2022年12月31日，河南共有5A级景区15处（见表5-1）。

表5-1　　　　5A级景区分布和数量（截至2023年12月）

序号	城市	5A级景区数量	景区名称	获批时间	距高铁站距离（公里）
1	郑州	1	郑州登封嵩山少林景区	2007年5月	90
2	洛阳	4	洛阳龙门石窟景区	2007年5月	5
			洛阳嵩县白云山景区	2011年1月	147
			洛阳（老君山—鸡冠洞）旅游区	2012年1月	140
			洛阳龙潭大峡谷景区	2013年1月	90
3	开封	1	开封清明上河园	2011年1月	20

序号	城市	5A级景区数量	景区名称	获批时间	距高铁站距离（公里）
4	焦作	1	焦作（云台山—神农山—青天河）景区	2007年5月	33
5	南阳	1	南阳西峡伏牛山老界岭—恐龙遗址园旅游区	2014年11月	110
6	平顶山	1	平顶山鲁山县尧山（尧山—中原大佛）景区	2011年5月	110
7	商丘	1	商丘永城芒砀山旅游景区	2017年2月	100
8	安阳	2	安阳殷墟景区	2011年1月	20
			安阳林州红旗渠—太行大峡谷旅游景区	2016年2月	100
9	驻马店	1	驻马店嵖岈山旅游景区	2015年10月	37
10	新乡	1	新乡八里沟	2020年1月	63
11	信阳	1	鸡公山风景区	2022年9月	45

资料来源：由作者整理获取。

5.2.2　高铁开通前后的可达性变化

表5-2给出了高铁网络形成前后，以郑州为中心时，郑州游客前往各个5A级景区花费时间的变化情况。

表5-2　高铁开通前后核心城市（郑州）到各景点的可达性变化

序号	景区名称	高铁开通前	高铁开通后	节约时间
1	郑州登封嵩山少林景区	1小时40分钟	1小时40分钟	无
2	洛阳龙门石窟景区	2小时	40分钟	1小时20分钟
3	洛阳嵩县白云山景区	4小时	2小时30分钟	1小时30分钟
4	洛阳（老君山—鸡冠洞）景区	5小时	2小时30分钟	2小时30分钟
5	洛阳龙潭大峡谷景区	4小时	2小时	2小时
6	开封清明上河园	1小时20分钟	40分钟	40分钟
7	焦作（云台山—神农山—青天河）景区	2小时40分钟	40分钟	2小时
8	南阳西峡伏牛山老界岭—恐龙遗址园	7小时	2小时40分钟	4小时20分钟
9	平顶山鲁山县尧山（尧山—中原大佛）景区	5小时20分钟	2小时20分钟	3小时
10	商丘永城芒砀山景区	3小时40分钟	2小时	1小时40分钟

序号	景区名称	高铁开通前	高铁开通后	节约时间
11	安阳殷墟景区	3 小时	1 小时 20 分钟	1 小时 40 分钟
12	安阳林州红旗渠—太行大峡谷景区	4 小时 40 分钟	3 小时	1 小时 40 分钟
13	驻马店嵖岈山景区	3 小时 30 分钟	1 小时 30 分钟	2 小时
14	新乡八里沟	3 小时	1 小时 40 分钟	1 小时 20 分钟
15	鸡公山风景区	4 小时 30 分	2 小时 30 分	2 小时

资料来源：由作者整理获取。

由表 5 - 2 中的内容可知，在高铁网络形成之前，作为核心城市的郑州市前往省内各 5A 级景区的时间都在 2 小时以上（洛阳和开封除外），用时最长的达到了 7 个小时，可见高铁网络形成之前省内旅游的时间成本较高，不利于旅游业发展。但是，高铁网络形成后极大缩短了目的地与客源地之间的时空距离，增强了游客前往目的地的意愿。比如，郑西高铁的开通让郑州前往洛阳的旅行时间得到极大的缩短，其中，从郑州东站出发仅需 40 分钟就可以到达洛阳龙门石窟，节约旅行时间 1 小时 20 分钟，相较于高铁未开通前节约了大量时间成本。不仅如此，前往洛阳其他几个景区的旅行时间成本也有较大的缩减，其中，前往洛阳嵩县白云山景区和洛阳栾川县（老君山—鸡冠洞）景区旅行节约的时间均在 2 小时以上。郑万高铁开通所产生的时空压缩效应让郑州前往平顶山和南阳的旅行时间大幅下降，其中，以郑州前往南阳西峡伏牛山老界岭—恐龙遗址园的时间压缩最为明显，比高铁未开通之前节约了近 4 小时 20 分钟，极大地改变了区域旅游空间格局。

图 5 - 1 给出了高铁网络形成前后，在以郑州为区域内的中心城市时，不同等时圈条件下郑州到达主要旅游资源点的可达性比较。

由上述内容可知，在高铁开通前，作为核心城市的郑州，到达省内主要旅游资源点的时间有一半以上需要 4 小时左右，属于 1 日游的旅游资源点占整体比重不到 20%，且主要是近程范围内的旅游资源点。随着"米"字形高铁的形成，郑州前往省内各主要旅游资源点的可达性得到增强，全

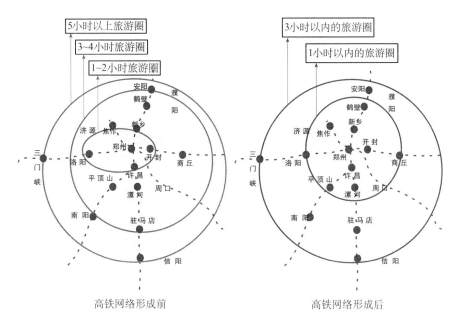

图 5 - 1　高铁开通前后中心城市到达主要旅游资源点的时间比较
资料来源：作者自绘。

省所有 5A 级旅游资源都属于郑州的 3 小时可达性范围，其中，属于 1 小时可达性范围的资源点占 23%，属于 1 ~ 2 小时可达性范围的旅游资源点占 38.5%，属于 2 ~ 3 小时可达性范围的旅游资源点占 38.5%。从 1 小时可达性范围来看，此情况下的旅游资源点距离郑州较近，且主要分布在高铁站附近。比如，洛阳龙门石窟（距离洛阳龙门站 5 公里）、开封清明上河园（距离开封北站 20 公里）。从 1 ~ 2 小时可达性范围来看，旅游资源点所在地距离郑州的高铁车程一般在 1 个小时左右，且距离所在地城市的高铁站较近，车程距离较短。比如，安阳殷墟景区距离安阳东站近 20 公里，驻马店嵖岈山景区距离驻马店西站仅 37 公里。从 2 ~ 3 小时可达性范围来看，旅游资源点所在城市与郑州的高铁车程一般在 1 ~ 1.5 小时，但是，这类旅游资源点与所在城市的高铁站点距离较远，基本上都在 100 公里以上，从而导致旅行的时间成本的增多。

由此也可预测，在高铁网络的强力支撑下，地方旅游管理机构、旅游企业等通过优化景区与高铁站之间的交通运输能力、运输效率和服务水平等，可实现吸引游客、增强游客满意度等目的。此外，本书也认为，高铁网络形成后，通过优化都市圈内交通的可达性，能有效促使核心城市在相同时间内能够到达更多、更远的旅游资源点，不仅拉近了核心城市与远程空间范围旅游资源点的距离，还较好地强化了旅游目的地与客源地之间的联系。

5.3　高铁网络时代都市圈旅游客源地变化

在探讨高铁网络背景下都市圈旅游客源结构时，同样以郑州都市圈及河南省内其他已经开通高铁线路的城市为样本进行研究，为了进一步分析高铁开通后对不同景区可达性的改变，本书在研究时以主要旅游资源点的客源结构变化情况为出发点，以洛阳龙门石窟（其他几个 5A 级景区由于与龙门石窟距离较近，不再对每一个都进行讨论）和驻马店嵖岈山（嵖岈山是豫南地区的著名 5A 级旅游景区）两个旅游资源点作为主要调研对象，且两个景区都距离所在城市的高铁站较近。同时，以国内的几大高铁大动脉为例，包括徐兰高铁、京广高铁、郑万高铁、郑合高铁、郑济高铁、郑太高铁等线路上分布的主要城市为潜在的客源地，分析高铁网络形成前后，主要旅游资源点潜在客源市场的变化情况。

5.3.1　高铁网络形成前后龙门石窟客源地变化

以洛阳龙门石窟（国家 AAAAA 级旅游景区）为例，对高铁开通前后河南旅游客源结构的变化情况，见表 5 - 3。

表 5 - 3　高铁开通前后洛阳龙门石窟旅游景区的客源地变化情况

等时圈	高铁开通前后	部分主要客源地城市
1 小时内	前	无
	后	郑州、开封、三门峡
1~2 小时	前	郑州、三门峡
	后	西安、许昌、渭南、咸阳、焦作、商丘、漯河、驻马店、新乡、鹤壁、安阳、石家庄、高邑、邢台、邯郸、平顶山、南阳等
2~4 小时	前	许昌、焦作、漯河、驻马店、新乡、开封、南阳
	后	信阳、徐州、宿州、滁州、武汉、孝感、咸宁、鄂州、仙桃、黄石、黄冈、潜江、宝鸡、天水、蚌埠、南京、汉中、朝天、广元、涿州、蚌埠、淮南、运城、临汾、曲阜等

等时圈	高铁开通前后	部分主要客源地城市
4～6 小时	前	西安、渭南、咸阳、商丘、安阳、鹤壁、徐州、淮北、砀山、邯郸、信阳、驻马店、亳州
	后	北京、保定、定州、汨罗、长沙、株洲、衡阳、郴州、定西、兰州、唐山、瑞昌、九江、南昌、庐山、德安、永修、成都、镇江、丹阳、常州、无锡、苏州、上海、江油、绵阳、德阳、简阳、隆昌、溧阳、宜兴、湖州、杭州、通渭、秦州、铜陵、太原、平遥、泰安、济南、淄博、青州、潍坊、高密等
6 小时及以上	在高铁时代，6 小时以上的等时圈对于很多游客来说基本上属于较长时间的行程，此处暂不考虑 6 小时以上等时圈的情况	

资料来源：由作者整理获取。

由表 5-3 中列出的内容可知，高铁开通前，洛阳龙门石窟没有 1 小时等时圈的客源城市，即在没有高铁的情况下，各个地级城市的游客都不能在 1 个小时以内到达龙门石窟景点。在高铁开通后，洛阳龙门石窟 1 小时等时圈的客源地由原来的 0 个增加到了 3 个，分别是郑州、开封和三门峡，实现了龙门石窟一日游。

从 1～2 小时等时圈来看，高铁开通前龙门石窟的主要客源城市为郑州和三门峡，其他城市距离洛阳的车程都在 2 小时以上，导致龙门石窟在一日游市场方面失去了竞争优势。比如，在徐兰高铁、京广高铁、郑万高铁等开通后，1～2 小时等时圈的客源城市增加了较多，就高铁沿线城市来说，包括西安、许昌、渭南、咸阳、焦作、商丘、漯河、驻马店、新乡、鹤壁、安阳、石家庄、高邑、邢台、邯郸、平顶山、南阳等 3 个省份的 20 余座城市，促使洛阳龙门石窟的一日游市场竞争力有了很大幅度提升。

从 2～4 小时等时圈来看，高铁开通前，洛阳龙门石窟的主要客源城市均为省内城市，分别是：许昌、焦作、漯河、驻马店、新乡和开封，由此可知，在没有高铁的情况下龙门石窟在短期游市场上的竞争力有限，主要客源地也仅限于省内部分城市。徐兰高铁和京广高铁开通后，2～4 小时等时圈的城市已经延伸到了中东部地区多个省份，达到的城市包括：信阳、徐州、宿州、滁州、武汉、孝感、咸宁、鄂州、仙桃、黄石、黄冈、潜江、宝鸡、天水、蚌埠、南京、汉中、朝天、广元、涿州、蚌埠、淮南、运城、临汾、曲阜等，提高了洛阳龙门石窟的短期游市场的竞争力，特别是周末游市场的竞争力有了较为明显的提升。

从 4~6 小时等时圈来看，在高铁开通之前，洛阳龙门石窟的主要客源城市包括：西安、渭南、咸阳、商丘、安阳、鹤壁、徐州、淮北、砀山、邯郸、信阳、驻马店、亳州等省内城市以及与河南邻近省份的城市，客源吸引能力有限。但是，在高铁开通后，4~6 小时等时圈城市的数量明显增加，并且东部方向已经延伸到了上海、杭州等城市，西部延伸到了兰州，北部延伸到了北京，南部延伸到了湖南郴州，西南方向到达成都，东南方向到达南昌，东北方向到达济南，西北方向到达太原，所覆盖的主要城市包括：北京、保定、定州、汨罗、长沙、株洲、衡阳、郴州、定西、兰州、唐山、瑞昌、九江、南昌、庐山、德安、永修、成都、镇江、丹阳、常州、无锡、苏州、上海、江油、绵阳、德阳、简阳、隆昌、溧阳、宜兴、湖州、杭州、通渭、秦州、铜陵、太原、平遥、泰安、济南、淄博、青州、潍坊、高密等。可见，高铁网络形成后极大地提升了洛阳龙门石窟的客源分布结构，让原来与洛阳之间交通成本较高的城市中的客源在高铁的拉动下愿意选择前往龙门石窟旅游，使得洛阳龙门石窟旅游资源点的吸引力增强。

5.3.2 高铁网络形成前后嵖岈山的客源地变化

参考上述关于洛阳龙门石窟在高铁网络形成前后的客源地变化情况，此处以驻马店嵖岈山风景区（国家 AAAAA 级旅游景区）为例，对高铁开通前后河南旅游客源结构的变化情况，见表 5-4。

表 5-4　　　　高铁开通前后嵖岈山风景区的客源地变化情况

等时圈	高铁开通前后	客源地城市
1 小时	前	漯河
	后	郑州、漯河、许昌、信阳、孝感
1~2 小时	前	许昌、信阳
	后	新乡、鹤壁、安阳、武汉、咸宁、赤壁、鄂州、黄石、平顶山、南阳、周口、开封、焦作、高邑等

续表

等时圈	高铁开通前后	客源地城市
2~4 小时	前	郑州、孝感、平顶山、周口、开封
	后	岳阳、汨罗、长沙、株洲、耒阳、衡阳、郴州、邯郸、高邑、石家庄、保定、洛阳、三门峡、渭南、西安、蚌埠、阜阳、合肥、商丘、徐州、大冶、瑞昌、九江、南昌、庐山、德安、永修、晋中、长治、晋城、淄博、青州、潍坊等
4~6 小时	前	新乡、鹤壁、安阳、武汉、洛阳、阜阳、咸宁、三门峡、商丘、焦作等
	后	韶关、清远、广州、深圳、北京、宝鸡、天水、定西、兰州、通渭、岐山、镇江、丹阳、常州、无锡、苏州、上海、泰安、济南、淄博、青州、潍坊、高密、阳泉、太原、上饶、南平、古田、福州、莆田、德州、天津、唐山、秦皇岛、莱阳、青岛、宜兴、湖州、杭州等
6 小时以上	在高铁时代，6 小时以上的等时圈对于游客来说基本上属于较长时间的行程，此处暂不考虑 6 小时以上等时圈的情况	

资料来源：由作者整理获取。

由表 5-4 中列出的内容可知，高铁开通前，嵖岈山的 1 小时等时圈客源城市只有漯河。高铁开通后，嵖岈山 1 小时等时圈的客源地由原来的 1 个增加到 5 个，分别是郑州、漯河、许昌、信阳、孝感，初步具备了一日游的市场竞争力。

从 1~2 小时等时圈来看，高铁开通前，嵖岈山的主要客源城市为许昌和信阳，这一南一北两座城市，其他城市距离洛阳的车程都在 2 小时以上。不仅如此，信阳由于距离武汉较近、许昌由于距离郑州较近，对此两座城市的客源分流较为严重，导致嵖岈山对这两座城市游客的吸引力并不强烈，并最终造成嵖岈山在一日游市场方面的竞争力不强。高铁开通后，嵖岈山 1~2 小时等时圈的客源城市增加较多，就高铁沿线城市来说，包括新乡、鹤壁、安阳、武汉、咸宁、赤壁、鄂州、黄石、平顶山、南阳、周口、开封、焦作、高邑等城市，促使嵖岈山的一日游市场竞争力有了一定的提升。

从 2~4 小时等时圈来看，高铁开通前，嵖岈山的客源地主要为省内城市，分别是：郑州、平顶山、周口、开封等地区，由此可知，在没有高铁的情况下嵖岈山在短期游市场上的竞争力有限，仅限于河南省内的部分城市。高铁开通后，2~4 小时等时圈的城市已经延伸到中东部地区多个省份的城市，包括：岳阳、汨罗、长沙、株洲、耒阳、衡阳、郴州、邯郸、高邑、石家庄、保定、洛阳、三门峡、渭南、西安、蚌埠、阜阳、合肥、商丘、徐州、大冶、瑞昌、九江、南昌、庐山、德安、永修、晋中、长治、晋城、淄博、青州、潍坊等，提高了嵖岈山的短期游市场的竞争力，特别是周末游市场有了较为明显的提升。

从 4~6 小时等时圈来看，在高铁开通之前，嵖岈山的主要客源城市包括：新乡、鹤壁、安阳、武汉、洛阳、阜阳、咸宁、三门峡、商丘、焦作等河南省内城市以及与河南邻近省份的城市，客源吸引能力较为有限。但是，在高铁开通后，4~6 小时等时圈城市的数量明显增加，并且已经东部已经延伸到了上海、杭州等城市，西部延伸到了兰州，北部延伸到了北京，南部延伸到了韶关，东南方向到达南昌，东北方向到达济南，西北方向到达太原，所覆盖的主要城市包括：韶关、清远、广州、深圳、北京、宝鸡、天水、定西、兰州、通渭、岐山、镇江、丹阳、常州、无锡、苏州、上海、泰安、济南、淄博、青州、潍坊、高密、阳泉、太原、上饶、南平、古田、福州、莆田、德州、天津、唐山、秦皇岛、莱阳、青岛、宜兴、湖州、杭州等。可见，高铁网络形成后极大地提升了嵖岈山的客源分布结构，让原来与嵖岈山之间交通成本较高的城市中的游客在高铁的带动下愿意选择前往嵖岈山旅游，使得嵖岈山旅游景区的吸引力增强。

5.4 高铁网络时代游客出游行为特征变化

便捷的交通运输有助于推动旅游目的地与旅游客源地之间人口、信息、资金、物资等要素的快速流动，不仅能够激发游客的出行欲望，还能较大幅度提升游客的出行体验和出游质量，是旅游产业快速发展的重要推手。在高铁网络效应的影响下，游客的出游行为发生了较大的变化。此处仍然以郑州都市圈及河南省内其他已经开通高铁线路的城市为样本，通过在该地区内的部分主要 5A 级景区进行问卷调查，调研得到高铁开通前后居民出游行为的统计数据，并借助 SPSS 软件进行统计分析，客观反映高铁对居民出行行为的影响。

5.4.1　出游特征评价指标选择及说明

在对居民出游特征进行分析时，国内部分学者研究指出，高铁对城市居民出游行为的影响主要集中在出游方式、出游时间、出游频率、出游半径、出游时的消费偏好（习惯）等方面（冯英杰等，2014；崔莉等，2014；侯雪等，2011）；在描述受访者的个人特征方面主要涉及游客的文化程度、经济收入和职业等（王华，2016）。就研究方法来看，国内外学者在研究出游行为特征时大多数都是使用了问卷调查的方法；在研究对象选择方面，主要以具体的高铁线路或者具体景区为例进行调研。基于此，本书主要从出游意愿、出游时空特征、出游方式以及旅游消费四个层面进行指标的选取。此外，本书在设计调查问卷时候还考虑了人口学特征对出游意愿的影响，主要包括性别、年龄、文化程度、经济收入和职业等。为了便于分析问卷各个变量之间的关系，运用李克特五级量表对变量进行整理，见表 5－5。

表 5－5　　　　　　　　　　　出游特征的指标变量说明

名称	变量	变量解释
游客特征	性别	1：女性；2：男性
	年龄	1：25 岁以下；2：26～35 岁；3：36～45 岁；4：46～60 岁；5：60 岁以上
	文化程度	1：小学及以下；2：初中；3：高中或中专；4：大专；5：本科及以上
	经济收入（每月）	1：3000 元以下；2：3001～5000 元；3：5001～8000 元；4：8001～12000 元；5：12000 元以上
	职业	1：学生；2：自由职业者；3：销售服务类人员；4：企业事业单位人员；5：公务员；6：其他
出游意愿	出游频率（每年）	1：1 次及以下；2：2～3 次；3：4～6 次；4：5～7 次；5：8 次及以上
	出游意愿	1：非常弱；2：弱；3：一般；4：强；5：非常强
出游时空特征	出游距离	1：200 公里以内；2：200～300 公里；3：300～500 公里；4：500～700 公里；5：700 公里以上
	停留时间（每次）	1：1 天；2：2 天；3：3 天；4：4 天；5：5 天及以上
	能接受的高铁出游时间	1：1 小时以内；2：1～2 小时；3：2～4 小时；4：4～6 小时；5：6 小时以上
	假期期间选择远距离出游	1：不选择；2：很少选择；3：偶尔选择；4：经常选择；5：一直选择

名称	变量	变量解释
出游方式	一次出游选择多个目的地	1：不选择；2：很少选择；3：偶尔选择；4：经常选择；5：一直选择
	以休闲娱乐为目的的城市游	1：不选择；2：很少选择；3：偶尔选择；4：经常选择；5：一直选择
	会选择出游距离较远且只能去著名景区吗	1：不选择；2：很少选择；3：偶尔选择；4：经常选择；5：一直选择
出游消费	哪一个是消费最大的项目	1：门票；2：餐饮；3：交通；4：购物；5：住宿
	能接受的花费情况（每次）	1：800元以下；2：801～1500元；3：1501～2200元；2201～3000元；5：3001元以上

课题组于 2022 年 10～12 月在洛阳龙门石窟、鸡冠洞、老君山等景区进行问卷调研，共发放问卷 250 份，回收问卷 235 份，有效问卷 217 份。2022 年 8～9 月，课题组在登封少林寺和焦作云台山进行了问卷调研，共发放问卷 200 份，回收问卷 193 份，有效问卷 174 份。2022 年 7～8 月，在驻马店嵖岈山、开封清明上河园等景区对游客进行随机抽样调查，共发放问卷 200 份，回收问卷 187 份，有效问卷 165 份。该阶段的调研共计发放调研问卷 650 份，回收问卷 615 份，其中回收的有效问卷 556 份，有效问卷回收率为 90.4%，受访者的基本信息见表 5-6。

表 5-6　　　受访者基本信息统计结果（N=556）

类别	选项	频率	百分比（%）
性别	女	289	51.98
	男	267	48.02
年龄	25 岁以下	82	14.8
	26～35 岁	62	11.2
	36～45 岁	148	26.7
	46～60 岁	163	29.4
	60 岁以上	100	17.9
文化程度	小学及以下	31	5.6
	初中	44	7.9
	高中或中专	110	19.8
	大专	170	30.6
	本科及以上	201	36.1

续表

类别	选项	频率	百分比（%）
经济收入	3000 元以下	46	8.3
	3001～5000 元	67	12.1
	5001～8000 元	159	28.6
	8001～12000 元	169	30.4
	12000 元以上	115	20.6
职业	学生	42	7.6
	自由职业者	153	27.6
	销售服务类人员	52	9.4
	企业事业单位人员	116	20.8
	公务员	132	23.6
	其他	60	10.8

由表 5-6 可知，此次问卷发放人群中，女性群体共计 289 人，占比 51.98%，男性群体 267 人，占比 48.02%，从性别比例来看，男女人群数量基本持平，符合人口学特征对调研问卷的基本要求。从年龄层次结构来看，各个年龄段的人群都有，但是以 36 岁以上的人群为主，其中，36～45 岁的人群占据了 26.7%，46～60 岁的人群占据了 29.4%，60 岁以上人群占据了 17.9%。从经济收入情况来看，月收入在 5000 元以上的人群更倾向于选择使用高铁出游，占比达到了 79.6%；同时，就工作性质来看，企事业单位人员、自由职业者和公务员等人群选择高铁出游的比例较高，占总人数的 72.2%，将这一现象与年龄结构特征进行对比之后发现，收入较高、工作较为稳定的人群更倾向于选择乘坐高铁出游，更愿意追求高铁出游时的舒适感和高质量的体验感。通过对受访者的基本信息进行分析，可以得到以下结果（见表 5-7）。

表 5-7　　　　　　　　高铁开通后的出游变化分析

出游特征	性别	年龄	文化程度	职业	收入水平
出游意愿	女性略高于男性	中老年出游的意愿较高	文化程度越高出游意愿越大	商务出游的比例较高	中高等收入人群的出游意愿较强

出游特征	性别	年龄	文化程度	职业	收入水平
出游时空特征	无明显差别	中老年出游的停留时间略高于青年	无明显差别	周末游、小长假出游的比例较高	低收入人群的出游频次较高
出游方式	女性对休闲游的喜好度比例高于男性	无明显差别	无明显差别	无明显差别	高收入人群更愿意去游览知名景点以外的其他景点
出游消费	女性对经济的敏感度略高于男性	无明显差别	无明显差别	学生群体出游消费相对偏低	低收入人群在购物和住宿方面的消费略低于高收入人群

5.4.2 高铁开通后出游行为变化分析

随后，分别对出游意愿、出游时空特征、出游方式以及出游消费等问题回收的问卷数据进行整理，并应用 SPSS 工具进行统计分析，得到表 5-8 中的结果。

表 5-8　　　高铁网络时代游客出游行为变化调查结果分析

题项	问卷问题	选项	人数（人）	比例（%）	均值
出游频率与意愿	请问您每年的出游频率是多少次	1 次及以下	108	19.5	2.86
		2~3 次	142	25.5	
		4~5 次	113	20.3	
		6~7 次	103	18.6	
		8 次及以上	90	16.1	
	你乘坐高铁的出游的意愿如何	非常弱	47	8.5	3.62
		弱	59	10.6	
		一般	113	20.4	
		强	176	31.7	
		非常强	160	28.8	
出游时空特征	您每次的出游距离是多少	200 公里以内	31	5.5	3.94
		200~300 公里	43	7.8	
		300~500 公里	69	12.4	
		500~700 公里	201	36.1	
		700 公里以上	212	38.2	

续表

题项	问卷问题	选项	人数（人）	比例（%）	均值
出游时空特征	您每次出游在目的地的停留时间是多久	1 天	75	13.5	2.76
		2 天	187	33.6	
		3 天	147	26.5	
		4 天	92	16.6	
		5 天及以上	54	9.8	
	您每次出游能接受的高铁时间是多久	1 小时以内	113	20.4	2.62
		1~2 小时	171	30.8	
		2~4 小时	140	25.2	
		4~6 小时	75	13.4	
		6 小时以上	57	10.2	
	您在假期期间选择远距离出游的意愿如何	不选择	43	7.8	3.66
		很少选择	51	9.2	
		偶尔选择	122	21.9	
		经常选择	174	31.3	
		一直选择	166	29.8	
出游方式	您在一次出游过程中是否会选择多个目的地	不选择	35	6.3	3.81
		很少选择	46	8.2	
		偶尔选择	103	18.5	
		经常选择	179	32.2	
		一直选择	193	34.8	
	您是否会选择以休闲娱乐为目的的城市旅游	不选择	47	8.5	3.46
		很少选择	71	12.8	
		偶尔选择	136	24.4	
		经常选择	182	32.8	
		一直选择	120	21.5	
	您是否会选择去距离较远且只去著名景区的地方旅游吗	不选择	169	30.4	2.30
		很少选择	180	32.4	
		偶尔选择	116	20.8	
		经常选择	53	9.6	
		一直选择	38	6.8	

题项	问卷问题	选项	人数（人）	比例（%）	均值
出游消费	您认为哪一个是出游过程中消费最大的项目	门票	59	10.6	3.31
		餐饮	87	15.6	
		交通	136	24.5	
		购物	171	30.7	
		住宿	103	18.6	
	您每次出游能接受的花费是多少	800 元以下	59	10.6	2.93
		801～1500 元	169	30.4	
		1501～2200 元	159	28.6	
		2201～3000 元	90	16.2	
		3001 元以上	79	14.2	

（1）出游频率与意愿分析。由表 5 - 8 可知，高铁网络形成后，居民的出游意愿发生了较大变化，出游频次的平均得分为 2.86 分，对照表 5 - 7 的指标定义可知，居民的年出游频次在 2～3 次，且由于得分值比较接近于 3，也在一定程度上表明部分居民的年出游频次在 4～6 次。从出游意愿指标来看，平均得分为 3.62 分，说明在高铁开通后居民的出游意愿有了一定的提升，整体出游意愿为一般偏强。

（2）出游时空特征分析。由问卷调研分析结果可知，高铁网络形成后，居民的出游时空特征发生了较大的变化。首先，从出游距离来说，指标平均得分为 3.94 分，分值接近 4，表明在高铁网络产生的一系列效应的推动下，居民更愿意前往更远距离的景区，平均出游距离在 300～700 公里。从游客能接受的高铁出游时间指标来看，平均得分为 2.62 分，根据上表给出的指标定义可知，由于得分值接近 3，此处认为游客能接受的高铁出游时间在 1～4 小时，且以 1～3 小时为主。结合对高铁的平均运行时速（考虑到进站、靠站和出站期间时速较低，高铁全程行驶速度小于最高行驶速度）变化的思考可知，这一结果也从侧面反映出出游时空特征的调研结果与出游距离的调研结果相互支撑、相互佐证。

从游客停留时间指标来看，平均得分为 2.76 分，即游客每次出游的时间为 2～3 天。由此可见，高铁网络形成后，在一定程度上缩短了客源地与旅游目的地之间的时间距离，使得出游时间逐渐进入了"小时旅游圈"，且周末游、小长假等中短期出游成为了游客出行的主流趋势。从游客假期期间选择远距离出游的频次情况来看，平均得分为 3.66 分，即偶尔选择和经常选择远距离出游在高铁开通后成为主流。在与游客进行交谈时发现，出现这一现象的主要原因有：一是高铁开通前，由于中长距离出行的时间成本较高，游客多以短途自驾的形式在周边游玩；在高铁开通后，由于周边景区都已经体验过，他们更倾向于选择前往之前没有去过的景区或旅游目的地，寻找新的出游体验；二是高铁缩短了客源地与远距离目的地之间的时间距离，在相同的时间要求下能够前往更远距离，此时，尝试不同的旅行享受逐渐成为人们的首选方案。

（3）出游方式分析。首先，从调研结果可知，居民在一次出游过程中选择多个旅游目的地线路的比例有所增加，远程出游意愿以及前往周边不知名旅游目的地的比例也有一定幅度的提升。在高铁开通后，居民出游选择多个目的地的平均得分为 3.81 分，说明绝大多数人都会在一次出游中选择前往多个目的地。在对该现象进行分析之后发现，在高铁未开通时，由于出行不便，大多数游客都是以跟团游的形式出行，这种出游方式限制了他们的行程安排；高铁开通后，大部分游客开始从传统的跟团游转变为自助体验游，他们可以根据自身出游需求设计多个旅游线路。其次，以休闲娱乐等为目的的城市游的平均得分为 3.46 分，说明绝大多数游客都倾向于借助高铁的交通优势前往不同城市体验不同的休闲娱乐活动。这与当下流行的夜间旅游、沉浸式旅游等存在一定的互补关系。此外，在与游客进行访谈时我们发现，较多游客会选择前往周边省会城市体验他们的文化、民俗，特别是随着夜游经济的火爆，更多游客也倾向于选择以夜间出游的形式在城市中享受生活。比如，有接近 40% 的受访人群愿意前往西安市，欣赏"大唐不夜城"的盛世美景，有接近 35% 的受访人群愿意前往武汉市，感受和欣赏武汉市的"户部巷小吃""汉口江滩""武汉长江大桥"等地标性景点。此外，还有一部分受访人群表示，高铁开通后让他们前往大城市购物变得更加便捷，这也是促使他们选择在城市旅游的原因之一。最后，在问到游客是否会选择出游距离较远且只能去著名景区旅游时，得分只有 2.30，表明大部分游客都不会做出这种选择，即游客期望一次出游能够前往多个景区，单纯地在某一个景区内停留是不受欢迎的。

（4）出游消费分析。根据出游消费问题的数据整理结果发现。第一，消费最大的项目平均得分为 3.31 分，说明交通和购物是出游过程中支出最大的两个项目，其他几项支出有所下降。究其原因，一方面，高铁开通后大幅缩短了旅行时间，近程出游基本上可以实现一日内往返，导致住宿的支出大幅度减少，但是由于高铁出行的费用相对于普通列车出行要高出很多，因此，出行的经济成本增加了；另一方面，由于游客过夜停留的时间减少，使得游客能够将原先用于住宿的预算安排到购物、餐饮等娱乐休闲项目上，进而促使购物消费的支出有所增加。第二，在访问游客每次出游能够接受的花费情况时，得到的平均得分为 2.93 分，说明绝大部分能够接受的出游花费在 800～2200 元。结合对游客月收入水平的调研结果可以预测，月收入水平越高，居民选乘高铁出游的概率越大，这一结果也间接反映了收入水平较低的游客对旅游交通费用变化的敏感程度往往会强于高收入水平的游客，进而使得收入水平因素对高铁选乘行为产生显著影响。

综合来说，高铁开通后，居民的出游意愿、出游时空特征、出游方式、出游消费等都在不同程度上发生了变化。其中，出游意愿有一定幅度提升，主要表现在：第一，游客的职业和年龄情况对出游意愿有着较高的影响，同时，年龄、受教育程度、职业和经济收入等对出游的时空特征也有重要影响；第二，一日游和中远程距离的旅游颇受喜爱，高铁让广大游客拥有自主安排出游线路、出游时间的权利，让出游变得更加灵活；第三，自助游、散客游的趋势有一定增强，跟团游的占比有一定下滑，在一次出游过程中游客更倾向于选择多条旅游线路，同时，游客出游过程中不再拘泥于某一个知名的景点，前往线路上不知名景点的意愿也有所提升；第四，交通费用支出占比较大，由于高铁的时空压缩效应使得一日游盛行，促使购物支出的费用占比超过了住宿支出占比。

本章小结

本章内容主要研究了高铁网络时代都市圈的交通可达性情况，以及高

铁网络背景下都市圈旅游资源布局变化、结构变化和游客出游行为变化
等。研究结果显示，高铁网络形成后，在一定程度上扩大了其辐射范围内
的高品位旅游资源吸引潜在客源市场的等时圈，但因与高铁线空间位置不
同，旅游资源点受到影响程度有差异。同时，处于高铁站附近的旅游资源
点可达性等时圈变化明显，尤其是对 3 小时等时圈来说，其吸引潜在客源
城市数量比高铁网络形成前大大增多，且其经济规模、人口规模和旅游流
等也有一定幅度的提升，表明高铁站附近旅游资源点一日游吸引的客源地
空间范围极大的增强。此外，就出游意愿来说，高铁网络形成后，居民出
游意愿有了小幅度增强，且出游的频次也有了一定的提升。最后，就游客
自身情况对出游行为的影响来说，游客的年龄、文化程度、职业和经济收
入等对出游的时空特征和出游意愿有显著影响，其中，高学历、中高收入
群体对高铁出游的接受程度较高，是当前发展高铁旅游的主要目标群体。

第6章　高铁网络与都市圈
旅游发展的效应机制

由前文研究可知，高铁网络促使都市圈旅游交通可达性格局发生了很大的变化，产生了明显的时空压缩效应，进而促使都市圈旅游资源空间布局、居民出游行为等发生较为明显的变化，产生了一系列的"多米诺"效应。为了深入揭示高铁网络下都市圈旅游空间格局变化对其旅游发展的影响情况，本书基于前文研究结果，在深入分析高铁网络影响都市圈旅游发展效应的基础上，选择郑州都市圈及河南省内其他已经开通高铁线路的城市为样本，分析高铁网络在推动都市圈旅游发展时的滞后效应和贡献效应。同时，选择武汉城市圈（"1+8"城市圈）为样本，以此分析本书高铁网络对都市圈旅游发展产生的空间效应，为研究高铁网络推动都市圈旅游高质量发展的路径和政策建议奠定基础。

6.1　高铁网络影响都市圈旅游发展的效应特征

在探讨高铁网络对都市圈旅游发展的效应特征时，为了统一研究对象更好地发现问题、节约数据采集成本等，仍然以郑州都市圈及河南省内其他已经开通高铁线路的城市为例进行分析。众所周知，随着"四纵四横"高铁网络的形成，"八纵八横"高铁网络和河南"米"字形高铁网络的规划建设，未来河南将会形成以省会郑州为中心、连接国内各个省市的高铁等时交通圈，极大地提高了全国各地旅行者来豫旅游的可能性（如图6-1所示）。因此，结合前文对河南高铁网络和旅游资源禀赋的相关分析结论可知，以河南为例进行研究，既体现出了高铁网络的特征，又充分彰显了高铁网络对都市圈旅游的影响，且该区域包括了京广高铁、郑万高铁、徐兰高铁、郑阜高铁等多条高铁主干线路，研究结论更具真实性和代表性。

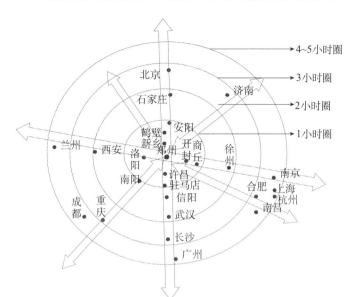

图 6 – 1　核心城市与其他省会城市之间的等时圈分布

6.1.1　高铁网络的时空压缩效应

"时空压缩"最早是由美国著名新马克思主义者戴维·哈维（David Harvey）在其所著的《后现代性状况》（*The Condition of Postmodernity*）一书中提出的。学者们早期提出"时空压缩"这一概念，主要是对资本主义的历史进行研究，期望通过该领域的研究证明资本主义不仅具有加快生活步伐方面的特征，同时还能够克服空间层面上的各种障碍。随后，"时空压缩"这一概念开始被应用于不同行业的研究中，其中，在交通运输业中的应用就是一个典型代表。交通运输行业认为，"时空压缩"是由于通信技术、信息化技术以及交通运输技术等的改善，使得现代交通在速度方面不断克服了传统交通中的不足，极大地缩减了游客在跨越不同目的地时的时间。简单来说就是，新技术引领下的交通运输方式在速度方面的优势使得相对空间距离被压缩了，即与传统交通运输方式的速度相比较，新交通运输方式能够在相同的时间内到达更远的距离。

对于本书的研究样本来说，随着以郑州为核心的郑州都市圈及其

"米"字形高铁网络的形成，缩短了前往河南各旅游景点的省内外游客的旅行时间，且省内游客的出游集聚效应明显加强。总体来看，高铁开通后，河南作为旅游目的地对国内游客出游行为影响的变动情况普遍强于入境旅游行为。比如，在国内旅游人数方面，高铁开通对郑州、洛阳、焦作和信阳这4座城市旅游人数的增长具有显著促进作用。据同程旅行的数据显示，郑渝高铁全线贯通的消息发出后，"郑渝高铁"相关搜索量周环比增长近200%，郑州、重庆、襄阳等沿线城市的相关旅游产品热度上升明显，其中，嵩山少林寺等众多沿线著名旅游景点也列入了更多人暑期出行的景区名单。[①] 郑渝高铁牵手黄河与长江，一路串联起嵩山少林寺、南阳武侯祠、襄阳古隆中、神农架原始森林、奉节白帝城、巫山小三峡、磁器口古镇等众多旅游景点，从郑州到重庆只需4小时左右，不到原来时间的一半，"坐着高铁去三峡"从梦想照进了现实。不仅如此，"郑渝高铁"开通后，途牛旅游网的预订数据显示，以高铁为主要交通方式的出游人次环比涨幅达132%，马蜂窝旅游关于"高铁游"的搜索热度上涨310%，同程研究院首席研究员认为，高铁的进一步提速，拉近了城市之间的距离，使高铁旅游迎来了新的发展机遇，在周边短途游的带动下，高铁游将成为出行的热门选择。[②]

总体来说，高铁网络对都市圈旅游产生的时空压缩效应可归为两类。第一类是资源型旅游地的时间压缩效应。比如，对于河南来说，洛阳、开封、新乡等城市距离核心城市郑州较近，该类地区旅游节点的地理区位条件、旅游资源禀赋、旅游接待能力等较好，压缩效应明显，等时圈由2小时范围压缩到30分钟。第二类是中转型旅游目的地。比如，驻马店、信阳、三门峡、安阳等城市，该类地区旅游节点的地理区位条件很强，旅游资源禀赋与旅游接待能力相对较好、交通网络密度较强，旅游等时圈由4~5小时压缩为1~1.5小时。

6.1.2　高铁网络的过滤效应

高铁网络的过滤效应是指，由于某些旅游节点的旅游资源品位度较低

---

① 腾讯新闻. 抢抓"米"字形高铁新机遇，助推文化旅游发展。
② 河南省文化和旅游厅. 高铁跑出旅游加速度。

或知名度不高，但因处在客源地周边，具有区位和交通距离的优势，在高铁开通前能够吸引一定数量的游客，但高铁开通之后引致的时空压缩效应，促使这些等级相对较低的旅游目的地在区域旅游地空间竞争中容易被远程知名度较高的旅游目的地替代，因而产生高铁过滤效应（或称为过道效应）如图 6 – 2 所示。

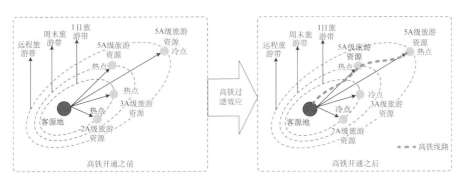

图 6 – 2　高铁开通前后对旅游业发展产生的过滤效应
资料来源：作者自绘。

比如，在吸引国内游客方面，开封在 2013 年之前一直保持稳定的增长幅度，但是，随着高铁网络的逐步完善，导致 2014 年开封的旅游人次达到最低值，主要原因是郑西高铁、郑徐高铁开通后，西安、洛阳、郑州等城市在旅游资源、经济水平、历史文化、旅游影响等多重因素的影响下，使开封成为旅游过境地。虽然，作为八朝古都的开封拥有丰富的旅游资源，但是，在高铁网络过滤效应的作用下，游客更愿意乘高铁前往更知名旅游城市，且由于开封的文化旅游资源基本上都集中在市区，出游过程简单，1 ~ 2 日便可游览完核心景点，因此游客更倾向于将开封作为旅游途经地而不再是旅游目的地，最终导致前往开封旅游的人次减少。同时，也有研究指出，随着京沪高铁的开通，在北京旅游网络结构中，廊坊、沧州、保定、德州和石家庄等 5 个距北京客源地较近的旅游节点，在高铁开通后内向程度中心性均出现了下降的趋势，这些旅游地的客源市场被中远程的品位度和知名度高的旅游地所分流（汪德根、陈田、陆林等，2015）。

同样，在以郑州都市圈及河南省内其他已经开通高铁线路的城市为样本进行研究时发现，从高铁线路与旅游网络空间布局可知，高铁网络形成后，对许昌、漯河、三门峡、鹤壁、商丘等城市的旅游业发展造成了明显的过滤效应。这些城市本身拥有一定旅游资源，但与洛阳、郑州等城市相比，这些城市的旅游资源并不具有较强的竞争优势，在以往的旅游业发展过程中，得益于良好的区位条件和交通优势，借助省会郑州带来的人员分流，仍然能够在旅游发展中获利。但是，随着高铁的开通，其他拥有良好旅游资源禀赋的城市展现出了较强的竞争能力，特别是洛阳、新乡、驻马店、信阳等拥有多个国家 5A 级和 4A 级景区的城市，在高铁网络的强大带动下旅游业发展正在日渐升温。比如，郑西高铁的开通，让西安和洛阳两地之间的交通时间由原来的 4~5 个小时缩短为一个多小时，极大地降低了陕西等地区人民来洛阳旅游的时间成本，其产生的过滤效应也让地处洛阳和西安两地之间的三门峡市失去了原有的大部分客源。此时，面对洛阳较多 5A 和 4A 级景区的强势吸引力，三门峡的一部分旅游市场逐渐被高铁过滤掉。不仅如此，从旅游资源特色和地理区位条件来说，高铁也在一定程度上对旅游业发展产生过滤效应。比如，洛阳与开封两座城市均属于古都休闲游类的旅游城市，主打的特色品牌均为文化类旅游产品，旅游资源禀赋存在同质化现象，相互之间具有较强的可替代性；同时，高铁开通致使区域通行时间大幅降低，两个地区与郑州之间的区域联系进入了"一小时经济圈"。随着洛阳文化旅游市场的爆火，导致开封的部分潜在游客被分流到洛阳，甚至被分流到郑州。因此，对于这种拥有相似旅游资源的城市来说，当受到高铁运营带来的旅游产业要素集聚时，要想避免因同质化而被中心旅游城市覆盖掉，需要针对旅游需求实行差异化战略来开发特色产品。

6.1.3 高铁网络的扩散效应

高铁时空压缩效应使区域旅游空间格局的核心城市产生明显的高铁流集聚现象，由此带来区域内旅游产业发展的马太效应。但是，由于高铁减少了客源地与核心城市（主要旅游目的地）之间的时间成本和空间距离，根据"核心—边缘"空间行为扩散原理可知，核心城市在此过程中起中转作用，核心城市凭借其较好的经济优势、商务优势等吸引其他地区的游客，并在高铁的分流作用下促使客流向边缘城市扩散，由此，高铁也必将进一步降低游客前往核心城市外围区域即周边城市的时间成本。此外，受核心城市旅游产业资源外溢作用的影响，原本区位优势不明显、交通条件欠发达的边缘城市，将被拉入核心城市大旅游发展的空间格局，呈现出高铁对旅游产业发展影响的"扩散效应"。比如，在以郑州都市圈及河南省内其他已经开通高铁线路的城市为样本，研究高铁网络对都市圈旅游产生的扩散效应时，考虑到旅游资源类型、旅游产业水平等因素的限制，本书将扩散地分为三种类型，分别是资源型城市（如洛阳、开封等）、核心城市（如郑州、洛阳等）和端点型城市（如南阳、信阳、安阳等），并在此基础上分析有高铁网络带来的扩散效应（见图 6 - 3）。

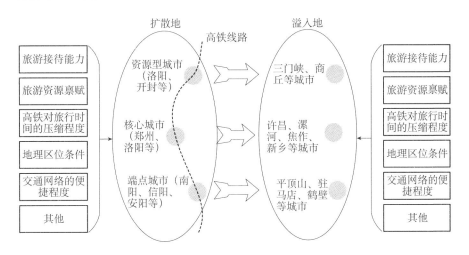

图 6 - 3　高铁网络化都市圈旅游空间扩散效应

资料来源：作者自绘。

由图 6 - 3 可知，京广高铁、郑西高铁的全线开通对河南旅游空间格局的演变产生了较明显的影响，强化了郑州、洛阳等作为核心城市（主要旅游目的地）的极化作用。比如，郑州、洛阳作为河南旅游市场中的核心城市，不仅拥有良好的经济基础，还拥有丰富的旅游资源，能够在高铁网络的促动下，将吸引来的游客输送到周边区域，不断带动周边地区旅游业发展。其中，郑州作为核心城市时，对焦作旅游发展的带动作用尤为明显，高铁网络尚未形成前，焦作旅游业发展呈现国内旅游人次与收入稳步增长，境外外汇收入增速缓慢，入境旅游人次呈负增长的现象。随着以郑州为核心城市的"米"字形高铁网络的形成，特别是在郑焦城铁的带动下，形成了以郑州为核心的较明显的扩散效应。近年来，焦作旅游人次和旅游收入快速提升，高铁开通带动了焦作旅游热潮；其中，焦作以"云台山"号高铁列车冠名，使高铁沿线城市及省外城市等客源地熟知云台山旅游景区，为焦作旅游业发展吸引了大片的客源市场。对于省外城市来说也存在类似情况。比如，武广高铁对湖北区域旅游空间格局演变的影响表现出"双刃性"，不仅强化了武汉的极化作用同时又强化了其扩散作用，特别是对于武汉城市圈内的城市来说，与极化作用比较，这种扩散效应对它们的影响程度更大，覆盖面更广，使边缘区域城市间旅游发展差异缩小（汪德根，2013）。

6.1.4 高铁网络的叠加效应

在大尺度区域两端的都市圈，在没有高铁网络的情况下，都市圈的影响范围处于"相离"状态，而处于"相离"范围的边缘区域由于受距离的限制，难以接收到核心区域的辐射和影响。此时，受高铁网络时空压缩效应的影响，促使都市圈的辐射范围逐渐出现"相交"状态，而处于"相交"范围的边缘区域由于受到两个及以上核心区域的共同辐射和影响，就呈现出高铁网络对旅游业发展的"叠加效应"。比如，仍然以上述对象为例进行分析时发现，随着郑州都市圈成立和以郑州为核心的"米"字形高铁网络的形成，其旅游业发展受国内多个都市圈（城市群）的影响。首先，对于河南省内城市来说，在高铁网络形成前，省内旅游主要分为豫南地区、豫西南地区、豫北地区，以及郑汴洛新等地区；在高铁网络形成后，以郑州为中心的高铁网络在扩散效应的带动下，促使省内不同地区的游客流动出现明显的叠加效应（如图 6 - 4 所示）。

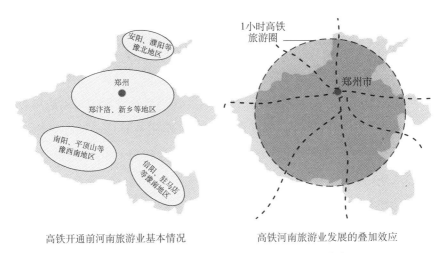

高铁开通前河南旅游业基本情况　　　　高铁河南旅游业发展的叠加效应

图 6 - 4　高铁网络对都市圈旅游发展的叠加效应

　　其次，对于省外区域来说，京广高铁和徐兰高铁的开通使得以郑州为中心的城市群受到武汉城市圈、环渤海城市群和以西安为中心的秦陇城市群的辐射和带动；其中，郑西高铁的开通让洛阳、三门峡等地区的旅游业受到秦陇城市群的影响；京广高铁的开通让信阳、驻马店等地区的旅游业受到了武汉城市群的辐射，同时，新乡、安阳等地区的旅游业受到环渤海城市群的影响；郑万高铁的开通让南阳、平顶山等地区的旅游业受到成渝城市群的辐射（如图 6 - 5 所示）。

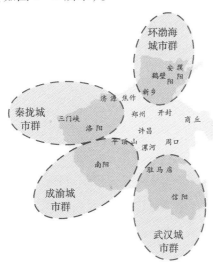

图 6 - 5　高铁网络对不同都市圈之间的旅游叠加效应

6.2 高铁网络对都市圈旅游发展的滞后效应

虽然，高铁网络带动了都市圈旅游业更好更快的发展，但是与一般基础工程类项目相似，高铁网络对旅游发展及其高质量发展的推动应用效应的发挥具有一定的滞后性，即高铁网络项目应用效益的凸显存在滞后效应。那什么是项目实施效果的滞后效应呢？通常认为，当一个基础工程类项目投入使用之后，其产生的效应并不能在短时间内达到最大，那么隔多长时间对其产生的效应进行评价才能最真实反映其价值呢？为了回答这些问题，本节将对高铁网络推动都市圈旅游发展的滞后效应进行评价分析。参考上文的研究范式，本书在此处仍然以郑州都市圈及河南省内其他已经开通高铁线路的城市为例进行研究。

6.2.1 高铁网络效应的滞后性分析

1. 项目应用效益的滞后性

旅游产业与高铁网络都是复杂的综合性系统，其发展建设受交通环境、人口结构、地理位置、经济发展水平、旅游资源禀赋等众多因素影响。目前，在评价高铁网络对旅游发展产生的效益时，很多学者将关注点集中在方法、模型、指标等领域，忽略了一个重要问题，即高铁对旅游业发展的促进作用同一般性建设工程相似，应用效益的发挥具有一定滞后性和过程性，只有选取恰当的时间点进行评价，才能真实反映其产生的效果。我们也称这种现象为应用效果的滞后性，并将这个恰当的时间点视为后评价时点。

目前，关于后评价时点的研究主要集中在项目后评价和后评价时点长度两方面，且研究对象主要在投资决策、药效评价及模型评价等领域，并认为后评价时点的长短对评价结果有一定影响（Howard et al.，1996；Betz et al.，1996）。早期研究在探讨后评价时，将评价时间作为评价过程的主要分类标准，并根据时间的不同分为跟踪评价、实施效果评价两个方面。其中，跟踪评价也被称为中评价，其评价时间的跨度为项目开始施工到施工结束（不含验收阶段）。实施效果评价也被称为后评价，该评价分类主要是在项目完工且执行了一段时间后对其实施效果开展的评价。在已有的研究成果中，后评价方式主要应用于大型工程项目完工后的评价或者医学类产品使用后的评价，其评价内容涉及项目的执行过程评价、执行效果评价以及执行过程中产生的其他方面影响的评价等。此外，也有学者在此基础上将项目评价划为项目前评价、中评价和后评价三个阶段（白思俊等，1999；Sanko et al.，2013）。其中，前评价是在项目生命周期立项阶段进行评价与选择，为项目决策提供依据；中评价则是项目立项并开始执行后，对项目执行过程中的发展、实施、完工等阶段进行的评价和检测，通过中评价反馈的信息帮助项目管理者更好地管理和决策；后评价是在项目竣工后进行评价，包括验收评价、经济后评价和管理后评价（黄文杰，2010）。

在实际应用过程中，有学者提出从时间维度将评价方法分为前评价、跟踪评价和后评价（李金海等，2004）。比如，有学者以具体工程为例对项目后期产生的影响进行评估，通过模型量化显示对环境质量的影响，并获得改善项目应用效益的战略举措（Tetteh et al.，2006；Bronwyn，2014）。还有学者从项目监测评估分析入手，提出了项目监测评估的目的、对象、评价标准和评价方法等（尹明燕，2014）。可见，后评价才是项目应用效益评价的最佳时机。此外，在研究后评价时点长度时，学者们也在项目评价阶段理论的基础上对不同行业的项目进行了评估。比如，多伦等（Doron et al.，2009）认为投资者决策受到频繁的交易操作影响，短期避险情绪和后评价时点长度之间存在消极关系，即评估期越长预期收益越低。冯蛟等（2012）指出，产品的享乐与功能属性失败后消费者的负面情绪是随着时间变化而变化的，并探讨了延迟评价的口碑传播意愿与立即评价的口碑传播意愿之间的差异性。孟宪宝等（2013）以决策时间点和折现率确定为指标，对有建设期的项目投资动态评价方法应用进行了深入研究，并提出有效的后评价方法。

总体来说，关于社会经济领域滞后效应的研究成果相对较少，学者们更关注自然科学领域的滞后效应研究。比如，在医疗行业，新型抗癫痫药物的安全性和耐受性的后评价时间为 8～10 周，且研究结果显示，后评价时点长度的不同会影响药效的测试结果（Abou-Khalil，2003）。罗森等

（Rosen et al.，2005）对生物废水的控制基准进行评价研究，认为延长评估阶段有助于获得相对真实的评估结果。此外，还有学者对土地利用效果情况进行评价，研究了评价过程中的滞后期和评价时间确定等问题，通过构建土壤评价体系确定评价时期，在某一时间点找准土壤的各项指标数据方能较好地评估土壤质量（Peng et al.，2007；黄勇等，2009；Liu et al.，2011；Liang et al.，2014；Reddy et al.，1990）。魏巍等（2012）对不同时间的苗木性状进行优良程度评价，总结出评价效果在时间序列上的变化规律，提出了苗木生长过程中的最佳评价时间点。

目前，关于交通运输领域的后评价研究主要从宏观角度进行，且尚未形成通用的模式或标准。虽然，在对交通运输行业产生的效益进行评价时，有学者尝试使用了后评价的思想，但在研究方法上缺乏量化分析，更多的是使用定性的比较分析方法。比如，有学者按照时间阶段将后评价时点分为事前评价、事中评价、事后评价、跟踪评价四个类型，认为许多交通类项目的效益尤其是宏观经济效益要在项目完成的若干时间之后再进行效益评价（朱泰英，2005；Parthasarathi，2008；Huo et al.，2012）。张庆、申景良等（2005）指出，要在评标机制中建立后评价制度，并依据交通工程项目应用过程中的特征提出了评价过程、专家评标质量和智运营管理三个方面的后评价机制。毛霖和李文权（2011）认为，交通项目应用效益的评价具有时效性，只有在其有效时间范围内对其进行评价才能得出正确的评价结果，否则再好的评价指标和评价方法都将毫无意义。

总体来说：一是在后评价时点概念方面，目前还没有标准的、通用的解释，主要是学者们在研究过程中依据对象的特点提出的狭义的、针对性强的论述，不具有很强烈的代表性；二是已有研究主要基于宏观视角讨论后评价时点的实施方法、步骤等，定量方面的研究较少，研究结果有较强的主观性；三是应用对象主要集中在大型工程项目、投资决策、医药等领域，这些领域受主观因素的影响小，能在一定时间内取得明显效果，但是，对于受多因素影响且短时间内效果不明显的行业（如交通运输业），研究的较少；四是对交通运输工程项目（如高铁）应用的后评价研究都是基于宏观角度的定性评价，但由于大部分基础设施、技术投入、政策等都无法取得立竿见影的功效，要在未来很长一段时间内采用连续的、不间断的方式进行效果评价。因此，在评价高铁网络对都市圈旅游发展的作用效果时，如何确定最佳的评价时间段或时间点是解决该类问题的关键，也是一项重要科学问题。

2. 高铁网络对旅游发展影响的滞后性分析

目前，中国高铁的运营里程已经跃居世界第一并将在未来很长一段时间内处于持续增长趋势，不断影响着社会经济发展和游客出行决策，促使旅游与高铁之间关系的研究在全球范围内逐渐成为热点，为新时代旅游交通领域的研究提出了新现象和新问题。但是，很多学者在探讨高铁网络与区域旅游业发展时，忽略了一个重要问题，即高铁作为一项基础设施工程，其建设周期长、覆盖范围广，同一般性基础工程相似，应用效益的发挥具有一定滞后性和过程性。因此，只有选取恰当的时间点进行评价，才能真实、准确地反映出高铁网络对旅游业发展产生的价值，称该时间点为后评价时点。即高铁网络形成之后，应该在多长时间内进行评价，才能最真实准确地反映其对旅游发展产生的贡献价值。如果后评价时点选择的不合理，计算得到的高铁网络对都市圈旅游发展的贡献效应也是不准确的，不利于更好地发挥高铁网络在旅游业发展中的作用。但是，就当前研究来看，关于后评价时点的论述，国内外还没有统一的、标准的解释，现有后评价时点的成果多是学者们在研究过程中，依据研究对象特点提出的狭义的、针对性强的论述，不具有强代表性。此外，已有研究主要从宏观角度出发，没有详细论述后评价时点的实施方法、步骤、评价模型等，且主要从定性角度出发、定量研究少，导致评价结果的主观性强。因此，关于后评价时点的研究仍需不断探索。

基于此，本书通过分析高铁网络对都市圈旅游发展的影响作用，参考一般建设项目评估方法和评估时间的选择方式，提炼表征性指标，对高铁网络促进都市圈旅游发展评价的后评价时点问题展开讨论，得到一个能够真实评价高铁网络对都市圈旅游发展贡献的时间点。通过本书，一定程度上弥补了在进行高铁网络影响都市圈旅游发展的相关研究时，方法及理论分析的不足，有助于完善高铁网络对都市圈旅游发展评价的经济模型和理论方法。此外，通过测算评价高铁网络效应对都市圈旅游发展影响的时间点，有利于真实有效地反映高铁网络对都市圈旅游发展的效果和效益，为提升都市圈旅游的高质量发展提供科学的建议，帮助都市圈旅游管理部门和景区管理人员最大效用利用高铁优势制定旅游规划方案、吸引客流量等提供参考。不仅如此，对高铁网络对都市圈旅游发展促进效果评价时点选择的研究，必将伴随高铁技术和旅游产业的广泛推广和深入应用而产生巨大的需求，具有十分重要的研究前景。

6.2.2　滞后效应的评价模型构建

1. 滞后效应评价指标体系

经济学中的滞后效应是指，"在引发变化的初始成因消除后，被触发的变化仍在持续的现象"（Cross，1993）。滞后效应概念最早提出是在 20 世纪 80 年代，当时，滞后效应的提出主要用于解释欧洲失业率持续上升的问题，由于传统的理论方法无法有效地解释这一现象，促使滞后效应理论应运而生。海亚普（Heap，1980）通过对一系列的社会问题进行分析后，发现自然失业率和实际失业率之间存在某种动态关系。随后海亚普（1980）构建了失业率滞后效应的表达式，用以描述这种动态关系，即 $U \times t = U \times t - 1 + \alpha(Ut - U \times t - 1) + bt$。此后，有学者基于 Heap 的研究结果，对失业率的持续性进行了更深入的研究，通过参考经济周期学派的观点从经济学视角提出，"自然失业率并非是一成不变的，它的衰退具有持久性影响"，而这种"持久性影响"便是滞后效应最直观的表现形式（Winter and Nelson，1982）。随后，有学者在已有研究成果的基础上进行探索，并认为短期需求的冲击作用会产生长期的影响，该研究充分证实了滞后效应是普遍存在的（Ball，2009）。在现实中，由于滞后效应的存在使得外生冲击能够持久地影响潜在增长能力，外生冲击不仅会造成实际产出的短期波动，更会在长期对潜在能力造成持续性影响。随着对滞后效应研究的不断深入，其研究的内容也开始细化，主要分为宏观政策研究和微观基础研究两大类。其中，在宏观政策研究方面，以克罗斯（Cross，2012）等为代表的一批学者主要通过构建数理分析模型进行滞后效应的宏观研究；以多兰和芬格尔顿（Doran and Fingleton，2014）等为代表的学者开始尝试从经济学角度进行研究，并以新一轮国际金融危机为背景，描述金融危机滞后效应在经济领域产生的持续性影响。关于微观基础研究层面，有学者研究发现了劳动力市场中影响人力资本贬值的因素（Moller，1990）；同时，也有学者将滞后效应的微观原因归结为异质性个体的非连续调整过程（Cross et al.，2011）。

基于上述分析，在研究交通基础设施对旅游产业发展产生的滞后效应时，有学者认为旅游发展水平是第三产业水平、区域经济发展水平、城市化水平、交通基础设施等诸多要素空间协同作用的结果（李如友等，2015；毛润泽，2012）。因此，本书为了更准确地描述高铁网络与都市圈旅游发展之间的关系，在遵循全面性、可操性、可比性等原则的基础上，参考关于高铁与旅游业发展等领域的研究成果，提取表征性较强的指标。

首先，解释影响都市圈旅游发展的变量。对都市圈旅游来说，旅游收入是最能直观反映产业发展水平的指标，也是指该都市圈在一定时期内通过销售旅游产品而获取的全部收入，作为一项表征旅游业发展的综合性指标，它在很大程度上反映了一个都市圈旅游业发展的总体规模及发达程度。有学者在研究时提出，旅游经济发展水平是衡量都市圈旅游发展的核心指标（Bak，2016；Ma et al.，2015；Milne，2010）。本书参考法丽莎（Fayissa，2011）等在研究时提出的方法，用都市圈旅游总收入与都市圈生产总值的比值来衡量旅游经济发展水平。

$$都市圈旅游经济发展水平\ (X) = 都市圈旅游总收入 / 都市圈生产总值$$

其次，明确能够解释高铁网络建设水平的变量。我们发现，在选择高铁建设方面的指标时，高铁网络对都市圈旅游发展的影响作用是多方面的，高铁站点和线路的建设不仅意味着生产要素的投入，它还可以改善都市圈的空间结构、促进都市圈内集聚经济发展，以及鼓励生产要素的流动等。比如，有部分学者在探讨高铁网络对区域旅游发展的影响时，选择用高铁线路条数（Grirao，2015；郭伟等，2020），高铁运行里程（汪德根等，2014；Hou，2019）等作为核心指标。但是，当指标数据是时间序列时，由于高铁线路数和高铁运营里程的数据不是连续型数据而是离散数据，导致它们的使用存在局限性。此时，有学者提出了使用高铁站点数作为核心指标，并认为高铁站点数是推动区域旅游发展的催化剂（Yin et al.，2015；Zhang et al.，2017；Kim，2018；Wang et al.，2019）。因此，参考已有文献中提出的结论，本书将都市圈内开通的高铁站点数（Y）作为解释高铁网络建设水平的核心变量。

2. 评价方法选择与模型构建

在现有的关于滞后性评价的方法中，VAR 模型（vector autoregressive model）是基于数据统计性质建立的模型，并通过将系统中每一个内生变量作为系统中所有内生变量的滞后值的函数来构造模型，从而将单变量自回归模型推广到由多元时间序列变量组成的"向量"自回归模型（Sims，1980）。VAR 模型具有"不以严格的经济理论为依据""对参数不施加零约束""模型的解释变量中不包括任何当期变量""做样本外近期预测非常准确"等优点。同时，VAR 模型还是处理多个相关经济指标的分析与预测时最容易操作的模型之一，且在一定条件下，多元 MA 模型（moving average model）和 ARMA 模型（autoregressive moving average model）也可转化成 VAR 模型，使得 VAR 模型具有较好的普适性，从而受到越来越多的学者的重视和广泛应用。

目前，学术界中已经有较多关于 VAR 模型在滞后效应研究中的应用。比如，萨金特（Sargent，1978）提出了 VAR 模型的 MA 表达式，将系统中的变量表示为一系列结构冲击的线性组合，目的是将凯恩斯主义的政策冲击与古典理论所定义的冲击区分开，其中，政策冲击定义为合理预期模型中误差项。此外，VAR 模型还被用于对不同经济学假设进行检验，比如，应用时间序列提供的信息对货币和收入的关系进行检验，对货币主义和非货币主义理论的政策含义进行比较（Blanchard and Waston，1984；Bernanke，1986；Eric and Sims，1994）。不仅如此，还有学者使用 SVAR 模型（structural vector autoregressive model）对货币政策识别以及政策效应进行分析，并提出了评价货币政策理论时的三个步骤，分别是：对货币政策冲击进行识别、描述变量对货币政策冲击的反应、对比分析实际发生的和基于 SVAR 模型的货币政策冲击（Bernanke and Blinder，1992；Christiano et al.，1999）。

VAR 模型也被称为向量自回归模型。作为自回归模型的一种联立形式，该模型假设变量 $y_{1,t}$、$y_{2,t}$ 之间存在某种关系，在使用该模型时，如果将其拆开并分别建立两个自回归模型 $y_{1,t} = f(y_{1,t-1}，y_{1,t-2}，\cdots)$ 和 $y_{2,t} = f(y_{2,t-1}，y_{2,t-2}，\cdots)$，则无法有效捕捉两个变量之间的关系。但是，如果采用联立的形式，就可以建立起两个变量之间的关系。此时，VAR 模型的结构与两个参数有关，一个是模型所含变量个数 N，一个是模型的最大滞后阶数 k。

假设以两个变量 y_{1t}，y_{2t} 滞后 1 期的 VAR 模型为例：

$$\begin{cases} y_{1,t} = c_1 + p_{1,1}\, y_{1,t-1} + p_{1,2}\, y_{2,t-1} + m_{1,t} \\ y_{2,t} = c_2 + p_{2,1}\, y_{1,t-1} + p_{2,2}\, y_{2,t-1} + m_{2,t} \end{cases} \tag{6-1}$$

其中，$u_{1,t}, u_{2,t} \sim IID\,(0，s^2)$，$Cov(u_{1,t}，u_{2,t}) = 0$。写成矩阵形式如下：

$$\begin{bmatrix} y_{1,t} \\ y_{2,t} \end{bmatrix} = \begin{bmatrix} c_1 \\ c_2 \end{bmatrix} + \begin{bmatrix} \pi_{1,1} & \pi_{1,2} \\ \pi_{2,1} & \pi_{2,2} \end{bmatrix} + \begin{bmatrix} y_{1,t-1} \\ y_{2,t-1} \end{bmatrix} + \begin{bmatrix} u_{1,t} \\ u_{2,t} \end{bmatrix} \tag{6-2}$$

设 $Y_t = \begin{bmatrix} y_{1,t} \\ y_{2,t} \end{bmatrix}$，$c = \begin{bmatrix} c_1 \\ c_2 \end{bmatrix}$，$\Pi_1 = \begin{bmatrix} \pi_{1,1} & \pi_{1,2} \\ \pi_{2,1} & \pi_{2,2} \end{bmatrix}$，$u_t = \begin{bmatrix} u_{1,t} \\ u_{2,t} \end{bmatrix}$，则有：

$$Y_t = C + \Pi_1 Y_{t-1} + u_t \tag{6-3}$$

那么，含有 N 个变量、滞后 k 期的 VAR 模型表示如下：

$$Y_t = C + P_1 Y_{t-1} + P_2 Y_{t-2} + \cdots + \Pi_k Y_{t-k} + m_t$$
$$t = 1, 2, 3, \cdots, N \tag{6-4}$$

其中，$Y_t = (y_{1,t}\ y_{2,t} \cdots y_{N,t})'$，$C = (c_1 c_2 \cdots c_N)'$，$u_t = (u_{1,t}\ u_{2,t} \cdots u_{N,t})'$。

$$\Pi_j = \begin{bmatrix} \pi_{1,1} & \pi_{1,2} & \cdots & \pi_{1,j} \\ \pi_{2,1} & \pi_{2,2} & \cdots & \pi_{2,j} \\ \vdots & \vdots & \ddots & \vdots \\ \pi_{N,1} & \pi_{N,2} & \cdots & \pi_{N,j} \end{bmatrix}, j = 1, 2, \cdots, k \tag{6-5}$$

上式中，Y_t 为 $N \times 1$ 阶的时间序列向量。C 为 $N \times 1$ 阶的常数项列向量。则有，Π_1，Π_2，$\cdots$，Π_k 均为 $N \times N$ 阶参数矩阵，U 是要被估计的系数

矩阵，k 是滞后阶数，$u_t \sim IID(0,\Omega)$ 是 $N \times 1$ 阶随机误差列向量，其中，每一个元素都是非自相关的，但是这些元素，即不同方程对应的随机误差项之间可能存在相关，ε_t 是 k 维扰动向量，T 是样本个数。因为 VAR 模型中每个方程的右侧只含有内生变量的滞后项，所以它们与 u_t 是渐近不相关的，可以用 OLS（最小二乘法）法依次估计每一个方程，得到的参数估计量都具有一致性。即使扰动向量 ε_t 存在同期相关，OLS 仍然是有效的，因为所有方程有相同的回归量，其与广义最小二乘法（GLS）是等价的。

本书在使用 VAR 模型进行高铁网络影响都市圈旅游发展评价的后评价时点研究时有如下优点。第一，VAR 模型不以严格的经济理论为依据，确定滞后期之后，VAR 模型能反映出变量间相互影响的绝大部分内容。第二，VAR 模型对参数不施加零约束。也就是说，对无显著性的参数估计值来说，不需要从模型中剔除，且不用分析回归参数的经济意义。

总体来说，本书在使用 VAR 模型评价高铁网络对都市圈旅游发展作用效果的后评价时点时，遵循如下的 VAR 模型实施步骤：一是对指标数据进行平稳性检验，若数据序列不平稳，则继续进行协整检验；二是对指标数据建立 VAR 模型进行分析；三是运用 Granger 因果关系、脉冲响应和方差分解对模型的结果进行实证验证分析（Ozcicek et al.，1999；Lai et al.，2010）。

6.2.3 滞后效应评价的实证分析

1. 数据来源

本书使用 2006～2019 年河南 18 个城市构成的都市圈的面板数据，共 252 个样本，数据主要源于《国民经济与社会发展公报》《中国铁道年鉴》，河南省统计局以及各城市统计部门官方网站。

2. 评价实施

（1）平稳性检验。很多经济变量具有跟随时间发生变化的特征，在建立经济变量模型时，要求变量具有平稳性。若变量序列不具有平稳性，则所建模型往往会出现虚假回归的现象，造成研究结果出现偏差。所以，在评价实施前，有必要进行单位根的平稳性检验。一般来说，单位根经过一阶差分后时间序列变成平稳序列，这个序列被认为是一阶单整序列，如果是经过 d 阶差分之后成为平稳序列，且（$d-1$）次差分为不平稳序列，则为 d 阶单整序列。单位根检验的方程为：

$$\nabla y_t = \gamma y_{t-1} + \xi_1 \nabla y_{t-1} + \xi_2 \nabla y_{t-2} + \cdots + \xi_{p-1} \nabla y_{t-p+1} + \varepsilon_t$$

$$(6-6)$$

检验假设为：H_0：$\gamma = 0$，H_1：$\gamma < 0$

根据上一节提出的指标，首先，通过对 X 和 Y 两个指标的原始数据序列趋势图进行对比，发现在 2010 年之后，两个变量的增长趋势具有一致性（见图 6-6），说明两个变量的发展存在依赖关系。

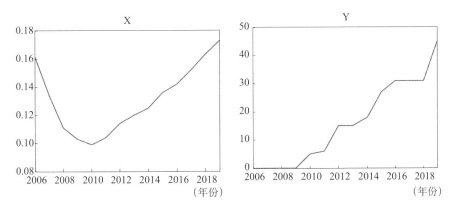

图 6-6　X 和 Y 两个变量的原始数据序列

随后，通过 Eiews6.0 软件中的单位根检验方法（unit root test method）做 ADF 平稳性检验。经检验，都市圈旅游经济发展水平（X）和高铁站点数（Y）两个指标进行一阶差分之后为平稳序列，见表 6-1 和表 6-2。

表 6-1　　　　　　　　　　　指标数据的平稳性检验（X）

		t-Statistic	Prob.
Augmented Dickey-Fuller test statistic		-2.375070	0.0225
Test critical values：	1% level	-2.771926	
	5% level	-1.974028	
	10% level	-1.602922	

表 6 - 2   指标数据的平稳性检验（*Y*）

Augmented Dickey-Fuller test statistic		t-Statistic	Prob.
		- 3. 701021	0. 0021
Test critical values:	1% level	- 2. 847250	
	5% level	- 1. 988198	
	10% level	- 1. 600140	

X 指标的 *t* 检验统计量 t-Statistic = - 2.375070，小于显著性水平为 5%
的临界值 - 1.974028，表明一阶差分之后的序列为平稳序列。

Y 指标的 *t* 检验统计量 t-Statistic = - 3.701021，小于显著性水平为 1%
的临界值 - 2.847250，表明一阶差分之后的序列为平稳序列。

结果表明，*X* 和 *Y* 两个指标进行一阶差分之后，在 95% 的置信区间内
拒绝原假设，即非平稳序列 *X* 和 *Y* 经过一阶差分后不存在单位根，为平稳
序列。虽然，经过一阶差分后的非平稳变量序列通过平稳性检验，但这只
能说明具有平稳性的变量数据反映的是增量之间的关系，不能直接用于经
济意义的解释。此时，还需要对变量序列进行协整检验，来检验变量之间
是否具有长期的均衡关系。

表 6 - 3 中的数据表明，两个变量都通过了协整检验，说明在 0.05 的
显著性水平下不存在协整向量的原假设被拒绝，可建立向量自回归模型。

表 6 - 3   Johansen 协整检验

Unrestricted Cointegration Rank Test（Trace）				
Hypothesized No. of CE（s）	Eigenvalue	Trace Statistic	0.05 Critical Value	Prob. **
None*	0. 722498	14. 42551	12. 32090	0. 0219
Atmost1	0. 029054	0. 324325	4. 129906	0. 6312
Unrestricted Cointegration Rank Test（Maximum Eigenvalue）				
Hypothesized No. of CE（s）	Eigenvalue	Max-Eigen Statistic	0.05 Critical Value	Prob. **
None*	0. 722498	14. 10118	11. 22480	0. 0152
Atmost1	0. 029054	0. 324325	4. 129906	0. 6312

注：追踪检验表明，在 0.05 水平上存在 1 个协整方程；* 表示在 0.05 水平上拒绝该假设，
** 表示麦金农 - 豪格 - 米歇尔检验（Mackinnon-Haug-Michelis）（1999 年提出）的 p 值小于 0.01，
处于高度显著水平。

（2）VAR（k）模型的构建。VAR（k）模型的一般表示形式如下：

$$y_t = A_1 y_{t-1} + \cdots + A_k y_{t-k} + B_1 x_1 + \cdots + B_r x_{t-r} + \varepsilon_t \qquad (6-7)$$

其中，y_t 是 m 维度向量，x_t 是 d 维向量，$A_1, \cdots, A_k$ 与 $B_1, \cdots, B_r$ 是待估矩阵，ε_t 是随机干扰项。

在建立 VAR 模型时，首先，分析模型滞后的阶数，如果内生变量存在 k 阶滞后，需建立 k 阶滞后模型 VAR（k）。在建立 VAR（k）模型时期望滞后阶数 k 的值越大越好，k 值越大模型越能准确描述内生变量间的动态特征。但是，受模型自由度限制，k 值并不能无限增大，当 k 值的增大使模型自由度明显减少并产生不利影响时，需要寻找自由度与 k 值的折中值。本书选择 AIC 和 SC 信息量取值最小准则来确定 VAR（k）中的 k 值，计算公式如下：

$$\begin{cases} \text{AIC} = -2l/n + 2k/n \\ \text{SC} = -2l/n + k\log n/n \end{cases} \qquad (6-8)$$

其中，$k = m(rd + pm)$ 是待估参数数目，n 是观测值数目，且有：

$$l = -\frac{mn}{2}(1 + \log 2\pi) - \frac{n}{2}\log\left[\det\left(\sum \hat{\varepsilon}\varepsilon'/n\right)\right] \qquad (6-9)$$

对于有 2 个变量的经济系统，要拟合一个不含截距的 VAR（k）模型，待估参数共有 $n^2 p$ 个，n 是内生变量数。此处以 AIC 和 SC 作为选择模型滞后阶数的标准，通过多次尝试，将模型最大滞后阶数定为 3，分别计算 Lag = 0、1、2、3 时 AIC 和 SC 的取值，用 Eviews6.0 计算的值见表 6 - 4。

表 6 - 4　　　　　　　　VAR 模型的滞后阶数的选择标准

Lag	logL	LR	FPE	AIC	SC	HQ
0	- 3.765437	NA	0.009789	1.048261	1.120606	1.002658
1	18.55335	32.46369 *	0.000360	- 2.282427	- 2.065393	- 2.419237
2	24.47700	6.462163	0.000285 *	- 2.632182 *	- 2.270459 *	- 2.860197 *
3	27.84023	2.445985	0.000440	- 2.516405	- 2.009993	- 2.835627

注：＊表示根据标准的滞后顺序；LR：顺序修改的 LR 检验统计量（每次检验在 5% 水平）；FPE：最终预测误差；AIC：赤池信息准则；SC：施瓦茨信息准则；汉南 - 奎因信息准则。

由 AIC、SC 以及 HQ 的取值可知，当 Lag = 2 时，AIC、SC 以及 HQ 的

取值最优。因此，本书建立 VAR（2）的模型如下：

$$X = 0.9312113 \times X(-1) - 0.3679549 \times X(-2) + 4.877494e$$
$$- 05 \times Y(-1) + 0.0008321 \times Y(-2) + 0.0469005 \quad (6-10)$$

$$Y = 807.931489 \times X(-1) - 547.617981 \times X(-2)$$
$$- 0.0165561 \times Y(-1) + 0.335264Y(-2) - 17.91683 \quad (6-11)$$

确定 VAR（2）模型后，还需要对模型的稳定性进行检验，以保证结果是有效的，否则将导致脉冲响应函数无法收敛。当模型中所有的根模都在单位圆内，即根模倒数都小于 1，则认为模型是稳定的。通过根模的视图可以判断模型的稳定性，由图 6 - 7 可知，所有的 Modulus 取值点落在了单位圆的内部，即说明 VAR（2）模型是稳定的。

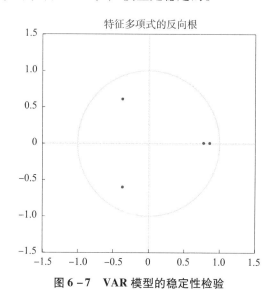

图 6 - 7　VAR 模型的稳定性检验

在完成以上检验后，为保证模型是最优的，需对模型残差进行检验。模型残差检验的主要思想是每一个残差序列都近似于白噪声，得到白噪声序列，则说明时间序列中有用的信息已经被提取完毕了，剩下的全是无法预测和使用的随机扰动。如果残差序列通过了白噪声检验，则建模可以终止，此时没有信息可以继续提取。如果残差不是白噪声，说明残差中包含有用的信息，需要修改模型或进一步提取信息，得到的结果见表 6 - 5。

表 6-5　　　　　　　　　　　　VAR 模型的白噪声检验结果

Autocorrelation	Partial Correlatioin		AC	PAC	Q-Stat	Prob.
		1	-0.251	-0.251	0.9037	0.342
		2	-0.448	-0.546	4.0992	0.129
		3	0.067	-0.372	4.1798	0.243
		4	0.194	-0.299	4.9481	0.293
		5	0.113	-0.024	5.2504	0.386
		6	-0.298	-0.292	7.7838	0.254
		7	-0.019	-0.244	7.7973	0.351
		8	0.300	-0.051	12.089	0.147
		9	-0.193	-0.355	14.757	0.098
		10	0.036	-0.056	14.945	0.134

由表 6-5 中数据可知，所有的 Prob 值都大于 0.05，说明残差中已经没有有用的信息，剩下的全是随机扰动，模型不需要进一步修改，可以对模型中变量的因果关系进行分析。

（3）Granger 因果关系检验。虽然，VAR（2）模型通过了稳定性检验，可以对其进行脉冲响应分析。但是在此之前，需要先进行 Granger 因果关系检验。Granger 因果关系具有检验某个经济变量的所有滞后项对其他经济变量当期值影响程度的能力。因此，模型中 Granger 因果关系主要解释说明某个变量是否具有增强对其他相关经济变量的预测能力（Khan et al.，2005）。在时间序列情形下，将 X 和 Y 之间的格兰杰因果关系定义为：若在包含了变量 X 和 Y 的过去信息的条件下，对变量 X 的预测效果要优于只单独由 X 的过去信息对 X 进行的预测效果，即变量 Y 有助于解释变量 X 的将来变化，则认为变量 Y 是引致变量 X 的格兰杰原因。Granger 因果检验的原假设：Y 不是 X 的 Granger 原因，输出检验的 F 统计量、P 值以及 Hypothesis 值。其中，Hypothesis 为 1 表示接受原假设，0 表示拒绝原假设。使用 Eviews 6.0 进行 Granger 检验，结果见表 6-6。

表 6-6　　　　　　　　　　　Granger 因果检验结果

滞后阶数为 2				
零假设	Obs	F-Statistic	Prob.	结论
Y 不是 X 的 Granger 原因	12	4.20547	0.0063	拒绝
X 不是 Y 的 Granger 原因		2.52057	0.1498	接受

注：Granger 因果关系检验的置信水平为 5%.

由表 6-6 中的计算结果可知，变量 Y 是变量 X 的 Granger 原因，说明变量 X 和 Y 之间存在显著的因果关系，即高铁站点数的增多是促使都市圈旅游经济发展水平提升的 Granger 原因。下文将使用脉冲响应函数、方差分解来对其因果关系进行分析。

（4）脉冲响应函数。VAR 模型脉冲响应函数通过描述内生变量的变动轨迹点来反映随机扰动对变量自身和其他变量的影响过程，以及对模型动态结构的传递效应（Hall，2007）。

图 6-8 揭示了 X 和 Y 对各变量的脉冲响应，横轴代表跟踪期数（共10 期），纵轴表示因变量对各变量响应的大小。

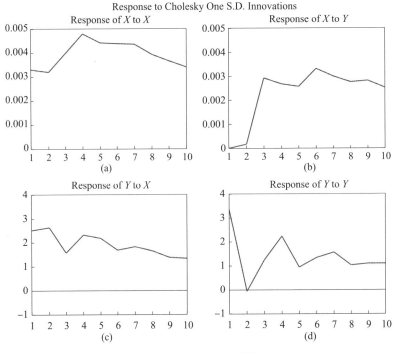

图 6-8　脉冲响应函数

从图 6-8 中可以看到，图中实线表示单位脉冲冲击的脉冲响应函数的时间路径。图 6-8（a）表示变量 X 对自身响应函数的时间路径，其脉冲响应在第 1、2 期下降，在第 3、4 期上升，在第 5 期之后又出现了下降。但是，X 变量对自身的响应路径一直为正，说明都市圈旅游经济发展水平的提升会引起后面各时期都市圈旅游经济发展水平的提升，其增长的弹性系数虽稳定却不高。

图6-8（b）为 X 对 Y 的冲击，Y 的脉冲响应函数始终为正值，时间路径在第1、2、3期上升，在第4、5期下降，第6期上升，在第7期以后又出现了下降。但从图中数据可知，脉冲影响微小，各时期脉冲影响几乎为0，说明都市圈旅游经济发展水平的增长对后面各时期高铁站点数量增加的影响微乎其微。

图6-8（c）为 Y 对 X 的冲击，X 的脉冲响应函数为正值，响应路径呈现整体下降的趋势。在第1期上升，第2、3期下降，第4期又开始上升，在第5期之后处于下降水平，但是，下降幅度很小，且脉冲影响始终为正值。说明高铁站点数量的增加会促进都市圈旅游经济发展水平的提升，但是这种影响作用并不是一直增长的，会在增长到一个最大值之后呈现出稳定影响或者微弱下降的趋势。因此，如何寻找影响作用最大的时间点来评价高铁网络对都市圈旅游经济发展的影响，是我们研究的重点。

图6-8（d）为 Y 对自身脉冲响应函数的时间路径，除第二期外，响应路径均为正，脉冲影响有升有降，最后趋于稳定，说明高铁站点数量的增长对后面各时期高铁站点数量增长的影响不稳定且不显著。

（5）方差分析。方差分解能够给出随机干扰项的相对重要信息。本书利用 Eviews6.0 软件得到了 X 和 Y 两个时间序列的方差分解的图形输出结果（见表6-7）。

表6-7　　　　　　　　　　　　方差分解结果

| Variance Decomposition of X | | | | Variance Decomposition of Y | | | |
期数	S. E.	X	Y	期数	S. E.	X	Y
1	0.003309	100.0000	0.000000	1	0.041813	36.04402	63.95598
2	0.004608	99.87474	0.125262	2	0.049408	54.18319	45.81681
3	0.010105	78.00785	21.99215	3	0.066729	59.06820	41.93180
4	0.011508	74.72134	25.27866	4	0.070135	59.36694	41.63306
5	0.014320	71.66696	28.33304	5	0.078684	59.28536	40.71464
6	0.014935	71.09620	28.90380	6	0.080562	59.31001	40.68999

Variance Decomposition of *X*				Variance Decomposition of *Y*			
期数	S. E.	*X*	*Y*	期数	S. E.	*X*	*Y*
7	0.015411	70.66422	29.33578	7	0.081867	59.53735	40.46265
8	0.015801	70.24521	29.75479	8	0.082897	59.57381	40.42619
9	0.016106	69.96947	30.03053	9	0.083765	59.59372	40.40628
10	0.016342	69.75560	30.24440	10	0.084397	59.55534	40.34466

表 6 - 7 分别对 *X* 和 *Y* 的预测方差按成因进行了分解，描述了冲击在变量 *X* 与 *Y* 的动态变化中的相对重要性。其中，S. E. 列的值表示因变量预测的方程误差标准差，其余各列为方程信息对其贡献度，追踪期数为10。可以预见，都市圈旅游经济发展水平的波动在第一期只受自身的影响，从第二期开始，来自自身的扰动逐渐下降，并逐渐趋于在一个稳定值上下波动。都市圈旅游经济发展水平对高铁站点数量的影响从第 1 期的 0 开始增长，并逐渐趋于稳定。高铁站点数量对都市圈旅游经济发展水平的影响较为显著，第 1 期的影响为 36.04402%，第 2 期增加到了54.18319%，增长幅度较大，说明高铁站点数量的增加在短期内对都市圈旅游经济发展的贡献较大。随后，在第 3 期也有一定幅度地增加，达到59.06820%，并逐渐趋于稳定，维持在 59%。由此说明，从第 3 期开始，高铁网络站点对都市圈旅游经济发展水平的影响已经逐步趋于稳定，在这一个时期对其产生的贡献价值进行评价时，评价结果最接近真实值。因此，我们认为，在评价高铁对都市圈旅游业发展影响的贡献价值时，应该以高铁开通运营后的第 3 年作为评价时点，这样最终得到的评价结果才能更精确、更真实。

3. 实证结果分析

本书以 2006 ~ 2019 年的旅游经济发展水平和高铁站点数的时间序列数据为基础，运用单位根检验、协整检验、脉冲响应分析、方差分解、VAR模型等计量经济学方法，实证分析了高铁网络对都市圈旅游发展水平提高的影响，并计算得出，在高铁开通并运行的第 3 年，是评价高铁网络对都市圈旅游经济发展水平提升贡献的最佳评价时点。

此外，实证分析中的脉冲响应结果表明，高铁站点数量的增加会促进都市圈旅游发展水平的提升，但是都市圈旅游发展水平的增长对后面各时期高铁站点数量增加的影响微乎其微，甚至可以忽略。方差分析的结果表明，高铁网络在促进都市圈旅游发展水平的提升时具有一定滞后性，其产生的效应将在高铁开通运行后的一段时间对都市圈旅游发展产生持续影响。该结论显示，在研究高铁促进都市圈旅游发展时，合理选择后评价时点的必要性，对旅游行业借助高铁强大的运输能力针对性制定发展方案，以及评价高铁网络对都市圈旅游业发展的贡献等具有重要参考价值。

6.3　高铁网络对都市圈旅游发展的贡献效应

已有研究成果认为，高铁网络的旅游区位效应和"小时旅游圈"凸显的"同城效应"带动了旅游业的腾飞。比如，高铁时空压缩效应能促使游客出游半径相对于未开通时提高 2～3 倍，引致旅游空间结构及出行行为的改变（Kaul，2011）。由此说明，高铁网络时代距离不再是影响游客选择出行目的地的重要因素，交通之于旅游也不再是简单的运输工具，旅游空间结构正在发生变化，高铁网络与都市圈旅游发展之间相互促进，让高铁沿线城市看到了旅游发展新机遇，开始大力发展旅游业。此时，受高铁网络的影响，游客出游过程中的动态流动空间范围被改变，特别是高铁旅游带的形成直接改变了目的地之间、客源地与目的地之间的旅游区位，改变了旅游空间配置并影响游客出行决策，致使"旅游+高铁"逐渐成为研究的焦点与热点。此时，由高铁引起的旅游市场和旅游行为变革吸引了学者的广泛关注，并提出了较多研究成果。比如，有学者将旅游收入、旅游时间成本、游客数量、旅游资源点所在城市的经济水平等作为评价高铁网络对旅游发展贡献的主要指标，并进行贡献价值的测算评价，使得该领域内容不断成为研究的热点与焦点。但是，高铁网络对促进都市圈旅游发展具有怎样的贡献价值，都市圈旅游产业如何依托高铁网络化带来的优势进行产业优化等，相关研究仍然需要加强，本节将对该问题进行阐述和解释。参考上文的研究范式，此处仍然以郑州都市圈及河南省内其他已经开通高铁线路的城市为研究样本，以河南省内的"米"字形高铁网络为例，评价高铁网络对都市圈旅游发展的贡献效应。

6.3.1 研究对象与评价指标

1. 研究对象的选择与描述

由上一节提出的滞后效应分析结果可知，由于高铁网络对旅游业发展影响效应的充分发挥存在一定的滞后性，在研究高铁网络对都市圈旅游的贡献时对数据的选择有较高的要求。例如，对于郑万高铁、郑合高铁等刚开通的高铁线路来说，由于高铁开通时间短，对旅游发展影响的数据并没有统计，或者说高铁对旅游发展的影响效果还未真正显现出来，为保证研究结果的可靠性、正确性和真实性，不能将这些地区的数据用于本书。基于此，根据上一节关于滞后效应的研究结果，即在高铁开通并运行的第3年，是评价高铁网络对都市圈旅游经济发展水平提升贡献的最佳评价时点；同时，考虑到在将郑州作为圈内核心城市进行研究时，其高铁网络中的主干线全部开通时间是在2015年（2015年徐兰高铁郑徐段开通，即"四纵四横"高铁网络中有"一纵""一横"两条骨干线路途经郑州）。最终，为保证研究结果的真实准确性，本书在研究时以2018年作为评价的最佳时间。此外，通过参考河南省内高铁线路的开通时间可知，2010年，徐兰高郑正西段开通；2012年，京广高铁郑武段和郑京段开通；2015年，郑焦城际高铁开通；2015年，徐兰高铁郑徐段开通。自此，河南"米"字形高铁网络的雏形基本显现，上述高铁线路的开通时间均符合上一章滞后性对时间节点提出的要求。随后，在这些高铁线路经过的城市中进行筛选，将最终的研究对象确定为：郑州、焦作、三门峡、鹤壁、洛阳、开封、商丘、安阳、新乡、许昌、漯河、驻马店、信阳共13座城市。在对这些地区的旅游资源进行统计分析之后发现，以上地区不仅拥有发达的高铁网络，更拥有富足的旅游资源，且其旅游资源呈现出如下特征。

一是上述城市中所拥有的旅游资源丰富，以上地区的资源涵盖国家旅游资源分类中的8大主类和31个亚类，几乎涉及了全部旅游资源的基本类型，具有国际级影响潜力的旅游资源超过 30 处，具有全国性影响潜力的旅游资源超过 60 处，具有区域性影响潜力的旅游资源有 100 处。二是上述地区旅游资源分布区域特色明显，且资源存量规模较大、类型较丰、影响较深，涵盖了红色、绿色、蓝色、古色等多种形态的旅游资源。三是上述地区的区位优势明显，占据"天下之中"的旅游区位集散优势，与长三角、珠三角和成渝城市群相距 1000 公里左右，与京津唐、长株潭城市群、昌九城市走廊和武汉城市群相距 500 公里左右，受益于高铁网络的大交通运输特征，使其拥有得天独厚的客源市场进入优势。四是上述地区的旅游资源在空间层面呈现"人文与自然""山岳与水体"等类型和空间组合态势。无论是旅游发展的宏观层面还是微观层面，上述城市在中国旅游城市圈的形成和发展过程中都扮演着重要角色，具有很强的代表性，所以，为了更好地研究高铁对都市圈旅游发展的贡献作用，本书选择以郑州为核心城市的都市圈为研究对象。

2. 评价指标选取与数据采集

为了更准确地描述高铁与都市圈旅游发展之间的关系，在遵循全面性、可操性、可比性等原则的基础上，参考高铁与旅游发展的相关研究成果，提取表征性较强的指标。吉沃尼（Givoni，2006），梁雪松、王河江（2010），黄爱莲（2011）等在研究二者之间的关系时，主要集中探讨了高铁网络对旅游经济产业发展及其服务能力的影响。他们认为，高铁网络的旅游区位效应和"小时旅游圈"凸显的"同城效应"带动了经济的腾飞，并将经济发展作为评价高铁对旅游业贡献的主要指标之一。此外，还有研究者指出，高铁网络促使旅游的时间成本降低，在改变游客量的同时引发了旅游空间格局的变化，极大地提升了旅游目的地游客数量和旅游收入水平（Byung-Wook and Choy，1993；王洁、刘亚萍，2011；殷平，2012）。与此同时，高铁运输的快速性特征强烈影响了游客的出游意愿，城市是否开通高铁以及高铁的运营里程等都影响了旅行的可达性，进而影响旅游流量及旅游收入（Gutiérrez，2001；Sean Randolph，2008；宫斐，2016；陈方、李俊芳等，2016；汪德根，2016）。

155

也有研究指出，高铁对旅游收入的影响十分显著。比如，美国加州的高铁通过刺激游客量增加推动了当地各类休闲娱乐设施的发展，提高了旅游收入，增加了就业率，促进了经济发展（Sean Randolph，2008）。英国在实现高铁网络全覆盖后，得益于高铁网络运量大、速度快等优势，帮助其中西部地区从商务旅游中获取了较为可观的收益，并借助世界级体育赛事、国家博览中心等大力发展体育旅游、商务旅游，并获得了66亿英镑的收入；同时，也为其国民经济发展提供了11.5万个就业岗位（Banister，Berechman，2005；David Frost，Jim Steer，2009）。法国高铁开通之后，在很大程度上推动了商务旅游的快速增长和经济的持续发展。据统计，仅1997年，法国旅游总收入的20%来源于法国的高铁南线，由于该线路拉近了里昂与巴黎之间的距离，也促使里昂接待的商务旅游收入是普通旅游收入的4倍（Gakenheimer，1999；Sophie Masson，Romain，2009）。可见，高铁网络的强势影响给城市发展注入了新经济活力，不论是经济发展还是旅游收入，较之以前都发生了重大变化。不仅如此，高铁对城市旅游人数的影响也是显著的，比如，瑞典 Svealand 高铁线开通之后，其舒适的乘车环境、低廉的票价及节约旅行时间等特点吸引了大量游客，从埃斯基尔斯蒂纳（Eskilstuna）和斯特兰奈斯（Strangnas）出发去斯德哥尔摩旅游的人数稳步增加，增长速度由高铁开通前的14%增加到开通后的20%（Oskar，2005）。日本东海道新干线开通后，来访游客每年呈现约1%的增长率，而长野新干线开通后的第一年，游客数量较前一年增长了近50%，且此后一直处于持续增长状态（陈才，2011）。不仅如此，日本东北新干线的开通，更是拉近了日本东北部旅游景点与游客的距离，刺激了游客去东北部旅行的欲望，呈现出新干线旅游的"廊道效应"（林上，2011）。南非约翰内斯堡和比勒陀利亚的高铁开通之后，增强了两地及沿线城市游客的出游欲望，每天输送的游客数量接近6万人次（Ronnie，2006）。

　　基于上述已有研究成果，结合都市圈旅游与都市圈旅游之间的共性特征，本书认为高铁网络对都市圈旅游发展影响的明显之处主要体现在收入、游客量、经济发展（增加了就业率）、出游方式等层面。因此，结合旅游产业的主要特征及其与都市圈经济的关联性，本书将表示都市圈旅游发展的指标设定为都市圈旅游收入（X_1，单位：亿元）、都市圈旅游人数（X_2，单位：万人次）和都市圈 GDP（X_3，单位：亿元）。

对指标作出以下解释。一是都市圈旅游收入。是指该都市圈在一定时期内通过销售旅游产品而获取的全部收入，作为一项表征旅游业发展的综合性指标，它在很大程度上反映了都市圈旅游业发展的总体规模及发达程度。二是都市圈旅游人数。是反映都市圈旅游业发展水平最直观的指标，单位时间内的旅游人数越多则说明该都市圈的旅游发展水平越好。三是都市圈旅游收入与都市圈经济生产总值之间存在长期的显著正相关性，二者之间具有长期均衡关系且互为 Granger 成因（段玉，2009）。

6.3.2　方法选择与模型构建

1. 研究方法选择

目前，关于贡献率测评的研究方法及成果较多，比如，柯布—道格拉斯生产函数（以下简称 C－D 生产函数法）（陈江龙等，2004）、索洛余值法（Chen and Zhang，2005；Jiang，2011）、双重差分法（Differences-in-Differences，以下简称 DID 法）（翟军、盛建明，1997；Meeusen，Broeck，1977；Brown，2015）、DEA 法（Miller，Upadhyay，2000；Coelli，Rao，2010）、层次分析法（倪小芬等，2012；徐慧玲、苏诚，2012）等都是常用的贡献率测算方法。表6－8详细列出了不同方法的原理、模型、优缺点及适用范围的比较。

由表6－8可知，不同方法受自身特征及使用条件的限制，对研究对象的要求也有所不同。结合本书提取的指标及指标数据特征可知，此类指标既没有比对的对象，也没有投入、产出等方面的指标，此时，"有无对比法"是最适用的测评方法。但是，根据有无对比法的基本思想，须明确项目实施前后的效益，至此本书将 MGM（1，n）灰色系统预测模型和"有无对比法"结合应用，进行贡献率测算（邓聚龙，1986）。

表 6-8　不同贡献率计算方法的比较分析

计算方法	基本原理	基本模型及指标内涵	模型假设	优缺点	适用范围
柯布—道格拉斯生产函数	该方法也被称为 C-D 生产函数法，主要用于描述一定期内，在生产技术保持稳定的情况下，各种生产要素的数量与要素所能生产的最大产出之间的函数关系	其表达式形式为：$Y=A(t)K^\beta L^\alpha\mu$，其中，$Y$ 表示工业总产值，$A(t)$ 是综合技术水平，L 是投入的劳动力（单位是万人或人），K 是投入的资本，α 是劳动力产出的弹性系数，β 是资本产出的弹性系数，μ 表示随机干扰的影响	①假定科技水平或者科技进步速度是常量，且假定了生产函数的具体形式；②假定科技进步为希克斯中性，科技投入要素未体现在技术投入要素中，劳动中，因而科技进步项与资本、劳动等要素在函数形式是分离的	优点：其对数形式为线性函数，属于齐次生产函数，便于判断规模收益类型 缺点：该函数模型反映了工业经济时代的生产力特征，但是不适用于以信息技术为生产要素核心的信息经济时代的生产力发展水平	预测国家和地区的工业系统或大企业的生产力发展，及科技贡献等
索洛余值法	索洛余值法是在 C-D 生产函数法的基础上，通过把时间因素引入到方法中，并在把资本增长和劳动增长对经济增长的贡献剥离以后，将剩余部分归结为广义的技术进步，并最终定量分离出了技术进步在经济增长中的作用	其一般模型为 $a=y-\alpha k-\beta l$，式中，a 为科技进步的年平均增长速度；y 为产出的年平均增长速度；k 为资本的年平均增长速度；l 为劳动者或者广义的增长速度，α 为资本的产出弹性系数，β 为劳动的产出弹性系数	①生产要素仅有资本和劳动，且任何时候资本和劳动都可以得到充分的利用；②技术进步为希克斯所定义的中性技术进步；③市场完全竞争；④生产规模报酬不变，即 $\alpha+\beta=1$	优点：可以定量计算出技术进步、资金和劳动投入的增加对产值增长速度的贡献。 缺点：不适用于生产规模变化的情况；不适用于其他复杂条件的市场结构	一般应用于投入产出、科技进步对经济贡献等方面

续表

计算方法	基本原理	基本模型及指标内涵	模型假设	优缺点	适用范围
数据包络分析法（DEA 法）	DEA 法是一种典型的用以解决多投入、多产出问题的方法。该方法以相对效率概念为基础，通过对投入指标和产出指标的数据进行运算，并根据有效决策单元的情况对同类型单元进行相对有效性或相对效益进行评价	其一般模型为 $$\max h_{j0} = \frac{\sum_{r=1}^{s} u_r y_{r0}}{\sum_{i=1}^{m} v_i x_{i0}}$$ $$\begin{cases} \dfrac{\sum_{r=1}^{s} u_r y_{rj}}{\sum_{i=1}^{m} v_i x_{ij}} \leq 1 \ (j=1,\cdots,n) \\ v_i \geq 0 \ (i=1,\cdots,m), \ u_r \geq 0 \ (r=1,\cdots,s) \end{cases}$$ x_{ij} 表示第 j 单元的第 i 项投入量，y_{rj} 表示第 j 单元的第 r 项产出量，v_i 表示第 i 项投入的权值，u_r 表示第 r 项产出的权值，h_j 表示第 j 决策单元的投入产出比即生产效率	DEA 方法要求所有决策单元的效率取值（即生产效率取值）不超过1。也就是说，对于某一个企业来说，若其生产效率取值为1，则表明相对于其他企业来说，其生产效率是最高的；同理，若生产效率不高的取值小于1，说明企业的投入产出不足有效的，或者说产出效率不高，还有需要提升和优化改进之处	优点：客观性强；不需要考虑指标量纲；计算简便。缺点：研究中所用的指标不尽相同，资本、收益的计算方法也各不相同，因此造成研究结果有一定的随意性，缺乏可比性	一般运用于对生产单位的效率进行评价以及对企业、事业单位和公共服务部门的工作效率进行评价
层次分析法	使用该方法进行计算时，首先要明确决策目标，并根据决策目标的需要把研究对象的各影响因素按照从最高到最低的若干个层次，形成若干个层次；然后，以两两比较的方式建立元素之间的相互关系，得出各元素对问题的重要程度，从而对问题进行决策	通过对问题或研究对象进行深入分析，提炼出相应的因素，并根据这些不同属性将其进行分层，要求同一层的因素从属于上一层的因素，又支配下一层的因素。目标层为最上层因素，通常情况下只包含1个层次，但是它下层因素可以有多个，中间的因素称为决策层或者方案层，最下层可以是1层或者多层，称为准则层。当准则层过多时（如多于9个），应进一步将其分解出多个子准则层	①将复杂的系统逐层分解，使各种因素结构化，进行综合计算；②将经验判断给予定量化，是对行为主观性判断进行合乎逻辑的洞察力和直觉经验，是令今人信服的一种方法	优点：该方法使用简单，通俗易懂；该方法中由于存在一定的主观性，因此不仅适用于那些存在不确定性和具有一定的定性信息的情况，同时，还允许以合乎逻辑的方式运用经验、洞察力和直觉。缺点：不能为决策提供新方案；定量数据较少，定性成分多，不易令人信服；指标过多时数据统计量大，且权重很难以确定	对多目标、多准则、多时期的系统进行评价

续表

计算方法	基本原理	基本模型及指标内涵	模型假设	优缺点	适用范围
双重差分模型	双重差分模型（DID）是通过对一项政策或项目在执行前后所带来的横向单位（cross-sectional）和时间序列（time-series）的双重差异来识别该政策或项目所产生的效益	其表达形式式：$DID = (Y_{1A} - Y_{0A}) - (Y_{1B} - Y_{0B})$；式中 A 表示处理组，B 表示对照组的时期，1 代表实施该政策的时期，0 代表没有实施该政策的时期，Y 为被解释变量，即我们关注的结果变量，DID 是项目实施对"处理组"的净影响	①DID 模型假设在执行过程中对对照组不产生影响，即该政策不受执行影响，假设对照组不受政策或项目的影响，仅处理组受其影响；②DID 模型假设在项目或政策的执行过程中，除项目或政策实施以外的其他外部因素对处理组和对照组的影响情况是一样的；③DID 模型假设处理组和对照组是基本稳定的，其主要特征不会随着时间的变化而发生变化，即在整个执行过程中保持稳定	优点：DID 模型通过将项目或政策执行的"前后差异"和"有无差异"进行有效结合，能在一定程度上规避其他因素的影响；同时，在模型中加入其他可能影响结果变量的协变量，又进一步控制了处理组和对照组中存在的某些可能的影响因素，有利于得到对于政策效果的真实评估；同时，DID 模型在构造时所需满足的前提条件较少，适用范围较广。缺点：由于对照组的选择较为困难，且数据的采集和控制相对困难，因此，该方法不太适用于大规模的调查研究	常被用来评估某一项工程、项目或政策等在执行后所产生的净效应的一种计量经济方法

（1）灰色系统预测模型。与其他预测方法不同，灰色预测方法能够对那些在一定范围内，变化过程符合时间序列的半透明系统进行预测，即灰色预测方法能够对那些既包含已知信息又包含未知信息的系统进行预测，从而预测系统行为特征值的发展变化情况。虽然介于白色系统和黑色系统之间的灰色系统预测过程是模糊的，但仍然是一个有界且有序的系统，保证了得到的数据集合具备潜在规律，此规律便是建立灰色模型进行预测的主要根据。当前，使用最广泛的是只包含一个变量的一阶微分 GM（1，1）模型，该模型是基于随机原始时间序列。但是，GM（1，1）倾向于使用某一个指标的时间序列数据进行分析，对于具有多指标的时间序列数据则无法准确反映指标间的相互影响和制约情况。此时，有学者提出了能够分析多个指标变量之间相互关系的 GM（1，n）模型。虽然，GM（1，n）模型能够有效解决多变量之间相互关系的问题，但不能用于预测。因此，为了既能描述多个变量间的关系又能实现时间序列数据的预测，本书在综合上述不同方法使用的优缺点后，最终选择了只包含多个相关变量的灰色预测模型，即 MGM（1，n）模型。从模型的组成来看，MGM（1，n）模型是 GM（1，1）模型在 n 个指标情况下的推广，但并不是多个 GM（1，1）模型的简单结合，而是将 n 个 n 元微分方程联立求解，在有效反映变量间相互关系的基础上进行预测。

（2）有无对比法。"有无对比法"自提出以来，便广泛应用于公路、水路、铁路等大型建设项目的绩效评价。其主要计算思路为：以项目实施年份为界限，使用该年份之前的若干年的数据来预测此后几年的数据；然后，将预测结果与项目实施之后取得的实际成果进行比较分析，可得出项目实施产生的贡献。"有无对比法"在研究高铁网络对都市圈旅游业发展贡献时的基本应用思路如图 6 - 9 所示。

图 6 - 9 中，Y 轴表示都市圈旅游业的发展情况，T 轴表示时间；$\triangle t1$ 表示都市圈高铁网络形成之前的时间，$\triangle t2$ 表示都市圈高铁网络形成之后的时间，$\triangle Y1$ 表示在 $\triangle t1$ 时间段内都市圈的旅游发展情况，$\triangle Y2$ 表示在 $\triangle t2$ 时间段内高铁路网对都市圈旅游发展的贡献效应。

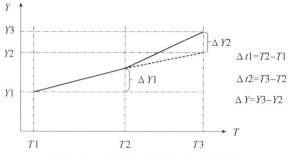

图 6 – 9 "有无对比法"的应用思路

根据上述两种方法的基本原理，本书在研究过程中，首先，使用 MGM（1，n）灰色系统预测模型对指标数据进行拟合，得到相应时间段内的预测值；然后，结合"有无对比法"，测评高铁网络对都市圈旅游发展的贡献。

2. 评价模型的构建

根据 GM（1，1）模型的一般形式进行演化，通过以下步骤实现 MGM（1，n）模型的构建。设变量 $X_i^{(0)}(k)_i$，$i = 1, 2, \cdots, n$ 为 n 个灰色时间序列，$X_i^{(1)}(k)$，$i = 1, 2, \cdots, n$ 为 $X_i^{(0)}(k)_i$ 进行一次累加后生成的时间序列。则有：

$$\left. \begin{array}{l} X_i^{(1)}(k) = \sum_{p=1}^{k} X_i^{(0)}(p) \\ p = 1, 2, 3, \cdots, m \end{array} \right\} \tag{6–12}$$

根据 MGM（1，n）模型的定义，可得到相应的 n 元一阶微分方程组，如下：

$$\begin{cases} \dfrac{dX_1^{(1)}}{dt} = B_{11} X_1^{(1)} + B_{12} X_2^{(1)} + B_{13} X_3^{(1)} + \cdots + B_{1n} X_n^{(1)} + C_1 \\[2mm] \dfrac{dX_2^{(1)}}{dt} = B_{21} X_1^{(1)} + B_{22} X_2^{(1)} + B_{23} X_3^{(1)} + \cdots + B_{2n} X_n^{(1)} + C_2 \\[2mm] \qquad\qquad \vdots \\[2mm] \dfrac{dX_n^{(1)}}{dt} = B_{n1} X_1^{(1)} + B_{n2} X_2^{(1)} + B_{n3} X_3^{(1)} + \cdots + B_{nn} X_n^{(1)} + C_n \end{cases}$$

$$\tag{6–13}$$

记：

$$\begin{cases} X^{(0)}(k) = \left[X_1^{(0)}(k), X_2^{(0)}(k), \cdots, X_n^{(0)}(k) \right]^T \\ X^{(1)}(k) = \left[X_1^{(1)}(k), X_2^{(1)}(k), \cdots, X_n^{(1)}(k) \right]^T \end{cases} \tag{6–14}$$

$$B = \begin{bmatrix} B_{11} & B_{12} & \cdots & B_{1n} \\ B_{21} & B_{22} & \cdots & B_{2n} \\ \vdots & \vdots & \ddots & \vdots \\ B_{n1} & B_{n2} & \cdots & B_{nn} \end{bmatrix}$$

$$C = \begin{bmatrix} C_1 & C_2 & C_3 & \cdots & C_n \end{bmatrix}^T$$

则可将 n 元一阶微分方程进行简化，简化结果如下：

$$\frac{\mathrm{d}X^{(1)}}{\mathrm{d}t} = BX^{(1)} + C \tag{6-15}$$

上式（4）的连续时间响应为：

$$X^{(1)}(t) = e^{Bt}X^{(1)}(0) + B^{-1}(e^{Bt} - I) \times C \tag{6-16}$$

其中，

$$e^{Bt} = I + \sum_{k=1}^{\infty} \frac{B^k}{k!} \times t^k \tag{6-17}$$

其中，B 和 C 是模型的辨识参数，B 的值可以反映出原始数据序列中的数据关系，C 的值表示模型的预测精度（石世云，1998）。B 和 C 的取值可用最小二乘估计得到，为了识别 B 和 C 的值，将 n 元一阶微分方程进行离散化处理，得到以下结论。

$$\begin{cases} X_i^{(0)}(k) = \sum_{p=1}^{n} \frac{B_{ip}}{2}\left[X_p^{(1)}(k) + X_p^{(1)}(k-1)\right] + C_i \\ B_i = (B_{i1}, B_{i2}, B_{i3}, \cdots, B_{in}, C_i)^T \\ i = 1, 2, 3, \cdots, n \\ k = 2, 3, 4, \cdots, m \end{cases} \tag{6-18}$$

可得到 B_i 的辨识值如下：

$$\begin{cases} \overline{B_i} = \begin{bmatrix} \overline{B_{i1}} \\ \overline{B_{i2}} \\ \vdots \\ \overline{B_{in}} \\ \overline{C_i} \end{bmatrix} = (L^T \times L)^{-1} \times L^T \times Y_i \\ i = 1, 2, 3, \cdots, n \end{cases} \tag{6-19}$$

163

其中，

$$L = \begin{bmatrix} \frac{1}{2}\left[X_1^{(1)}(2) + X_1^{(1)}(1)\right], \frac{1}{2}\left[X_2^{(1)}(2) + \\ X_2^{(1)}(1)\right], \cdots, \frac{1}{2}\left[X_n^{(1)}(2) + X_n^{(1)}(1)\right], 1 \\ \frac{1}{2}\left[X_1^{(1)}(3) + X_1^{(1)}(2)\right], \frac{1}{2}\left[X_2^{(1)}(3) + \\ X_2^{(1)}(2)\right], \cdots, \frac{1}{2}\left[X_n^{(1)}(3) + X_n^{(1)}(2)\right], 1 \\ \vdots \\ \frac{1}{2}\left[X_1^{(1)}(m) + X_1^{(1)}(m-1)\right], \frac{1}{2}\left[X_2^{(1)}(m) + \\ X_2^{(1)}(m-1)\right], \cdots, \frac{1}{2}\left[X_n^{(1)}(m) + X_n^{(1)}(m-1)\right], 1 \end{bmatrix}$$

$$Y_i = \left[X_i^{(0)}(2), X_i^{(0)}(3), X_i^{(0)}(4), \cdots, X_i^{(0)}(m)\right]$$

由此，可得到 B 和 C 的辨识值，记为：$\overline{B}$ 和 $\overline{C}$，则有：

$$\overline{B} = \begin{bmatrix} \overline{B_{11}} & \overline{B_{12}} & \cdots & \overline{B_{1n}} \\ \overline{B_{21}} & \overline{B_{21}} & \cdots & \overline{B_{2n}} \\ \vdots & \vdots & \ddots & \vdots \\ \overline{B_{n1}} & \overline{B_{n2}} & \cdots & \overline{B_{nn}} \end{bmatrix}, \quad \overline{C} = \begin{bmatrix} \overline{C_1} \\ \overline{C_2} \\ \vdots \\ \overline{C_n} \end{bmatrix}$$

基于以上结果，构建 MGM（1，n）模型的计算方程如下：

$$\begin{cases} \overline{X^{(1)}}(k) = e^{\overline{B}(k-1)}X^{(1)}(1) + B^{-1}(e^{\overline{B}(k-1)} - I) \times \overline{C}, k = 1, 2, 3, \cdots \\ \overline{X^{(0)}}(1) = X^{(0)}(1) \\ \overline{X^{(0)}}(k) = \overline{X^{(1)}}(k) - \overline{X^{(1)}}(k-1), k = 2, 3, \cdots \end{cases}$$

$$(6-20)$$

由上式可知，当 $k = 1$ 时，MGM（1，n）模型等同于 GM（1，1）模型；当常量 $C = 0$ 时，MGM（1，n）模型可视为由 n 个 GM（1，n）模型组合得到。因此，由以上公式及其推导过程可知，MGM（1，n）模型兼具了 GM（1，1）模型和 GM（1，n）模型的优点，能用于构建多个变量的预测模型。由此，可将上文提出的指标变量做如下转换：①将都市圈旅游收入指标（X_1）的实际值作为序列 $X_1^{(0)}$；②将都市圈旅游人数指标（X_2）的实际值作为序列 $X_2^{(0)}$；③将都市圈 GDP 指标（X_3）的实际值作为序列 $X_3^{(0)}$。

首先，根据上述分析，可构建 $X_1^{(0)}$，$X_2^{(0)}$，$X_3^{(0)}$ 的 MGM（1，3）模型，分别建立 $X_1^{(0)}$，$X_2^{(0)}$，$X_3^{(0)}$ 的 GM（1，1）模型；其次，对指标数据进行拟合，得出该段时间内的指标预测值；最后，通过分析均方差比值和小误差概率，对模型精度进行检验。

6.3.3　贡献效应的实证分析

1. MGM（1，n）模型预测

基于前文的研究结果，此处仍然以郑州都市圈及河南省内其他已经开通高铁线路城市为对象，并根据上文设置的指标，采集指标数据，见表 6 - 9。

表 6 - 9　　　　　　　　　河南部分城市的指标数据汇总

年份	$X_1^{(0)}$ 都市圈旅游收入（亿元）	$X_2^{(0)}$ 都市圈旅游人数（亿人次）	$X_3^{(0)}$ 都市圈 GDP（亿元）
2006	894.91	1.13	10731.50
2007	1164.28	1.47	12964.94
2008	1370.31	1.73	15070.08
2009	1708.78	2.01	16674.99
2010	1975.90	2.22	21009.26
2011	2412.57	2.64	23446.75
2012	2894.02	3.13	25655.22
2013	3336.81	3.54	27917.06
2014	3760.09	3.95	30306.34
2015	4335.38	4.47	32096.36
2016	4962.86	5.02	34846.39
2017	5812.77	5.73	38734.67
2018	6991.50	6.77	41375.36

资料来源：2006～2018 年河南各地市国民经济和社会发展统计公报。

对表 6 - 9 中的数据进行一次累加，生成新的序列值，见表 6 - 10。

表 6 - 10　　　　　　　　　一次累加之后得到的序列值

年份	$X_1^{(1)}$ 都市圈旅游收入（亿元）	$X_2^{(1)}$ 都市圈旅游人数（亿人次）	$X_3^{(1)}$ 都市圈区域 GDP（亿元）
2006	894.91	1.13	10731.50
2007	2059.19	2.60	23696.44
2008	3429.50	4.33	38766.52
2009	5138.28	6.34	55441.51
2010	7114.18	8.56	76450.77
2011	9526.75	11.20	99897.52
2012	12420.77	14.33	125552.74
2013	15757.58	17.87	153469.80
2014	19517.67	21.82	183776.14
2015	23853.05	26.29	215872.50
2016	28815.91	31.31	250718.89
2017	34628.68	37.04	289453.56
2018	41620.18	43.81	330828.92

使用 Matlab 6.0 工具编程对表 6 - 10 中的数据进行计算，得到：

$$\overline{B} = \begin{bmatrix} -0.082 & 288.92 & -0.008 \\ 1.985e-006 & 0.107 & 3.191e-006 \\ -5.081 & 5751 & -0.027 \end{bmatrix}, \overline{C} = \begin{bmatrix} 920.98 \\ 1.263 \\ 10250 \end{bmatrix}$$

由此，可得到上述三个变量的 3 元一阶微分方程组，即得到 MGM（1，3）的方程组如下：

$$\begin{cases} \dfrac{dX_1^{(1)}}{dt} = -0.082X_1^{(1)} + 288.92X_2^{(1)} - 0.008X_3^{(1)} + 920.98 \\ \dfrac{dX_2^{(1)}}{dt} = 1.985e-006X_1^{(1)} + 0.107X_2^{(1)} + 3.191e-006X_3^{(1)} + 1.263 \\ \dfrac{dX_3^{(1)}}{dt} = -5.081X_1^{(1)} + 5751X_2^{(1)} - 0.027X_3^{(1)} + 10250 \end{cases}$$

利用 MGM（1，n）的计算公式，求得 2006 ~ 2018 年期间三个指标的预测值，见表 6 - 11。

表 6-11　　　　　　　　　　**河南旅游业发展指标的预测值**

年份	X_1 预测值	X_2 预测值	X_3 预测值
2006	1088.23	1.42	11911.84
2007	1313.75	1.62	14100.05
2008	1580.65	1.86	16679.84
2009	1890.75	2.13	19164.33
2010	2202.06	2.44	21324.75
2011	2579.40	2.80	23616.06
2012	3041.17	3.22	26219.48
2013	3566.99	3.70	28869.98
2014	4157.45	4.22	31663.14
2015	4836.65	4.81	34475.40
2016	5601.30	5.47	37188.32
2017	6467.40	6.22	39503.52
2018	7519.08	7.09	41796.85

结合 MGM $(1, n)$ 模型的定义特征可知，该模型在预测时充分考虑都市圈旅游收入、都市圈旅游人数和都市圈 GDP 三者之间的相互因果关系，并将其与 GM $(1, 1)$ 和 GM $(1, n)$ 模型相比较，克服了单方面预测及定性预测的缺陷，预测结果较好。

由计算结果可知，X_1、X_2 和 X_3 的平均相对误差分别为 11.12%、8.41% 和 5.75%，相对误差较小。而且，当以 2016 年作为河南高铁网络全线开通的节点时，X_1、X_2、X_3 三个指标在 2017 年和 2018 年的相对误差分别近视为 11.2%、7.5%、8.5% 和 4.7%、1.9%、1.0%。此结论表明，当以 2016 年为时间节点时，本书构建的 MGM $(1, n)$ 灰色预测模型在时间节点之后得到的预测结果较为准确，即模型的精确度符合短期预测模型的精度要求，能够用来预测高铁网络对都市圈旅游发展的推动作用。然后，计算相应的均方差比值和小误差概率，计算结果显示：$c_1 = 0.0013 <$ 0.35，$P = 1$；$c_2 = 0.024 < 0.35$，$P = 1$；$c_3 = 0.0063 < 0.35$，$P = 1$；表明预测效果好，模型通过检验。

2. "有无对比法"测算贡献率

传统"有无对比法"的主要思想是将项目实施前后某一项或几项指标

所产生的效益值进行对比分析，即以某一个节点为分界线，将项目实施产生的效果与没有项目时候的实际效果值进行对比。需要从众多因素中剥离出能够真正度量项目产生效果的因素。因此，为了使贡献率的测评结果更加真实准确，本书在传统"有无对比法"的基础上引入了弹性系数变量。弹性系数的取值来源于两个变量变化率的比值，计算公式如下：

$$E = \frac{\dfrac{\Delta Y}{Y}}{\dfrac{\Delta Z}{Z}} \qquad\qquad (6-21)$$

其中，E 为弹性系数，ΔY 为指标数据的增长量，Y 为相应的指标数据量。参考穆成林、陆林等（2016）学者的已有研究成果可知，都市圈的旅游业发展与经济发展之间互为 Granger 因果关系，即旅游业发展促进经济增长的同时，经济增长也会反作用于旅游业的发展。由于此处难以对旅游业发展进行量化处理，因此，使用 GDP 的增长变化情况来表示旅游业的发展，即 ΔZ 表示 GDP 的增长量，Z 表示当年 GDP 的实际值。根据式（6-21）得到计算结果见表 6-12。

表 6-12　　　　　　　　　　有无对比法的计算结果　　　　　　　　单位：%

年份	$E(X_1)$	$E(X_2)$
2017	5.67	4.29
2018	7.41	4.62

由表 6-12 中的结果可知，高铁网络形成后对都市圈旅游业发展具有较大促进作用，具体表现为：2017 年，高铁网络为郑州都市圈及河南省内其他已经开通高铁线路城市的旅游收入增长贡献了 5.67%；2018 年，高铁网络为郑州都市圈及河南省内其他已经开通高铁线路城市的旅游收入增长贡献了 7.41%。此外，2017 年，高铁网络为其旅游人数增加贡献了 4.29%；2018 年，高铁网络为其旅游人数增加贡献了 4.62%。虽然，从 2017～2018 年，高铁网络对旅游业发展的贡献率有所下降，但贡献价值的总额却处于增长状态，说明影响旅游业发展的因素众多，而高铁只是其影响因素之一。由于受众多影响因素的共同制约，导致高铁网络对都市圈旅游产业的整体推动是有一定限度的，需要客观评价高铁网络对都市圈旅游

行业的影响作用。根据计算结果，将高铁网络对郑州都市圈及河南省内其他已经开通高铁线路城市的旅游业发展贡献效应总结如下。

第一，本书选择的案例对象内，拥有相对完善的高铁网络，促使都市圈内城市之间的可达性水平显著提升，进而产生时空压缩效应、区位叠加效应等，使不同城市间的可达性空间格局趋于平衡。例如，郑州作为省内核心城市及郑州都市圈的核心城市，其城市吸引力不仅在经济、资源、产业等方面发挥着引领作用；同时，郑州作为高铁运输的中转枢纽，能改善区域内交通流的整体空间格局，强化了高铁网络下省内各城市的旅游空间联系。

第二，高铁对都市圈旅游业的影响具有明显的节点效应，能够在短时间内拉动旅游服务从非节点城市向高铁沿线站点城市集聚；同时，对拥有相似旅游资源的城市来说，高铁网络促使节点城市与非节点城市之间旅游服务力的差距不断扩大。不仅如此，由于都市圈内不同城市之间旅游资源的差异化，高铁能够推动区域内不同城市之间旅游服务能力的相对均衡。

第三，作为推动都市圈旅游业发展的关键外部因素，高铁网络严重改变了都市圈旅游动力系统中的需求系统。高铁网络扩大了都市圈旅游的区位优势，让都市圈内较多城市成功演化为一个 $1\sim2$ 小时的高铁旅游圈，并借助旅游资源丰富这一个优势，在周末游旅游模式中占据重要地位，吸引环渤海、长三角、珠三角、西三角等地区的大量游客。

3. 实证结果分析

由上文研究可知，高铁网络能够有效促进并增强都市圈内不同城市间的旅游经济联系，以郑州为核心的"米"字形高铁网络产生的效应能够为那些旅游资源丰富、但交通不便捷地区旅游业的发展创造良好机遇。一方面，高铁网络的可达性让这些地区更顺畅地接受核心地区旅游扩散带来的优势，推动高铁旅游的同城化效应或近城化效应；另一方面，改善了都市圈的旅游发展格局，从整体层面增加了都市圈内的旅游强度，提高了旅游收入，也促进了都市圈经济的增长。

综合上述研究内容可知，本书通过应用 MGM $(1, n)$ 灰色预测技术和改进的"有无对比法"，以都市圈旅游收入为判断标准，测算了高铁网络对郑州都市圈及河南省内其他已经开通高铁线路城市旅游发展的贡献效应，构建了高铁网络影响下旅游业主要表征指标之间的经济联系。通过研究，得出以下结论。

第一，完善的高铁网络能大幅度压缩旅游时间，产生的时空压缩效应极大地提高了不同都市圈之间及都市圈内部城市间的可达性水平。可达性提升后产生的区位叠加效应促进了客流量增加，促使因交通条件限制而未能充分开发的景区迎来新的发展机遇；同时，原本就很受欢迎的景点在高铁的带动下将收获一个新的发展高潮，从而推动区域旅游的全面发展。

第二，高铁网络所产生的效应不仅带动了都市圈旅游产业的发展，更带动了都市圈 GDP 的快速增长。由上文中的实证分析结果可知，在高铁网络的推动下，郑州都市圈及河南省内其他已经开通高铁线路城市的 2017 年和 2018 年的 GDP 有了不同幅度增长。由 GDP 与都市圈旅游收入之间的 Granger 关系可知，GDP 增长能反向推动旅游业的进一步发展，可见，高铁网络对都市圈旅游业发展的推动作用是多渠道、多层次的。

第三，都市圈旅游收入增加与都市圈 GDP 增长之间存在明显的正相关关系，且存在稳定的均衡关系，长期来看，GDP 增长能带动旅游收入增加，但这种带动效应是逐渐减小的，而旅游收入增长会促进 GDP 的增加，且这种效用是逐渐变大的。

第四，高铁网络对都市圈旅游发展的贡献效应是积极正向的，高铁网络极大地增强了都市圈内城市与国内其他城市或省份之间的联系，为游客创造了良好的旅游交通基础平台，此时，如何借助高铁运输优势吸引国内外游客来豫旅游，成为高铁网络时代都市圈旅游发展升级过程中急需解决的问题。

6.4　高铁网络对都市圈旅游发展的空间效应

在大众化和全球化旅游时代、在高铁网络和互联网 5G 网络的驱动下，旅游方式变化是快速且剧烈的，空间层面上以点带面的城际旅游将成为主流趋势，并带动旅游产业组织从单体型向网络型演化，加速区域旅游一体化形成。因此，为促使旅游管理部门和景区在借力高铁推动都市圈旅游发展时找到系统科学有效的参考标准，除了研究高铁网络对都市圈旅游发展的滞后效应和贡献效应，关于高铁网络与都市圈旅游发展的空间效应关系的研究也需要进一步加强。基于上一部分的研究结论，本节主要借用空间计量回归方法，通过构建空间效应评价指标，以实证研究的方式探讨高铁网络对都市圈旅游发展的空间效应，以期更好地认识高铁网络对都市圈旅游发展的作用，为深入研究高铁网络时代背景下都市圈旅游高质量发展提供参考依据。

6.4.1　研究对象的选取

在选择研究对象时，仍然是以中国已经形成的"四纵四横"高速铁路网为依托，将其细分为骨干网、区域网和城际高铁网三种类型；在选择区域时，既要求区域是骨干网的必经之地，又要求区域内的高铁网络较为完善。综合比较之后，本书以京广高铁线路为高铁骨干网，从该线路途经的区域中选择相应的都市圈作为研究样本。京广高铁贯穿了中国南北6个省市，运行线路长，连接了环渤海经济圈、中原经济区、武汉城市圈、长株潭城市群、珠三角经济区等国家重要经济区域，并依托各个区域丰富的旅游资源形成了新时期的高铁旅游带。同时，考虑到旅游资源、高铁网络形成时间等因素，综合分析上述区域之后，本书最终选择以武汉为核心的武汉都市圈（也称为武汉城市圈、武汉城市群、"1+8"城市圈，包括武汉、黄冈、咸宁、孝感、鄂州、黄石、仙桃、天门、潜江共九座城市）为研究对象。

武汉都市圈是国内获批较早的城市圈之一，在 2007 年，经报请国务院同意后，武汉都市圈就被国家发展改革委正式批准为全国资源节约型和环境友好型社会建设综合配套改革试验区。作为一个占据了湖北 1/3 国土面积和 1/2 人口数量的都市圈，其创造的经济价值、就业岗位以及带动发展的相关产业极大地促进了湖北的发展；同时，作为全省产业和生产要素最为密集、最具活力的地区，武汉都市圈更是创造了湖北 2/3 的 GDP 产值。此外，由于武汉都市圈所处地理位置的特殊性，它不仅是湖北经济发展的核心区域，更是中部崛起战略顺利实现的重要支点。就高铁线路来说，我国"四纵四横"的高铁线路中,有纵线京广高铁和横线沪蓉高铁两条高铁大动脉穿过武汉城市圈,同时,圈内含有较为发达的城际高铁,使得都市圈内的高速铁路网络较为发达(如图6-10所示)。

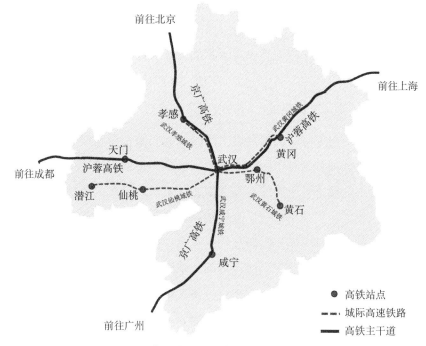

图6-10　武汉城市圈的高速铁路网络分布示意

就基本情况来看,武汉都市圈不仅拥有发达的高铁网络,更拥有丰富的旅游资源,且其旅游资源呈现出如下特征。第一,旅游资源丰富,武汉都市圈单体资源涵盖国家旅游资源分类中的8大主类和29个亚类,涉及旅游资源90%以上的基本类型,具有国际级影响潜力的旅游资源有23处,具有全国性影响潜力的旅游资源有42处,具有区域性影响潜力的旅游资源有24外。第二,大分散、小集中,武汉都市圈旅游资源分布区域特色明显,各城市均有相当数量的旅游资源赋存,在总体规模与类型上,旅游资源的区域等级差异显著,形成了明显的组团结构差异,且资源存量规模较大、类型较丰富、影响较深。第三,区位优势明显,武汉都市圈占据"天下之中"的旅游区位集散优势,与长三角、珠三角、京津唐和成渝城市群相距1000公里左右,与中部的长株潭城市群、昌九城市走廊和中原城市群相距500公里左右，依托发达的综合交通运输条件，拥有得天独厚的客源市场进入优势。第四，旅游资源的空间组合良好，武汉都市圈内旅游资源呈现"人文与自然""山岳与水体"等类型，已明显形成两条旅游地带：沿江人文旅游带、九宫山与大别山岳自然旅游带①。总体来说，无论是旅游发展的宏观层面还是微观层面，武汉都市圈在中国旅游城市圈的形成和发展过程中都扮演着重要角色，具有很强的代表性。

6.4.2　指标选取与数据来源

已有研究中关于高铁网络与区域旅游发展空间效应的研究成果较多，但主要从大交通层面分析整个交通运输业对区域旅游经济发展的作用。比如，有学者利用门槛回归模型剖析交通基础设施对区域旅游经济的作用（毕丽芳，2017），研究区域交通系统与旅游经济的耦合协调关系（李如友、黄常州，2015），以丝绸之路经济带为对象分析交通基础设施对丝绸之路经济带旅游经济增长的空间效应等（白洋，2018）。虽然，这些研究都是从交通运输的宏观层面着手，却未将焦点集聚到高铁网络层面，而且，在研究过程中时间序列和截面数据是运用最普遍的研究方法，此类方法在度量交通运输时多以单一指标为主，在一定程度上忽视了指标间的空间异质性和相关性，导致最终研究结果存在偏差或错误，难以精准描述高铁网络与区域旅游发展的作用。不仅如此，由于在解决区域经济问题时不能单纯地依赖与地理相关的测量抽样数据，而传统经济计量恰恰忽视了地区数据模型中存在空间异质性和观测中存在的空间依赖性，导致最终的测算得到的结果与真实结果之间存在较大的偏差。因此，为了更清晰、准确的研究高铁网络对都市圈旅游发展产生的空间效应，本书将采用空间计量方法进行分析。

（1）空间异质性。空间异质性（spatial heterogeneity），也被称为空间差异性，是指不同空间区位中的事物之间存在一定差异。早期学者在对空间异质性进行研究时主要从系统特性出发，认为空间异质性就是事物或现象在空间上的复杂性或变异性（Li and Reynolds，1995）。基于该定义不难

---

① 武汉市旅游局. 武汉城市圈旅游发展总体规划［Z］. 2014－12－12.

发现，空间区位和事物的特性都对空间异质性产生一定影响，不同空间区位中的同一事物之间存在空间异质性，同样，同一空间区位中的不同事物或现象之间也存在空间异质性。此外，空间异质性不是绝对的，它是一个相对的概念，也就是说，异质性程度并不是稳定不变的，它会随着空间尺度的变化而改变，空间尺度越大，空间异质性程度就越显著；反之，空间尺度越小，空间异质性程度就越不显著。一般来说，导致事物或系统出现空间异质性的主要原因可以总结为以下两点：一是由于空间单元自身不是均质的，空间单元在形状、面积等方面的差异会导致空间异质性；二是事物或现象本身并非是稳定不变的，它们在空间层面会由于缺乏平稳结构而导致空间异质性。

（2）空间依赖性。任何事物在空间上都是相互关联的，只是受空间距离的影响，其关联度存在强弱之分（Tobler，1970）。由此可见，空间依赖作为事物或现象自身的一种属性是普遍存在的，它不仅体现了事物或现象的地理空间的本质特征，还充分体现了事物或现象在空间层面上的相互依赖、相互影响和相互作用。在判断事物或现象的空间依赖性时，可根据空间表现分为正空间自相关和负空间自相关两种形式；其中，正空间自相关是指相邻地区事物或现象属性的高值或低值在空间上表现为集聚倾向，负空间自相关是指当地理区域被相异值的邻区所包围时出现的一种空间依赖现象。

遵循空间计量模型的一般建模思路，在构建空间计量模型时：第一，从众多指标中选择能够真实表征高铁网络发展水平、都市圈旅游发展水平的指标，并选择影响都市圈旅游发展的控制变量；第二，梳理高铁网络和都市圈旅游发展之间的关系，构建前者促进后者发展的普通线性回归模型；第三，应用空间统计分析中的莫兰指数（Moran's I）进行空间依赖性检验，验证都市圈旅游发展水平的空间依赖性是否存在，若通过检验，则构建高铁网络与都市圈旅游发展的空间计量模型；第四，构建空间回归模型，并结合模型的标准要求，确定最终模型是空间误差模型还是空间滞后模型；第五，对空间回归模型进行估计和检验，确定高铁网络对都市圈旅游发展的促进作用，并与经典回归模型检验结果进行对比，佐证空间回归模型的优越性和适用性。具体分析步骤如下。

（1）变量选取。第一，选取都市圈旅游发展和高铁运输领域的变量。在选择表征高铁网络的变量时，李明伟（2017）提出，与其他指标相比较，交通运营里程作为衡量各类交通方式建设水平的基本手段时最具有代表性，因为运营里程表示已经剔除了高铁的闲置里程，能更真实地反映投入实际经济活动的高铁资源。因此，本书选择高铁运营里程作为衡量高铁运输发展水平的唯一指标。在测度都市圈旅游发展水平时，多位学者在研究时都认为最直观的指标是都市圈旅游总收入（邓祖涛，2011；胡文海、程海峰、余菲菲，2015），该指标主要指在一定时间内，旅游目的地通过销售各类旅游产品和服务，最终获得的货币形式的收入总和。

第二，选取影响都市圈旅游发展的控制变量。从影响都市圈旅游发展的众多因素中提取控制变量信息，比如，张广海、赵金金（2015），张广海、赵韦舒（2017）等研究指出，通常情况下是将 GDP、人口总人数、旅游产业水平和旅游资源禀赋等作为测度区域旅游发展的主要控制变量；其中，旅游产业水平是从宏观层面描述一个地区旅游业发展的现状和政策倾向等问题，本书主要以都市圈生产总值与都市圈旅游收入之间的比来衡量都市圈旅游产业的总体发展水平（侯兵、周晓倩，2015）；旅游资源禀赋是通过区域旅游资源的数量、等级、类别等体现出来的，旅游资源禀赋最能体现不同地区之间的旅游发展差异，同时也是影响旅游业发展的主要因素之一，通常以旅游景区质量等级（1A～5A 级景区）的数量来表征旅游资源禀赋（王玉珍，2010）。此外，还有研究将高铁站点的日通勤数量作为分析指标，认为高铁站点每天停靠的高铁车次数量也会影响游客的出游情况（冯烽、崔琳昊，2020）；不仅如此，区域内的旅游业接待水平也是影响旅游发展的重要因素（李嵘、邓伟、彭立，2019）。本书将都市圈内的三星级及以上级别的酒店数量[①]作为衡量都市圈旅游接待业水平的指标。最终，得到高铁网络对都市圈旅游发展空间效益评价的指

---

① 三星级酒店为中档酒店，其设施齐全，酒店产品的性价比较高，能满足大部分旅游者的住宿需求，因此本书选择三星级及以上级别的酒店数量作为衡量旅游接待业水平的指标。

标体系，见表 6 – 13。

表 6 – 13 高铁网络对都市圈旅游发展空间效益评价的指标

指标名称	代码	单位	指标解释
都市圈旅游收入	Tincome	亿元	指都市圈内的所有旅游接待部门在一定时期内通过销售旅游商品或服务而获取的全部货币收入
都市圈内高铁运营里程	Hrailway	公里	指从总里程中删除空闲里程后，城市内运营的高铁线路的长度
高铁站点日停靠车次数量	Hfrequency	列	都市圈内某一城市每天停靠在车站的高铁列车总数①
旅游产业水平	Tindustry	%	都市圈内某一城市的年度旅游收入占年度 GDP 的比例
旅游资源禀赋	Tresource	个	都市圈内某一城市 A、AA、AAA、AAAA 和 AAAAA 级旅游景区的总数
都市圈内三星级及以上级别酒店数量	Thospitality	个	都市圈内某一城市内三星级及以上级别的酒店总数

（2）数据来源。高铁网络方面的数据主要来自 2019 年《湖北省统计年鉴》《湖北省各市州统计年鉴》《湖北省交通运输年鉴》，以及中国铁路 12306 网站；都市圈旅游方面的数据主要来自 2019 年《湖北省旅游统计年鉴》，以及上述九个城市的"国民经济社会发展统计公报"。由于各个城市的统计年鉴编写不完全统一，对于部分缺失的指标数据，主要通过采集 2019 年以前各个年度的数据，运用移动平滑预测方法进行预测。

6.4.3 空间效应分析模型构建

1. 普通线性回归模型构建

根据普通多元线性回归模型的一般形式，首先构建高铁网络对都市圈旅游发展的普通线性回归模型，为了使模型具有更好的精确性、代表性和科学性，将上述提及的影响旅游发展的变量均纳入回归模型中，使用普通最小二乘法（OLS）进行估计。具体模型如下：

$$\ln T_{income} = \beta_0 + \beta_1 \ln T_{resource} + \beta_2 \ln T_{industry} + \beta_3 \ln H_{railway} + \varepsilon \quad (6-22)$$

---

① 为了便于计算和采集数据，假设每个城市的高铁站点日停靠次数在一年中都是恒定的。

其中，T_{income} 表示都市圈的旅游总收入，$T_{resource}$ 表示都市圈的旅游资源禀赋，$T_{industry}$ 表示都市圈的旅游产业水平，$H_{railway}$ 表示都市圈内的高铁运营里程，β_0 为常数项，β_1、β_2、β_3 为各个变量对应的回归系数，表示自变量对因变量的影响程度，ε 为随机误差项。

由于普通线性回归模型进行测算时，难以有效解决变量之间的空间异质性和相关性等问题，导致模型的应用受限且计算结果存在一定程度偏差，影响了测算的真实准确性。空间计量经济模型通过在普通线性回归模型中引入空间变量，并在回归分析过程中，把与地理位置和空间交互作用相关的数据应用到模型中，能有效解决上述问题。因此，在研究过程中，首先要明确被解释变量是否存在空间依赖性特征，即本书在研究时一旦发现变量 T_{income} 存在空间依赖性，则需建立空间计量经济模型进行测算。

2. 空间回归模型的构建

（1）空间依赖性检验。在构建空间模型之前，首先需要对变量的空间依赖性进行检验，只有通过依赖性检验之后，方可构建空间回归模型。本书采用 Moran's I 检验变量是否存在空间依赖性时，参考全局 Moran's I 计算公式，提出可供本书使用的空间依赖性检验公式：

$$I = \frac{n}{S_0} \frac{\sum_{i=1}^{n} \sum_{j=1}^{n} w_{ij}(p_i - \bar{p})(p_j - \bar{p})}{\sum_{i=1}^{n} w_{ij}(p_i - \bar{p})^2}, i \neq j \qquad (6-23)$$

其中，n 为元素总和，S_0 为所有空间权重的聚合，$S_0 = \sum_{i=1}^{n} \sum_{j=1}^{n} w_{ij}$；$p_i$ 和 p_j（$i \neq j$）分别表示各个研究元素，$\bar{p}$ 为元素的平均值，$(p_i - \bar{p})$ 为元素 i 的属性与其平均值的偏差，$(p_j - \bar{p})$ 为元素 j 的属性与其平均值的偏差，w_{ij} 为元素 i 与元素 j 之间的空间权重；w_{ij} 遵循 Rook 相邻准则，如果元素 i 与 j 之间拥有相同边界，则认为两个元素是相邻的。Moran's I 的取值范围为 [-1, 1]，当 Moran's I >0 时，表示变量之间呈现空间正相关性，且取值越大，空间正相关性越强；当 Moran's I <0 时，表示空间负相关性，且取值越小，空间负相关性越强；当 Moran's I $=0$ 时，表示空间相关呈随机性或者空间不相关（王玉珍，2010；茶洪旺、左鹏飞，2017）。根据 Moran's I 取值的渐进正

态分布特征，使用标准化统计量检验其显著性水平，如式（6-24）所示：

$$Z(\mathrm{I}) = \frac{\mathrm{I} - E(\mathrm{I})}{\sqrt{VAR(\mathrm{I})}} \qquad (6-24)$$

式（6-24）中，$Z(\mathrm{I})$ 为 Moran's I 的标准化统计量；$E(\mathrm{I})$ 为 Moran's I 的期望值，$E(\mathrm{I}) = \dfrac{-1}{(n-1)}$；$VAR(\mathrm{I})$ 为 Moran's I 的方差，$VAR(\mathrm{I}) = E(\mathrm{I}^2) - E(\mathrm{I})^2$。

（2）空间回归模型构建。目前，被研究使用的常系数回归计量模型较多，但在引入空间依赖性之后，主要的空间回归模型主要有空间误差模型（SEM）和空间滞后模型（SLM）两种（焦志伦，2013）。其中，SLM 模型主要用于讨论相邻的不同地区之间是否存在溢入溢出效应，即相邻的两个地区之间，其中某个地区的旅游发展不仅是当地高铁、旅游产业水平和旅游资源禀赋等变量的函数，也是相邻地区旅游发展的函数。SEM 模型则主要研究随机误差项所产生的空间依赖性，在 SEM 模型看来，未纳入空间常系数回归模型中的变量之间也存在空间相关性，并在某种程度上影响区域旅游发展，即在讨论相邻地区旅游收入对本地区旅游业发展影响的同时，还要考虑其他因素对旅游发展的影响。至此，本书分别构建了 SLM 模型和 SEM 模型的计算公式：

$$
\begin{cases}
\ln T_{income}(SLM) = \beta_0 + \beta w \times \ln T_{income} \\
\qquad\qquad + \beta_1 \ln T_{resource} + \beta_2 \ln T_{industry} + \beta_3 \ln H_{railway} + \varepsilon \\
\ln T_{income}(SEM) = \beta_0 + \beta_1 \ln T_{resource} \\
\qquad\qquad + \beta_2 \ln T_{industry} + \beta_3 \ln H_{railway} + \varepsilon
\end{cases}
$$

$$(6-25)$$

式（6-25）中，w 为简单二分地理空间权重矩阵，$w \times \ln T_{income}$ 为空间滞后因变量，β 为空间滞后回归系数，其他变量的含义与式（6-22）中相同。在构建完成 SLM 模型和 SEM 模型之后，选择并检验空间常系数回归模型，即在完成全局空间依赖显著性检验之后，在 SLM 模型和 SEM 模型中作出选择。选择标准为：在普通线性回归过程中，如果统计意义检验结果显示误差模型比滞后模型更显著，且误差模型的健壮性显著而滞后模型的健壮性不显著，应选择 SEM 模型；反之，选择 SLM 模型。在完成模型的选择和检验之后，使用极大似然法中的拟合优度检验、AIC/SC 准则检验等进行参数估计，保证空间回归模型估计结果的准确性和有效性。此时，受变量空间异质性影响，引入权重构建相应的空间变量系数回归模型。需关注的是，从地理区域层面来说，自变量对因变量的影响是不能忽略的，即在充分考虑数据之间的变异性、自相关性等基础上，将自变量在地理区域层面对因变量产生的影响纳入估计范围，并以此构建引入了区域权重后的地理加权回归模型（geographically weighted regression，GWR）。GWR 模型与普通线性回归模型相比，其应用优势表现为：自变量系数 β 随着空间地理位置的变化而不断变化，即 GWR 中的 β 不再单独依靠所有要素拟合得到，它在一定程度上受相邻区域数据变化的影响，以此估算得到的回归结果更接近真实值。如式（6 – 26）所示：

$$w_j \ln T_{income(j)} = w_j \beta_0 + w_j \beta_1 \ln T_{resource} + w_j \beta_2 T_{industry} + w_j \beta_3 H_{railway(j)} + w_j \varepsilon_j$$

$$(6 – 26)$$

其中，j 为区域元素数量，ε_j 为第 j 个区域的随机误差项，β 为回归系数，w_j 为各区域基于距离的空间权重矩阵函数。本书在研究时选择高斯距离来确定 w_j，$w_j = \theta(\frac{D_j}{\sigma \gamma})$，$D_j$ 为区域 j 与其他区域的距离向量，σ 为 D_j 的标准差，γ 为距离衰减指数。$w_j = \theta(\frac{D_j}{\sigma \gamma})$ 是高斯函数法计算空间权重的标准公式，即本书中所指的基于距离的空间权重矩阵函数。在计算普通的空间权重矩阵时，可以选择的方法较多，包括：距离、触点、临近以及其他的方法等，但无论是临近方法，还是触点方法，都会导致局部回归的结果，即计算的区间不一样会导致样本数量的变化；当全部加进来运算，会变成全局回归。在 GWR 中，能够选择的只有距离方法，因此，本书最终选择了基于距离的空间权重函数进行计算。简单来说，高斯权重是随着距离的增大而减小（即距离越大，影响越小）。

距离衰减函数就是选择一个连续单调的递减函数来表示权重和距离之间的关系，以此来克服反距离的缺点。假如用 B 表示权重与距离之间函数关系的非负衰减参数，若 B 的值越大，权重随距离的增加衰减得越慢，反之，B 的值越小，权重随距离的增加衰减得就快。

6.4.4 实证分析及结果讨论

1. 都市圈旅游发展的空间依赖性

基于上述理论分析，运用 Geoda 分析工具对武汉都市圈内 9 座城市旅游总收入（Tincome）的对数进行空间依赖性检验，Moran's I 的取值为 0.588，取值范围在［-1，1］以内，且通过了 5% 的显著性检验。由于 Moran's I 的值趋近于 1，表明都市圈内各城市旅游经济增长的空间相关性较强，城市之间旅游经济增长的全局变动存在明显的空间依赖性。该结论在一定程度上说明，都市圈内的旅游发展在地域空间上并非表现出完全随机的分布状态，而是相邻近城市之间在空间上的集聚和相互影响。为了进一步说明都市圈内各城市旅游发展在空间上相互关联的类型，本书给出了由 Geoda 工具软件绘制而成的旅游发展的局部 Moran 散点图（如图 6-11 所示）。由图 6-11 可知，在都市圈内，有 5 座城市为旅游发展的 "High-High"（高—高）区域，分别为武汉、黄冈、咸宁、孝感和黄石，并且武汉是其中最具有引导力的城市；有 3 个城市为旅游发展的 "Low-High"（低—高）区域，分别是仙桃、天门和潜江；而鄂州为旅游发展的 "Low-Low"（低—低）区域。因此，在对武汉城市圈内的旅游发展进行研究时，需要充分考虑城市之间的空间依赖性。

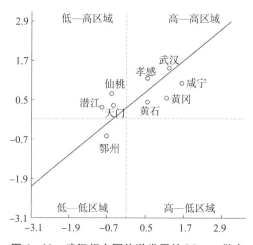

图 6-11　武汉都市圈旅游发展的 Moran 散点

2. 高铁网络对都市圈旅游发展的空间效应

在明确了武汉都市圈内旅游发展的空间依赖性之后，需进一步诊断高铁对都市圈旅游发展的线性回归空间依赖性，并以此选择合适的空间回归模型进行分析，结果见表 6 – 14。其中，Lagrange Multiplier（Lag）的取值通过了 10% 的显著性检验，Robust LM（Lag）的取值通过了 5% 的显著性检验，Lagrange Multiplier（Error）的取值未通过显著性检验，Robust LM（Error）的取值通过了 5% 的显著性检验。因此，根据 SEM 模型和 SLM 模型的选择准则，进行空间回归分析时，本书选择 SLM 模型。SLM 模型主要用于研究变量之间的空间依赖性导致的空间相关，即当某个个体的 i 变量取值受到周围其他个体 i 变量取值的直接影响时可用 SLM 模型进行研究。[①]

表 6 – 14　　　　　武汉都市圈旅游发展的空间依赖性检验

检验	值	P
Lagrange Multiplier（lag）	0. 0487	0. 08253
Robust LM（lag）	0. 0373	0. 02469
Lagrange Multiplier（error）	1. 3412	0. 84683
Robust LM（error）	1. 3297	0. 02488

（1）基于空间滞后模型的实证分析。根据上文构建的空间计量模型和引入了区域权重之后的地理加权回归模型，进行空间滞后回归分析，保证分析结果的有效性，见表 6 – 15。

表 6 – 15　　　　　武汉都市圈旅游发展的空间滞后回归估计结果

R – squared：0. 99828　　　　　Log likelihood：– 43. 8686
Sq. Correlatio：–　　　　　　　Akaike info criterion：99. 7372
Sigma – square：999. 794　　　　Schwarz criterion：100. 921
S. E of regression：31. 6195

Variable	Coefficient	Std. Error	z – value	P
Constant	– 186. 3915	56. 69489	– 3. 287625	0. 00101
Tresource	0. 747376	1. 043134	0. 716472	0. 04737
Hrailway	0. 322268	0. 430403	0. 748759	0. 04540

---

① 纪益成，马铮，张然，刘彪. 基于空间误差模型的房地产批量评估研究 [J]. 建筑经济，2015，36（2）：62 – 67.

Variable	Coefficient	Std. Error	z – value	P
Tindustry	8. 791795	2. 954827	2. 975401	0. 00293
GDP	0. 216834	0. 029118	7. 446619	0. 00000

由表 6 – 15 中的结果可知，R – squared 的取值为 0. 99828，非常接近 1，该结果在一定程度上说明模型的拟合效果非常好；但是，对于空间回归模型来说，不能单纯使用 R – squared 的取值来判断模型的拟合度，还需引入 Log likelihood（对数似然估计值）、Akaike info criterion（AIC）和 Schwarz criterion（SC）的取值进行综合判断。由于本书选择的是 SLM 模型，因此，在判断拟合度是否最优时，在计算 SEM 模型和 OLS 模型的拟合度情况后，再进行对比分析，见表 6 – 16。

表 6 – 16　　　　　　　　　模型拟合度指标

模型	R – squared	Log likelihood	AIC	SC
OLS	0. 99294	– 69. 8363	129. 672	89. 6726
SEM	0. 98746	– 52. 7914	113. 583	114. 372
SLM	0. 99828	– 43. 8686	99. 7372	100. 921

根据空间模型拟合度判断准则，当 R – squared 和 Log likelihood 取值最大，AIC 和 SC 取值最小时，模型的拟合度最高（程维虎，2000）。表 6 – 16 中的分析结果也在一定程度上佐证了本书选择空间滞后模型进行分析时，更能体现高铁网络对都市圈旅游发展的空间效应情况。此外，表 6 – 15 中的分析结果表明，空间滞后回归模型的参数估计结果是稳健的，能较好地反映高铁对武汉都市圈内旅游业发展的空间效应。

（2）实证结果。从整体层面分析高铁网络对武汉都市圈旅游发展的空间效应。由表 6 – 15 中的分析结果可知，模型通过了 5% 的显著性水平检验，部分变量甚至通过了 1% 的显著性水平检验，且所有变量系数的取值均为正值，表明圈内各个城市旅游经济增长存在明显的正向溢出效应。

从控制变量的角度来看，所有变量都对武汉都市圈旅游发展起到积极促进作用，其中，相邻地区之间高铁运营里程每变动 1 个单位，空间溢出效应将会带动旅游经济同方向变动 0. 322268；相邻地区之间旅游资源禀赋每变动 1 个单位，空间溢出效应将会带动旅游经济同方向变动 0.747376；相邻地区之间旅游产业每变动 1 个单位，空间溢出效应将会带动旅游经济同方向变动 8.791795；相邻地区之间 GDP 每变动 1 个单位，空间溢出效应将会带动旅游经济同方向变动 0.216834。

从武汉都市圈内的各城市旅游业发展情况的对比来看，武汉作为中心城市，对旅游发展的整体空间溢出效应最为明显，并具有一定带动效应和示范作用，即武汉通过高铁网络实现了旅游资源的共享，带动了圈内其他城市旅游经济的协同发展。在圈内所有城市中，受高铁网络的影响，黄冈、咸宁、孝感、黄石、仙桃以及潜江的旅游经济有一定幅度增长，且以孝感的增长最为明显。不难发现，产生这一现象的主要原因有：一是以上各个城市均拥有丰富的旅游资源，且与武汉之间的高铁运行时间均在一小时以内，能充分满足旅客在短时间内游览不同景区景点的要求；二是就高铁对孝感旅游发展的带动效应来说，武孝城际高铁的开通是重要原因，它不仅缩短了孝感和武汉之间的旅行时间，更是降低了运输成本。此外，受高铁影响，鄂州和天门的旅游发展呈现出一定下滑。虽然，鄂州距离武汉较近，但是由于旅游资源匮乏且缺乏特色景点，受高铁时空压缩效应的影响，很难形成持续的竞争力，面对激烈的市场竞争，其旅游资源逐渐被其他城市替代。天门主要因为距离武汉及其他城市较远、旅游资源匮乏，且天门高铁站距离天门市中心较远，因此，多重不利因素导致天门在高铁网络带来的旅游格局演变过程中处于劣势地位。

最后，参考 Geoda 分析得到的权重结果，从相邻城市之间的空间权重来看，在高铁网络的影响下，武汉旅游发展对黄冈、孝感、鄂州旅游发展促进的权重作用分别是 0.36、0.43 和 0.37，对孝感旅游发展的影响权重最大，与上文分析结论一致；黄冈旅游发展对武汉、孝感、鄂州和黄石旅游发展促进的权重作用分别是 0.36、0.29、0.04 和 0.56，对黄石旅游发展的影响权重最大；咸宁对鄂州旅游发展促进的权重作用是 0.78；孝感对武汉、黄冈、鄂州和黄石旅游发展促进的权重作用分别是 0.43、0.29、0.33 和 0.68；鄂州对武汉、黄冈、咸宁、孝感和黄石旅游发展促进的权重作用分别是 0.37、0.04、0.78、0.33 和 0.55；黄石对黄冈、孝感和鄂州旅游发展促进的权重作用分别是 0.56、0.68 和 0.55；仙桃对天门和潜江旅游发展促进的权重分别是 0.24 和 0.74；天门对仙桃和潜江旅游发展促进的权重分别是 0.24 和 0.58；潜江对仙桃和天门旅游发展促进的权重分别是 0.74 和 0.58。上述结果也充分表明了，受高铁的影响，空间相邻城市之间的旅游发展会产生相互影响，且存在一定的集聚现象。

3. 结果讨论

通过以武汉都市圈为对象，研究高铁网络对都市圈旅游发展的空间效应，分析了圈内旅游经济增长的空间相关性，研究了高铁网络对武汉都市圈旅游发展的空间效应，得出以下结论。武汉都市圈旅游业的整体发展在一定程度上具有较显著的空间依赖性，且这种空间依赖性并非完全与城市地理分布特征一致，而是在部分相邻城市之间存在集聚现象，进而形成了圈内旅游发达地区和旅游欠发达地区。不仅如此，高铁对武汉都市圈的旅游产业的发展起到了显著的正向空间溢出效应，溢出效应程度取决于圈内拥有的高铁运营里程、旅游资源禀赋、旅游产业水平和 GDP 等因素，即受城市自身发展的影响，高铁网络在促进都市圈内不同城市旅游发展的空间效应上存在一定差异。

由此可见，完善的高铁基础设施不仅是交通运输业发展的需要，也是大交通时代下旅游业快速发展的保障，特别是对都市圈旅游业发展来说，更需要完善的高铁运输系统来提供支撑。不仅如此，要加强都市圈内旅游管理的协调化发展、提高开放层次、将整个区域作为一个旅游目的地来打造，借用复合行政思路，在都市圈内建立由跨行政区划、跨行政层级的政府机构或非政府组织等多方参与并形成的多中心、自主治理的旅游发展协调机制。期望在该机制的指挥下，既能充分发挥政府的宏观调控作用，又能防止严格的政府条块分割带来的管理不灵活问题；同时，不仅能有效发挥市场的主体作用，还能避免市场盲目调节造成的一系列问题。最终，在该机制的引导下，促使旅游生产要素实现跨行政区划的自由流动和优化配置，借助高铁强大的运输能力实现都市圈内旅游发展的资源共享和优势互补，将旅游资源、经济资源、交通资源等多种资源进行融合，实现多种资源的协同发展。

本章小结

本章以实证研究的形式重点论证了高铁网络对都市圈旅游发展影响的效应机制。首先，以郑州都市圈及河南省内已开通高铁线路的城市为例，从时空压缩效应、过滤效应、扩散效应和叠加效应思维层面剖析了高铁网络影响都市圈旅游发展的效应机理；其次，通过构建滞后效应评价模型，实证研究并指出高铁网络对都市圈旅游发展的影响效应存在一定的滞后性，且滞后时间为三年；再次，基于滞后效应分析结果，构建了高铁网络推动都市圈旅游发展贡献效应的评价指标体系和评价模型，并进行实证，计算得出高铁网络对都市圈旅游发展城市的贡献价值；最后，在考虑到都市圈的建设时间、发展水平、旅游资源禀赋以及高铁网络规模等因素的基础上，选择以武汉都市圈为例，建立了空间计量回归方法，通过构建空间效应评价指标，实证研究了高铁网络对都市圈旅游发展的空间效应，并得出相应的结论。

第7章　高铁网络与都市圈旅游业
高质量发展的路径

已有研究表明，旅游业高质量发展的内涵具有多维性，既是数量与质量相统一的高质量发展，又是速度与效益相统一的高质量发展，既是效率提升的表现形式，又是产业结构优化的结果；同时，产业自身的增长规律与演进过程也是旅游业高质量发展的核心环节（汪德根，2013；刘军林、尹影，2016）。此外，上述章节的研究结果也充分表明，作为现代交通运输技术的代表，高铁正在从产业效率、产业结构、产业格局等多个方面深刻影响着旅游业的发展。高铁不仅能够降低游客出游的时间成本、丰富旅游目的地的类别、提升出游过程的舒适性，还能扩大客源地范围、提升高铁沿线城市的旅游吸引力等，不断提升都市圈旅游产业的发展效率；同时，高铁网络产生的一系列效应还能够加强不同区域、不同都市圈之间在各个方面的联系，改善区域旅游以及都市圈旅游的空间布局，实现对都市圈旅游产业结构和产业格局的优化。由此可见，高铁作为现代交通运输体系中的重要环节，对旅游业高质量发展具有深远影响。同时，由上述章节的研究内容可知，高铁网络作为旅游系统中的重要组成部分，是有效连接旅游目的地和客源市场的桥梁。旅游资源因其不可移动性特征，使得旅游对区域内的交通系统有着高度的依赖性。此时，高铁因其速度快、运量大、舒适性强等服务特点，为助推旅游业高质量发展提供了新兴路径。

当前中国已全面进入高铁时代，庞大的高铁网络将沿线区域连接起来，撬动了区域产业结构优化调整，引发了经济社会发展新变革。此外，在双循环经济发展新格局下，高铁网络带来的巨大客流量为旅游业发展创造了更大的市场需求，刺激旅游消费实现新增长。便利的高铁交通为旅游活动开展提供保障，而旅游市场的活跃又为完善高铁交通路网创造了新的发展空间，旅游与高铁交通的融合呈蓬勃发展态势。随着大众旅游和全域旅游不断开创新局面，高铁作为服务民生的基础公共产品和旅游交通的重要支撑，其对旅游业高质量发展的促进作用日渐凸显。都市圈作为城市演化的高级形态，在高铁强力带动下，圈内各类要素有序高效地流动和区域合作地加强不断拓展旅游服务空间，为都市圈旅游业高质量发展注入新活力。

为深入分析高铁网络对都市圈旅游高质量发展产生的影响，参考国内学者的已有研究成果（任保平，2020；张新成、梁学成，2020；唐健雄等，2022；戴斌等，2022；王兆峰，2022）；同时，结合第2章中关于高质量发展和旅游高质量发展的概念等基础理论，本章重点从创新、协调、绿色、开放、共享的角度进行高铁网络对都市圈旅游高质量发展影响理论分析，具体如图7-1所示。

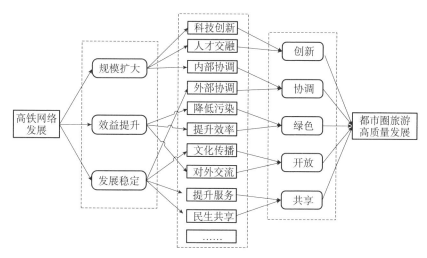

图7-1 高铁网络与都市圈旅游高质量发展的理论框架

7.1 高铁网络与都市圈旅游的创新发展路径

创新系统主要通过科技水平的进步与人才培养的完善促进都市圈旅游高质量发展，同其他产业发展路径相似，都市圈旅游高质量发展对于创新系统的需求也包括两个方面。高铁网络的完善对创新发展产生正向影响，本小节将深入分析高铁网络通过创新系统作用于都市圈旅游业高质量发展的路径（如图 7 - 2 所示）。

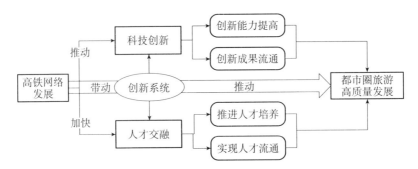

图 7 - 2　高铁网络带动都市圈旅游创新发展的路径

1. 推动科技创新

（1）提高创新能力。随着高铁网络的不断完善以及技术创新的不断应用，作为现代科技引领下的大交通代表，高铁在动力、储能、安全、轨道等方面主要依靠信息技术与自动控制的技术创新。一是创新性打造沿高铁线路精品旅游路线或高铁旅游带等新产品，有助于完善与优化都市圈的旅游产品结构，促进都市圈旅游发展方式的转变。基于当前我国稳步提升的高铁运输服务水平，积极打造经济发达地区和旅游资源富集地区高铁旅游专线产品，为游客提供品质化、个性化、多层次的服务。比如，长三角地区推出的 36 条高铁旅游产品线路为游客短途跨省出游提供多样化选择。二是相较于公路、航空等交通运输工具，高铁不仅能够实现快速度、运量大的旅游流流动，还能使得旅游活动的交通安全性、舒适性得到保障，有利于"高铁＋"旅游出行方式的顺利实施，通过借助高铁网络的优势，积极发展"高铁＋旅游"新业态，充分整合利用高铁沿线地区旅游资源，发展"高铁＋购物""高铁＋餐饮""高铁＋景区""高铁＋休闲"等旅游新产品。三是高铁网络的服务形式创新，高铁因其舒适性、快速度等特征，提升了都市圈旅游的服务质量，并为其他旅游相关产业服务能力的提高提供一个良好范式；比如，可以借鉴"熊猫专列""江海小城之旅"等铁路专线，打造特色高铁车厢，改进高铁旅游专列车厢的服务设施，满足不同客群的需求。

（2）促进创新成果流通。高铁网络显著提高了沿线区域或城市的交通可达性，即一个区域到达另一个区域的便捷度得到有效提高，特别是随着高铁网络的不断建设与完善，更是加强了各区域以及不同都市圈之间的联系。在前期旅游业创新能力得到提高的基础上，实现不同都市圈之间创新成果的交流，借鉴其他地区先进的技术和经验，不断进行探索和创新，提高自身相对较弱的领域，以更加积极的心态面对市场发展，实现各区域特有的竞争新优势。高铁作为交通基础设施中重要一环，高铁网络布局的不断完善将为旅游业创新成果的交流与学习提供前提条件，加强区域间技术与信息要素的流动，实现旅游业新技术、新方法的扩散。

2. 培养创新人才

（1）推进人才培养。随着交通地位的不断攀升以及高铁网络的不断完善，相关专业型、技术型以及复合型人才的需求量逐步增加，促使人才培养得到各方重视。在产业融合发展的大背景下，交通与旅游业进行深度联动，随着"高铁 + 旅游"新形式的出现，"快进慢游"成为一种新时尚。部分大中专院校在旅游管理学科方向下，新增了高铁动车服务方向人才的培养，力求为游客提供高品位、高质量服务的高端技能型人才，创新培养模式，提供实践探索，实现交旅复合型创新人才的培养，将专业人才与产业结构进行有效衔接。

（2）实现人才流通。高铁网络的完善实现相关人才的高效沟通。高铁的开通对人口迁移具有集聚效应，随着高铁网络的完善以及区域经济的成熟发展，高铁助力人才扩散与流动，并使相关人才的交流在频次、范围等方面实现增加与扩大。比如，高铁网络可以增加欠发达地区研究人员向发达地区迁移，也可以为欠发达地区吸引更多的技术型人才。

7.2　高铁网络与都市圈旅游的协调发展路径

旅游业协调发展主要包括两个方面，分别为内部协调与外部协调，即旅游收入增长情况、旅游产业集聚度以及旅游业与第一、第二、第三产业协调发展情况，而高铁网络在发展过程中，对于内部协调与外部协调均产生重要影响，高铁网络通过协调系统推动都市圈旅游业高质量发展的路径如图 7 - 3 所示。

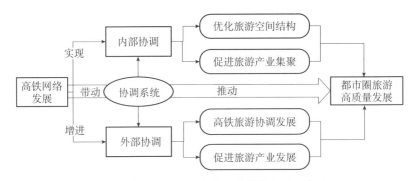

图 7 - 3　高铁网络带动都市圈旅游协调发展的路径

1. 实现内部协调

（1）优化旅游空间结构。交通作为旅游业发展的重要因素之一，其高质量发展将推动旅游业高质量发展。随着高铁网络快速发展，一方面，游客的出行成本降低，大幅减少交通费用、时间等成本，游客出行意愿增加且出行时间呈现分散化特征；另一方面，旅游客源地与旅游目的地之间的时空效应被压缩，高铁弥补了传统交通方式在时间长、距离远等方面的不足，不仅节省游客出行过程中的时间成本，满足人们快节奏工作与生活需要，还进一步扩大了游客出行半径（李磊、陆林等，2020），增加旅游客源地范围，减轻旅游发展人地矛盾。此外，"高铁游"对旅游产品、旅游交通、旅行攻略等资源进行整合，实现并扩大游客在旅游目的地的消费需求。时空距离缩短和可达性提升是推动旅游城市空间格局和产业结构调整的重要力量，对经济建设的带动作用显著。都市圈的形成对交通基础设施的完善提出了更高要求，随着可达性逐渐由中心区域向欠发达地区、边缘区域拓展，高铁打破旧有的社会经济格局，使区域联系合作不断加强，区域差距也将逐渐缩小。都市圈的逐步形成和圈层结构的扩大促使旅游活动的经济效益与社会效益进一步提升。此外，发达的高铁交通运输网络加强了旅游目的地间的空间联系，为区域之间、都市圈之间旅游要素的快速流动奠定基础。这些要素的流通和资源的重新配置在区域产业结构演化过程中有重要意义，不断带动区域生产活动的重新分工，深刻影响了城市群中旅游产业及相关产业的发展。旅游业相关要素的空间分布和动态流动共同推动区域旅游产业实现新发展格局，优化都市圈内旅游企业的分工协作（马勇，唐海燕，2021）。

（2）促进旅游产业集聚。高铁网络推动都市圈在人口、旅游产业的数量发生正向变化，助力都市圈成为区域发展的高级演化形式；同时，高铁网络能够带动游客数量的增加，也能够促使都市圈不断改造旅游景点、完善基础设施建设，进而吸引更多的产业进入区域，形成以旅游业为核心的产业集聚点，实现都市圈内旅游资源的整合。对都市圈来说，随着高铁网络密度增加，高铁站点逐渐增多，易形成一站多点、以点覆面的旅游产业集聚中心。一是影响都市圈产业布局，成为都市圈旅游产业高质量发展的"引擎"和"催化剂"，尤其是对酒店业、会展业等有着重要影响；因为高铁线路的开通使站点城市或地区获得区位优势，这种区位优势诱发的高铁网络效应势必带动高铁站周围酒店、会展场馆选址布局和建设数量。二是优化产业结构，形成新的区域旅游经济中心。高铁网络借助自身优势扩展旅游目的地的市场半径和区域旅游市场范围，发挥着扩散效应和乘数效应，不断培育壮大新经济、新中心及新产业。

2. 增进外部协调

（1）高铁网络与旅游业协调发展。在我国的产业标准分类法中，高铁属于建筑业范畴，具有物质生产特征，而建筑业与工业同属第二产业，因此，高铁被视为第二产业；旅游业为服务业，属于第三产业范畴。交通作为旅游业三大支柱产业之一，高铁的发展为旅游业的发展提供了基础与前提条件，旅游业的发展为高铁提供了较高的游客周转量，二者紧密关联，具有相互依存、相互促进、相互协调的发展关系。高铁速度快的特征降低了空间距离对游客目的地选择的影响，使得游客消费行为发生转变。根据国际上早期高铁建设的成功案例，日本新干线、瑞典斯韦阿兰（Svealand）高铁线、法国 TGV（法语 Train à Grande Vitesse 的缩写）高铁及德国 ICE（德语 Intercity - Express 的缩写）高铁系统对区域旅游业发展产生显著影响，改变了游客出游目的地选择与消费习惯。此外，国内的一些研究也进一步证实了高铁交通具备增加游客出行频率、扩大游客目的地的选择机会、影响游客在目的地的停留时间及拓展游客出行范围的作用（张文新等，2013）。由此可见，高铁网络加强了都市圈之间以及都市圈内部各旅游城市间的联系，弱化了地理距离界线，将不同都市圈或圈内不同城市的多个旅游景区、景点串联起来，实现都市圈旅游协同发展。

（2）高铁网络促进第三产业发展。交通运输业作为制约第三产业发展的重要因素之一，随着高铁网络时代的到来，高铁将会着力推动包括旅游业在内的第三产业的发展，包括住宿、餐饮等产业。具体表现在，随着高铁的开通与网络化建设的完善，加速了人员流动的速度、提升了流动频率，直接导致都市圈内旅游人数急剧增加，这就对都市圈的接待水平提出更高要求，进而有效带动相关服务业等第三产业，并推动区域内经济快速发展。比如，高铁带来的巨大客流量带动地区住宿、餐饮、娱乐、商业等产业快速发展，提升了都市圈的旅游投资吸引力，拉动就业，并带动都市圈 GDP 增长。不仅如此，高铁网络还带动了房地产、会展、交通运输、物流业、金融、商业、旅游、康养、娱乐等产业的发展。在高铁网络效应的作用下，产业间相互联系产生乘数效应，推进第三产业实现量的扩张和质的跃升，加快沿线经济区域产业结构转型升级。

7.3　高铁网络与都市圈旅游的绿色发展路径

旅游业绿色发展在减少污染排放的同时还需要提高绿色生产效率。作为旅游业发展的重要支撑，同时也是碳排放的重要来源，交通运输领域的绿色发展效果在旅游业高质量发展过程中占据着重要地位。高铁作为低碳、环保、绿色的交通工具，在降低旅游碳排放量、提高能源使用强度、扩大市场范围等方面具有巨大优势。综上，本书认为，随着高铁网络不断完善，其对旅游业绿色发展具有较大影响，高铁网络通过绿色系统推动都市圈旅游业高质量发展的路径如图 7 – 4 所示。

1. 降低污染排放

（1）直接效应。交通产生的污染排放是全球环境问题严峻的主要因素之一，而在众多交通工具中，高铁产生的时空压缩效应可以优化能源消耗结构，有效降低碳排放量，对低碳旅游发展具有重要意义（李明伟等，2022）；同时，有研究表明，高铁对航空、汽车等其他出游交通方式具有

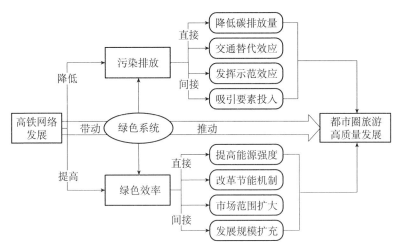

图7-4　高铁网络带动都市圈旅游绿色发展的路径

替代效应（Ya-Yen Sun and Zhi-Wei Lin，2017），在缓解交通运输压力、提高绿色技术水平的同时有效减少交通污染排放，为节能减排的实施提供了良好范例。随着高铁网络密度不断增加，高铁对低碳旅游发展效率的正向影响将越来越突出。有研究指出，高铁作为绿色出行中的一项重要交通工具，是绿色可持续发展政策在交通建设方面的实际体现，本身具有高清洁和低能耗特性（祝树金等，2019）。同时，由于高铁具有运量大、速度快等特征，在一定程度上降低了人均交通污染，促使其在实际运营中直接减少了环境污染，从而影响绿色发展。一方面，高铁带动了整个铁路系统能耗结构的调整与优化。高铁在以节能减排为主的绿色发展上起到了良好效应。比如，由于高铁运行的动力主要来源于电力牵引，进而带来了整个铁路系统电气化比重的大幅提高，改善和优化了整个铁路系统能耗结构调整，提高了能源利用效率（彭小辉和王静怡，2019），从而将降低旅游交通的能源消耗与碳排放，有利于旅游业绿色生产效率的提升。另一方面，高铁的客运增量形成了对其他高耗能交通工具的替代效应。由于高铁具有速度快、密度高、运量大等特征，对公路与民航运输造成了一定的替代效应，同时又因为高铁的单位运量能耗仅为高速公路的1/8、航空的1/16，所以高铁的替代效应给整个旅游交通系统带来了明显的节能减排效应。

此外，从能源供应角度来说，高铁运营所需的能源主要来自电力，相对于石油和煤炭等传统不可再生能源来说，电力是一种较为清洁、低碳的能源。通过大力发展可再生能源和提高电力供应系统的效率，有助于更好地实现低碳运行。高铁的线路和车辆经过系统化的设计和优化后，能够最大限度地减少能量的浪费，进一步提高了绿色低碳发展水平，而在高铁建设的过程中，也是充分考虑了环境保护因素。高铁线路的设计和建设都尽量做到了减少对周边生态环境的破坏，避免了大面积的土地占用，降低了对生态系统的影响；同时，通过在高铁车站周边积极推进绿化工作，营造良好的生态环境。不仅如此，高铁还特别注重废弃物的分类和处理，通过科学的垃圾处理系统，减少对环境的污染。

（2）间接效应。高铁作为节能环保型交通工具，不仅能够有效减少工业发展过程中产生的污染物排放量，对其他工业的发展起到示范效应，也能够将工业发展资源更好地流入服务业。高铁的开通意味着开放程度的进一步扩大、区域的吸引力逐步增强，以及外来投资甚至是外商投资的增加，在外来技术创新和人才资源的影响下，最终将会通过创新、人才、研发、投资、应用实现发展质量的提升，进而间接改善环境污染的问题（魏丽，2020）。比如，高铁开通运营后能够在较短时间内实现人口的大规模积聚，进而产生规模经济效应和产业集聚效应，而产业的集聚又不断推动着产业的协同发展，并带动城市绿色转型。一方面，人口集聚带来的规模经济效应可以大幅降低生产成本、优化生产技术，提高各类能源的利用效率；另一方面，人口集聚带来的产业协同效应可以提高生产效率、降低污染排放。同时，随着人口的不断积聚和社会经济的逐步发展，广大居民也开始注重提高生活质量和优化生活环境，居民追求美好生活的思想也会在一定程度上倒逼政府加大环境规制力度，降低污染排放，促进都市圈的绿色发展。此外，受高铁对外开放效应的影响，促使外来投资更倾向于交通便捷的地区，促使高铁给地区带来更多外来资本（张明志等，2019）；而外来资本，尤其是外商直接投资，不仅可以带来新的旅游业经营模式与技术知识，还可以促进投资质量的提高，从而促进旅游业碳排放的减少。

2. 提高绿色效率

（1）直接效应。绿色发展是可持续发展的重要体现，是生态文明建设的根本路径。高铁在建设与营运过程中不仅能吸引外来资本注入，还能实现新手段、新技术的应用，促进能源消耗结构调整，提高能源强度以及区域绿色生产效率（魏丽，2020）。同时，旅游绿色生产效率也对高铁的创新发展提出了更高要求，持续实现节能减排高效机制的应用，如制动机制的完善、高效节能设备的广泛应用等，高铁路网规划更完善、更合理，并对绿色发展效果进行反馈，保障旅游绿色生产效率的提高。此外，高铁开通后产生的最直接的效应就是加快了人口流动速度、提升了流动人口的数量和流动频率，并在该效应的影响下，衍生出其他一系列效应，如劳动力人口集聚效应、就业储备池效应以及社会经济增长效应等，进而通过这些效应的影响，不断推动都市圈旅游的绿色发展。具体而言，针对高铁开通后产生的就业储备池效应来说，大量劳动力人口的储备能够为都市圈旅游绿色发展提供充足的人才支持和智力支持，保障了都市圈旅游绿色发展的可持续性；同时，大量人口的流动还有助于产生知识的溢入和溢出效应，促进绿色技术创新发展和产业结构的优化调整（Lin，2017），从而带动都市圈旅游的绿色发展。

此外，高铁大幅度提高了旅游目的地的可达性（李保超等，2016），改善了旅游交通区位条件，提升了交通的便利性。便利性的交通条件不仅降低了交易成本、弱化了市场边界、引发了旅游市场边界延伸、拉动了旅游直接投资、扩大了旅游规模，还大幅降低了旅游要素的流动成本，使得都市圈旅游要素在不同地区、不同城市之间自由流动和有效整合，促进旅游要素出现集聚效应，形成规模经济（殷平，2012）。而且，积极地集聚外部性不仅能够缓解要素配置扭曲，还给地区带来循环经济、技术学习、设施共享以及政策等方面的支持，促进旅游企业创新与高质量发展，从而提高了都市圈旅游的绿色生产效率。

（2）间接效应。将绿色发展理念融入产业发展中，推进产业结构调整与升级，不仅是旅游业发展的时代要求，更是所有产业发展的现实需求。高铁的开通与运营不仅扩大了市场相关需求，还促进市场范围的扩大和交易成本的降低，间接促进了区域旅游生产效率的提升（魏丽，2020）。对都市圈旅游来说，一方面，高铁可以为都市圈旅游发展带来更多外来投资。外来投资一般会倾向于交通便利、区位条件较好的地区以保障获得预期的投资回报。高铁开通不仅大幅提升了都市圈的交通与区位条件，也显著增强了都市圈的知名度与吸引力，帮助都市圈吸引来更多的外来投资。而外来投资，尤其是外商直接投资不仅会对技术水平与协同发展效率等产生直接且积极的影响，还可以有效促进地区对人力资本和研发强度的吸收力，并通过提升投资质量以改善环境污染问题（张明志等，2019）。另一方面，高铁网络为都市圈旅游带来的对外开放扩大效应使各地区间在人才与信息上的交流更为频繁，增强了地区间知识溢出的数量与速度，为都市圈旅游业改进生产技术、实现创新以及推进高质量发展等提供了良好环境（彭小辉和王静怡，2019），从而实现都市圈内各个城市旅游业绿色生产效率的提高。

7.4 高铁网络与都市圈旅游的开放发展路径

旅游业的开放发展主要体现在文化传播与对外交流方面。在文化传播方面，旅游既是文化传播的重要载体，又是不同文化相互交流的重要途径。在对外交流方面，随着旅游业在经济发展中地位越来越重要，对外交往也对旅游业发展发挥着重要作用。而此时，交通作为连接旅游客源地和旅游目的地之间的桥梁，在这个过程中则承担着重要的纽带作用，能够将身处不同地区的游客连接在一起，既能够促进本土文化的对外交流和传播，又有利于各地区文化之间的相互学习和借鉴、促进文化繁荣与多样化发展，进而提升区域的整体文化吸引力。其中，高铁作为"升级版"交通方式，在完善交通基础设施建设的同时产生了独具特色的高铁文化，特别是随着高速动车组逐渐走出国门，中国速度与中国制造逐渐走向世界，以及"一带一路"倡议的执行，高铁网络对文化传播与对外交流将产生深远影响。高铁网络通过开放系统推动旅游业高质量开放发展的路径如图 7 – 5 所示。

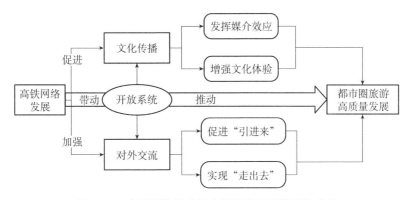

图 7-5　高铁网络带动都市圈旅游开放发展的路径

1. 促进文化传播

（1）高铁是文化传播的媒介。高铁不仅是一种交通工具，更是文化传播的媒介。在高铁的高效运行带动下，游客与游客、游客与旅游目的地之间进行有效交流，宣传中华传统文化、非物质文化遗产与各地特色的民俗文化，领略中华文化的魅力，增加了文化交流的深度与广度，助推了文化的传播与继承（王斌，2021）。特别是在文化和旅游部成立后，关于文旅融合的研究日益增多，在理论和实践层面均取得了较多成果，而文化旅游的快速发展离不开高效的交通运输体系的支撑，随着以高铁为代表的交通基础设施的不断发展完善，文旅产业也得到了空前发展，并将无意识的文化传播转变为有意识的文化呈现，既拓宽了文化传播的渠道，又深化了游客对文化的认知，更促进了文化的繁荣昌盛。比如，孙卿（2023）研究指出，当区域内的高铁网络形成后，交通可达性将得到显著提升，并对文旅产业的发展起到显著的促进作用。同时，在文化传播过程中，充分发挥高铁数字媒体的传播价值，如通过广告投放、媒体宣传等手段，实现高铁的广告价值和传播效果，提高区域旅游品牌的文化知名度和影响力。

（2）高铁对文化传播的影响。高铁可以通过直接效应和间接效应两种渠道的相互作用，共同促进文化吸引力的提升（王雨飞、倪鹏飞，2016）。有研究指出，高铁的发展对增强都市圈文化吸引力的作用首先反映在其作为交通基础设施投资对地区经济增长产生的直接拉动作用，即直接效应（冯斐，2020）。直接效应主要表现为两个方面。一方面，有研究认为，高铁作为一种新型交通工具正在改变人们的出行方式、工作模式和生活节奏，对于文化产业的发展也呈现空间结构重构的现象，进而推动相关产业资源的重构（李明超，2018）。这是由于高铁的建设投资可以产生比较广泛的产业关联效应，而增加交通基础设施建设投资也必定会通过投资乘数效应带动文化产业及其他相关产业经济的增长，最终，这些强大的经济实力便成为地区文化吸引力增长的充分条件。另一方面，"列车文化"为游客提供丰富多样的文化体验，迎合了游客出行的猎奇感，增强了游客出行意愿，不仅满足游客出行需求，更满足游客精神文化需求。此外，中国与外国在高铁研发与建设方面的合作，不仅会实现共赢，还向外国输出中国优秀文化，增强我国的国际影响力、弘扬我国的优秀文化。

高铁开通运营后对文化的吸引力除了具有一系列的直接效应，还具有较为突出的间接效应，其对都市圈文化吸引力提升的间接效应主要表现为两个方面。一方面，高铁线路的网络化布局在一定程度上削弱了不同都市圈之间，以及都市圈内不同城市之间市场分割的现状，加深且加速了不同都市圈之间以及都市圈内不同城市之间的开放程度。比如，有学者研究发现，高铁的开通使得信息、资本、劳动力、创新技术等生产要素在不同区域之间，以及区域内部的流动速度得到了有效提升，降低了企业的经济成本、运营成本和交易成本，为构建完备的文化传播体系提供了基础支撑，并通过优化市场资源配置等方式扩大了都市圈内部和圈外城市之间联系的范围，提升了联系的频率，促使文化的吸引力得以提升（Panicos and Mamuneas，2000）。另一方面，高铁线路的高密度布局所产生的空间压缩效应突破了知识溢出的空间限制，加深了不同地区之间在经济、贸易、文化、科技、教育等方面的交流与合作，有效促进了创新的发生。最终，在上述一系列成果的影响下，城市规模和生产力得到提升，文化经济活动不断集聚，都市圈文化的吸引力得到有效提升，如图 7 - 6 所示。

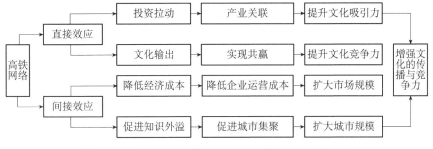

图 7 - 6　高铁网络提升都市圈文化吸引力的作用机制

2. 加强对外交流

中国高铁作为"中国制造"的标杆，是中国推动"一带一路"发展中的重点项目，吸引了较多国际社会的目光，并被部分学者称为中国的"高铁外交"（金水英、周晓琳、田泽，2019）。"高铁外交"的推行，助推中国标准走向世界，既是中国高铁发展的必然趋势，也是完善国际基础设施建设的主要手段，在保障国土安全的同时提升了国际影响力，彰显了大国实力。随着中国政府对"一带一路"倡议的不断推进，很多产业开始走出国门，其中，中国高铁"走出去"的表现尤为突出，且步伐较快。近年来，在中国政府的大力支持下，中老铁路、匈塞铁路、蒙内铁路、雅万高铁等一条条铁路的投入运营，不仅推动了共建国家和地区的经济发展，也深化了共建"一带一路"国家和地区人民之间的友好情谊，助推了共建"一带一路"高质量发展。比如，2023 年 10 月 2 日启用的雅万高铁就是中国与印度尼西亚共建"一带一路"的重大标志性成果，该条高铁线路全长142.3 公里，全线采用中国技术、中国标准，最高运行时速 350 公里/小时，与中国内地高铁"中国速度"同步。雅万高铁生动诠释了"一带一路"倡议所秉持的共商、共建、共享理念，奏响了"硬联通""软联通""心联通"的交响乐。据悉，印度尼西亚响应"一带一路"倡议十年来，中国印度尼西亚经贸合作加速增长。据中国海关统计，2022 年中国印度尼西亚的双边贸易额高达 1490.9 亿美元，同比增长了 19.8%，且中国已经连续 10 年成为印度尼西亚最大的对外贸易伙伴；此外，据印度尼西亚投资部统计，2022 年，中国企业对印度尼西亚直接投资高达 82.3 亿美元，同比增长了 160%，中国也成为印度尼西亚的第二大外资来源国。

（1）高铁把游客"引进来"。其一，高铁网络的完善促使旅游业国内、国际的生存环境得到改善，吸引了外部投资、人才引进与技术引进，促进了旅游相关产业的发展。其二，高铁的发展促进国内接受国外文化的"冲击"，相互借鉴、取长补短，并加强合作，实现中华民族的文化创新与文化自信。其三，高铁网络在扩大旅游市场的同时，提升了服务质量，增强我国旅游产品的国际竞争力与影响力（赵临龙，2022）。比如，2023 年 9 月 26 日广汕高速铁路的开通运营，让高铁"牵手"文旅在汕尾掀起一轮文旅新热潮，"奔向海陆丰——坐着高铁来赶海"成为汕尾的旅游新标签，特意乘高铁去汕尾尝"鲜"的游客络绎不绝。面对高铁引来的大量游客，汕尾相关部门也积极出台应对策略，利用滨海湿地、观海民宿、"海上古堡"等海洋元素打造"蓝色名片"，吸引游客体验"赶海之旅"，推出涵盖"吃、住、行、游、购、娱"的文旅大礼包，同时，举办了"奋进汕尾高铁时代——渔歌专场""非遗进景区""乡村旅游＋特色农业"等系列体验活动，以满足游客的需求。据统计，2023 年中秋、国庆假期"黄金周"期间，汕尾旅游总人数达 435.13 万人次，同比增长 157.88%；过夜游客 278.1 万人次，同比增长 484.24%；旅游总收入 20.53 亿元，同比增长 172.59%。其中，来自粤港澳大湾区的赴汕游客占汕尾接待游客总量的 70% 以上。广汕高铁的开通，让广汕高铁线路上的终点城市汕尾"火上加火"[①]。

（2）高铁让游客"走出去"。其一，国家安全是旅游业"走出去"的基本保障。中国的"高铁外交"有利于建立国际陆地安全体系，维护领土完整、国家统一和民族团结，这些保障与体系是旅游业对外开放发展的基础。其二，技术输出是旅游业"走出去"的核心支撑。其三，交流融合是旅游业"走出去"的最终目标。中国高铁"走出去"战略为中国旅游行业未来的发展提供更加广阔的空间，把中国的旅游、文化、产品和思想传播出去，实现旅游业的交流融合。以中老（中国—老挝）高铁为例，

---

① 黎存根，2023 年 11 月 2 日，"高铁旅游'标签化'吸引游客快旅慢游"，羊城晚报.

作为一条联结友谊、承载梦想的交通大动脉，中老铁路国际班列在既有出行时间的优势下，其宽敞舒适的乘车空间充满了"松弛感"，让旅客尽情欣赏沿途风景，多了一份出行的惬意、静谧与高级，成为人们假期消闲的新方式。它是中老铁路共建"一带一路"实打实的成就，对推动中老两国命运共同体建设不断走深走实、促进区域内国家的互联互通具有里程碑意义。同时，中老高铁也使"高铁卖点"成果助推了文化旅游。中老铁路作为国际班列的火车头，强劲拉动文旅经济，旅游业纷纷推出主打"火车往返""跨国高铁"的旅游项目，吸引各国游客纷至沓来。此外，中老高铁的开通方便了沿线民众出行、推动两国旅游等产业发展、促进两国经贸往来和共建"一带一路"高质量发展，具有十分重要的战略意义。

7.5　高铁网络与都市圈旅游的共享发展路径

旅游高质量发展的核心理念是人的发展，而人的发展主要体现在公共服务的完善与民生共享的实施，即开放系统的两个主要方面。作为重要的交通工具之一，高铁网络的不断发展将带动相关基础设施建设的完善，并带动客流量的增加，促进全域旅游提质升级与旅游资源共建共享。高铁网络通过共享系统推动都市圈旅游业高质量共享发展的路径如图 7 - 7 所示。

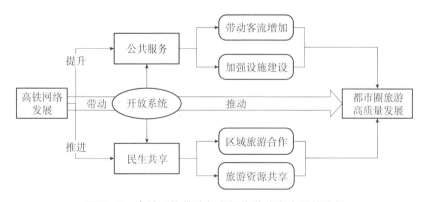

图 7 - 7　高铁网络带动都市圈旅游共享发展的路径

1. 提升公共服务

（1）高铁网络带动游客流量增长。高铁网络的发展不仅带动客运量增长，还提高了游客出游的质量。其一，高铁运输的快捷，高效压缩了游客出行时间，使得高铁短途出行次数增加（FAN and KATO et al.，2021）。其二，在"快进慢游深体验"的旅游发展模式中，高铁成功实现了"快进"模式的打造，使人们在工作、生活等压力下享受出游带来的宁静，在增加人们出游便利性的同时还能适应快节奏的生活需求。比如，马蜂窝旅游研究院院长冯饶认为："近两年来，随着中国高铁网络的不断完善，使得城市间的时间距离不断缩短，游客旅行的半径也随之延长，这不仅重新定义了城市周边游的概念，而且对沿线旅游的带动作用也不可估量。"马蜂窝旅行玩乐大数据显示，郑渝高铁开通后，"神农架"搜索热度上升133%，"长江三峡"的热度更是增长357%。[①]

（2）高铁网络加强基础设施建设。高铁网络不仅促进了沿线地区经济发展，还加强了区域基础设施建设。为承接高铁效应带来的积极影响，需要建设与之配套的服务业与基础设施，包括广场、道路、旅游集散中心等（王丽、曹有挥、仇方道，2017），实现对客货流的集聚与扩散。在这一过程中需引进先进技术和管理、治理的经验，实现城市结构完善升级，改善人们的生活环境，促使人人享有高质量发展的成果，从而达到助力旅游业高质量发展的目的。比如，衢杭高铁作为长三角快速铁路网的重要组成部分，以及杭州和衢州"山海协作"的重要纽带，该线路为打造浙江高质量发展建设共同富裕示范区发挥重要作用；同时，也将带动相关领域的发展，如旅游业、物流业等，进一步促进了地区经济的繁荣和人民生活水平的提高。它既是推动浙皖闽赣生态旅游协作区发展、打造宜居宜游城市群、优质生活圈的需要，又是充分发挥杭州都市圈辐射带动作用的体现，更是推动长三角地区城市群的联动发展的需要。

2. 推进民生共享

（1）高铁网络实现区域旅游合作。其一，高铁网络带动区域内旅游相关产业合作发展、互利共赢，打造区域产业经济集聚区，增加相关服务产业就业率（孙伟增、牛冬晓、万广华，2022），实现区域内人人享有发展

---

① 人民网，2022年7月8日，"高铁跑出旅游加速度"，人民日报海外版。

成果，实现共同富裕。其二，高铁网络带动不同区域旅游业共同发展，实现区域间客源对接，加强区域合作，在形成旅游联盟的同时，区域依托高铁建设，开发"一日游""两日游"路线，激活高铁沿线旅游产业的发展，实现区域共同富裕。近年来，借助高铁网络为旅游业发展带来的红利，为了吸引更多国内外游客，多个城市和区域开始规划打造世界级旅游目的地，且随着不同地区之间的开放程度逐渐加深，跨省域的旅游合作项目也越来越多。比如，2023 年 9 月 25 日，昆明南宁贵阳与红河桂林黔南"3 + 3"共同发布滇桂黔世界级旅游目的地黄金旅游环线，即：南宁青秀山旅游风景区——桂林两江四湖·象山景区——黔南州荔波小七孔景区——贵阳青岩古镇——昆明石林风景名胜区——红河州弥勒国家级旅游度假区；9 月 17 日，重庆和湖北签署备忘录，双方将携手推进长江国家文化公园建设，打造长江三峡世界级旅游目的地。

（2）高铁网络加强旅游资源共享。总的来说，随着高铁网络建设的逐步完善，人与人、人与地、地与地之间的交流日趋紧密，最终实现旅游资源共享效益最大化。具体来说，以高铁线路为轴线，整合沿线城市旅游资源，进而带动轴线周边发展较慢的城市；此外，随着高铁网络密度增加，以及高铁站点和高铁线路增多，有助于实现"以点带面，以线带群"的旅游资源共享格局。由此可见，得益于高铁网络为都市圈旅游带来的便利，能加强不同地区之间的旅游资源共享，实现跨区域旅游发展已成为普遍形式。比如，《"十四五"旅游业发展规划》（以下简称《规划》）提出，健全京津冀协同发展、长江经济带发展、粤港澳大湾区建设、长三角一体化发展、黄河流域生态保护和高质量发展等区域重大战略旅游协调机制，推进跨行政区域旅游资源整合利用。同时，加强不同区域旅游品牌和服务的整合，支持京张体育文化旅游带、黄河文化旅游带、巴蜀文化旅游走廊、杭黄自然生态和文化旅游廊道、太行山区等旅游业发展，持续推进跨区域特色旅游功能区建设。若想顺利实现《规划》中提出的旅游业共享发展的理念，离不开便捷的高铁运输网络的支撑。

本章小结

已有研究结果表明，高铁网络对都市圈旅游高质量发展具有重要影响，基于此，本章依托前面关于高铁网络、旅游业高质量发展的定义以及高铁网络对都市圈旅游发展影响的相关研究，在论证高铁网络与都市圈旅游业高质量发展的关系的基础上，重点从创新、协调、绿色、开放、共享五个层面探索了高铁网络对都市圈旅游高质量发展的影响路径，进而为后续章节研究奠定丰厚的理论基础。

第8章 高铁网络对都市圈旅游高质量发展的影响评价

基于第 7 章提出的高铁网络与都市圈旅游高质量发展的路径分析，本章主要进行高铁网络对都市圈旅游高质量发展影响评价的实证研究。首先，结合已有相关研究成果，并基于前文中关于都市圈旅游、高质量发展、旅游高质量发展等概念的界定，构建都市圈旅游高质量发展与高铁网络发展的综合评价指标体系。其次，结合评价指标的特征构建评价模型。最后，在全国范围内选择一个都市圈作为案例进行实证研究，要求该都市圈的高铁网络建设相对完善且旅游资源禀赋较好，通过采集指标数据并测算高铁网络对都市圈旅游高质量发展的影响效应。

8.1 评价指标体系构建

8.1.1 指标选取原则

指标体系是衡量发展情况的重要准则，为了更好地构建都市圈旅游的高质量发展的评价指标体系，指标选取应实现科学化、规范化。本书在指标选取过程中需要始终遵循以下三点原则。

1. 科学性与简明性原则

选取的评价指标必须以科学性为原则，即要求选择的指标能够客观真实地反映高铁网络与都市圈旅游高质量发展的特点和状况，同时，真实准确反映各指标间的关系。此外，指标应具有典型性与代表性，不可过于烦琐、重复，也不可过少过简，应具有简明性。

2. 系统性与综合性原则

指标选取应具有层次性，能从不同层次、不同角度反映高铁网络与都市圈旅游高质量发展的实际情况。不同子系统联合可以反映整体的情况，但每个子系统既相互联系又彼此区分，共同构建一个有机整体。因此，指标选取过程中应注意系统性与综合性的原则。

3. 可操作性原则

在保证指标选取准确性、针对性的同时，要保证数据的可获得性原则。一方面，指标的选取要能寻找到对应的数据来源，容易收集且微观性强，各指标间具有现实可操作性；另一方面，选取的指标要能保证可以进行量化处理，以便进行数学模型的应用。

8.1.2　高铁网络的评价指标

1. 指标选取与数据来源

本书在前期研究成果的基础上，结合现有研究（李明伟等，2022；郭伟、曾祥静、张鑫，2020；郑拓，2020；张洪鸣、孙铁山，2022；刘佳、陆菊、刘宁，2015），主要从高铁网络的发展规模、发展效益、发展稳定性三个方面构建评价指标体系，全面反映高铁网络发展现状。高铁网络发展的评价指标体系具体见表 8 - 1。

表 8 - 1　　　　　　　　　　高铁网络发展评价指标体系

因素来源	指标	单位	性质	参考文献
发展规模	高铁站站台数量（X1）	个	+	李明伟等（2022），孙铁山等（2022）
	高铁开通线路数（X2）	条	+	郭伟等（2020），孙铁山等（2022）
发展效益	高铁旅客周转量（X3）	亿人公里	+	郑拓（2020）
发展稳定性	交通运输预算支出/ 财政总支出（X4）	%	+	李明伟等（2022），刘佳等（2015）

资料来源：由作者整理而得。

2. 指标说明

从表 8 - 1 可知，为能全面分析高铁网络发展情况，将发展规模、发展效益以及发展稳定性三方面作为构建评价指标体系的因素来源，发展规模维度主要包括高铁站站台数量（个）、高铁开通线路数（条）；发展效益维度主要表现为高铁旅客周转量（亿人公里）；发展稳定性维度主要表现在交通运输预算支出与财政总支出的比重（%）。现将各个指标进行详细说明。

（1）X1：高铁站站台数量（个）。高铁站在都市圈内呈现点状分布，数量越多表明都市圈内开通高铁的城市数量越多。结合已有研究可知（李明伟等，2022），高铁站站台数量能够直观反映高铁规模的扩张程度，站台数量的增加对于高铁规模的扩张具有推动作用。

（2）X2：高铁开通线路数（条）。高铁线路在都市圈内呈线状分布，直接反映都市圈内的高铁密度（郭伟、曾祥静、张鑫，2020），开通线路的数量越多表明都市圈内的高铁密度越大。本书中的高铁开通线路数是指某个都市圈内各年份开通运营的高铁数量。

（3）X3：高铁旅客周转量（亿人公里）。旅游周转量（单位：亿人公里）是指一定时期内（本书主要以年为单位），不同运输工具所运送的游客数量与其相应运送里程的乘积之和。针对旅客周转量的概念，此处提出了高铁网络旅客周转量定义，即指在一个自然年期间，由高铁运输的游客数量与其相应运送里程的乘积，主要体现了高铁运输效率与运输成果。然而，据调查，目前我国绝大多数地区尚无高铁旅客周转量的统计数据，因此，为了更准确真实地反映高铁运输的发展成果，本书给予以下思考。

在查阅相关的统计年鉴后发现，针对某个都市圈内各城市的高铁旅客周转量无具体统计数据，仅有区域内各城市的铁路旅客周转量（亿人公里）、中国高铁旅客周转量（亿人公里）以及中国高铁旅客周转量占铁路客运周转量的比重（%）。因此，本书基于已有的统计数据，使用相应的数学方法，测算高铁旅客周转量。通过前文分析，最后确定高铁旅客周转量（亿人公里）的测算方法如下：

$$\frac{x_i}{y_i} = \frac{x_t}{y_t} \qquad (8-1)$$

式（8-1）中，x_i 表示第 i 个城市的高铁旅客周转量（亿人公里），y_i 表示第 i 个城市的铁路旅客周转量（亿人公里），$i = 1, \cdots, n$ 表示研究区域的城市，x_t 和 y_t 分别表示全国的高铁旅客周转量（亿人公里）和铁路旅客周转量（亿人公里）。此处需要说明的是，对于未开通高铁的年份和城市，高铁旅客周转量默认值为 0。

（4）X4：交通财政预支费用/财政总支出（%）。财政支出在高铁发展中至关重要，但高铁财政支出无具体统计数据。因此，本书通过借鉴现有研究成果（李明伟等，2022），使用相关变量进行替代，将交通财政预支费用作为近似值用于研究。交通运输财政预支费用对交通运输业的发展规模和发展效益具有保障性作用。一方面，交通运输财政支出提供交通运输发展需要的资金，保证发展的稳定性；另一方面，交通财政预支费用占财政总支出的比重反映政策的倾向性与保障性，客观反映交通运输发展环境的良好程度。

8.1.3 都市圈旅游高质量发展的评价指标

1. 指标选取

根据本书第 2 章对高质量发展、旅游业高质量发展等概念的界定，以及上文中关于高铁网络与都市圈旅游高质量发展的路径研究结果；同时，参考已有关于旅游高质量发展的研究成果，此处以创新、协调、绿色、开放、共享五个维度为分类依据，构建都市圈旅游高质量发展的综合评价指标体系，具体内容见表 8-2。

2. 指标说明

从表 8-2 可知，为全面反映都市圈旅游高质量发展的情况，本书分别从创新、协调、绿色、开放和共享五个层面构建一级指标 10 个；同时，借鉴旅游业高质量发展的定义，以及前文中关于高铁网络对都市圈旅游高质量发展影响的分析，筛选并构建得到二级指标共 26 个。关于一级指标与二级指标的详细解释如下。

（1）创新系统。结合前文的理论分析以及高铁网络对都市圈旅游高质量发展影响路径的研究结论；同时，借鉴已有研究成果（刘雨婧、唐健雄，2022；张新成、梁学成等，2020），本书认为创新系统主要包括科技创新与人力资源两个方面，并分别对其进行详细说明。

其一，科技创新反映了创新的能力与成果，本书主要通过 R&D 经费、R&D 从业人员与发明专利数体现。由于现有统计数据中并无具体旅游 R&D 经费的统计，为保证数据的可获得性，此处采用 R&D 经费作为指标

表 8 - 2　都市圈旅游高质量发展评价指标体系

系统层	一级指标	二级指标	符号	单位	性质	参考文献	备注
创新	科技创新	R&D 经费	A1	万元	+	张新成等（2020）	—
		R&D 从业人员	A2	人	+	刘雨婧等（2022）	—
		旅游发明专利数	A3	个	+	刘雨婧等（2022）	—
	人力资源	旅游劳动生产率	A4	%	+	张新成等（2020）	（各市旅游接待总人数/住宿餐饮从业人员数量）×100%
		旅游从业人员比重	A5	%	+		（各市住宿与餐饮从业人员数量/第三产业从业人员数量）×100%
协调	内部协调	旅游业收入增长率	B1	%	+	张新成等（2020）；李志远等（2021）	由各市不同年份旅游总收入数值计算出增长率
		旅游业增长弹性系数	B2		+		各市旅游总收入增长率/GDP 增长率
		旅游产业集聚度	B3	%	+		（各市旅游总收入/GDP）/（旅游总收入/GDP）×100%
	外部协调	旅游与第一产业协调度	B4		+	李志远等（2021）；唐业喜等（2021）	由各市旅游业总收入与第一、第二、第三产业生产总值相关数据运用耦合协调度模型计算得出
		旅游与第二产业协调度	B5		+		
		旅游与第三产业协调度	B6		+		
绿色	污染排放	旅游碳排放量	C1	万吨	−	Li MW et al.（2022）；李志远等（2021）	各市旅游业总收入×旅游业碳排放强度
	环境质量	污水处理率	C2	%	+	唐业喜等（2021）；唐健雄等（2022）	—
		人均公园绿地面积	C3	平方米	+	刘雨婧等（2022）；李志远等（2021）；唐业喜等（2021）	—

续表

系统层	一级指标	二级指标	符号	单位	性质	参考文献	备注
绿色	环境质量	森林覆盖率	C4	%	+	刘静等（2022）；刘雨婧等（2022）；唐健雄等（2022）	\
		空气优良率	C5	%	+		\
开放	文化传播	图书出版数量	D1	万册	+		
		文化馆数量	D2	个	+	孙晓等（2021）	\
		博物馆数量	D3	个	+		
	对外交流	入境旅游人数/总旅游人数	D4	%	+	汪德根等（2016）；李志远等（2021）；唐业喜等（2021）；唐健雄等（2022）	\
		旅游外汇收入/总旅游收入	D5	%	+		
共享	公共服务	星级宾馆数量	E1	个	+	李志远等（2021）	\
		旅行社数量	E2	个	+		
		公共服务支出	E3	亿元	+	唐业喜等（2021）	\
	民生共享	A级以上景区数量	E4	个	+	李志远等（2021）；唐健雄等（2022）；刘静等（2022）	\
		人均旅游收入	E5	元	+		各市旅游总收入/居民人口总数

数据来源：相关资料由作者整理而得。

之一。旅游发明专利的数据主要来源于"Innojoy 专利搜索"工具,在该工具中以"旅游"以及"旅游业"为搜索关键词,根据授权时间以及申请单位所在区域来确定旅游发明专利的数量。其二,人力资源是创新的主体与动力,在旅游创新发展的要求下,不仅需要关注旅游相关从业人数,还需要注意旅游劳动生产率。根据评价指标选取的科学性与可获得性原则,本书认为旅游从业人员比重是指住宿与餐饮从业人员数量与第三产业从业人员数量的比值,旅游劳动生产率是指各地区旅游接待总人数与住宿餐饮从业人员数量的比值。

(2)协调系统。基于前文的基础理论分析和相关核心概念的界定,以及关于高铁网络对都市圈旅游高质量发展影响路径的研究,并借鉴已有研究成果中构建的指标(张新成、梁学成等,2020;李志远、夏赞才,2021;唐业喜、左鑫等,2021;刘雨婧、唐健雄,2022),本书认为协调系统主要包括内部协调与外部协调两方面,现分别对其进行详细说明。

内部协调包括三个方面,其中,旅游业收入增长率是指不同年份旅游收入的环比增长率,主要反映不同年份旅游收入的平均增长水平;旅游业增长弹性系数是指旅游收入增长率与地区 GDP 增长率的比值;旅游产业集聚度是指旅游收入占 GDP 比重与地区旅游收入占 GDP 比重的比值。外部协调也包括三个方面,分别是指旅游业与第一、第二、第三产业的协调度。已有研究成果在探讨高铁与旅游产业耦合协调发展水平时,首选耦合协调度模型,并以不同地区为对象分析高铁与旅游产业的耦合协调关系。研究结果表明,中国不同地区高铁与旅游产业发展不协调的问题较为严重,该情况尤其是在中部和西部欠发达地区更为严重;而耦合协调度较高的地区主要集中在经济发达城市,且耦合协调度呈现由东向西递减的特征,此研究结论对于探讨二者的产业转型升级和协同发展效应的提升具有重要意义(Li,Shao and Li,2022)。因此,本书为更好地探讨旅游业与第一、第二、第三产业协调发展水平,基于旅游业收入与第一、第二、第三产业生产总值相关数据,运用耦合协调模型分别测算旅游业与第一、第二、第三产业的耦合协调程度。

(3)绿色系统。基于基础理论分析和相关概念的界定,以及高铁网络对都市圈旅游高质量发展影响路径的分析，借鉴现有研究成果（Li，Shao and Shi，2022；刘雨婧、唐健雄，2022；李志远、夏赞才，2021；唐业喜、左鑫等，2021；刘静、王宝林等，2022），本书认为绿色系统主要包括污染排放与环境质量两方面，并分别对其进行详细说明。

其一，降低污染排放与加强环境治理可以大力推动绿色发展，旅游碳排放量直接反映旅游绿色发展的程度，但是由于现有统计中暂无关于旅游碳排放的相关统计数据。因此，通过借鉴已有研究成果（Li，Shao and Shi，2022）的测算方式，本书利用旅游业总收入（亿元）与旅游业碳排放强度的乘积（千克/千美元）计算得出旅游碳排放量（万吨）；其中，旅游业碳排放强度采用世界平均旅游碳排放强度 623.13（千克/千美元）作为参考值；污水处理率具体指污水处理量占污水排放总量的比重。其二，环境质量方面主要包括人均公园绿地面积、森林覆盖率、空气优良率。人均公园绿地面积是反映城市居民生活环境和质量的一项重要指标，森林覆盖率指森林面积与某一区域总面积的比值，是反映森林资源的重要指标，空气优良率主要反映空气的质量，而空气污染会给人体带来不良效应。

（4）开放系统。基于基础理论分析和相关概念的界定，以及高铁网络对都市圈旅游高质量发展影响路径的剖析，并借鉴现有研究成果（汪德根、钱佳、牛玉，2016；孙晓、刘力钢、陈金，2021；刘雨婧、唐健雄，2022；刘静、王宝林、刘朝峰，2022；王兆峰、谢佳亮、吴卫，2022），本书将开放系统分为文化传播与对外交流两方面，现分别对其进行详细说明。

其一，文化传播的力度与广度是推动文化对外开放水平的重要渠道，有助于满足广大群众对不同类型文化的需求，进而推动文化多样性发展。本书认为推动文化传播的主要途径包括图书出版的数量、博物馆数量以及文化馆数量。其二，以中国实行对外开放政策的经验来看，旅游业对外开放能够吸引更多的国外游客并获得更高的经济效益，是旅游业高质量发展的必然需求，因此，本书采用入境旅游人数占旅游总人数的比重和旅游外汇收入占旅游总收入的比重两个数据作为对外开放的关键指标。

（5）共享系统。基于基础理论分析和相关概念的界定，以及高铁网络对都市圈旅游高质量发展影响路径的分析，并借鉴现有研究成果（李志远、夏赞才，2021；唐业喜、左鑫等，2021；刘静、王宝林、刘朝峰，2022；梁改童、高敏华、白洋，2021），本书认为共享系统主要包括公共服务与民生共享两方面，现分别对其进行详细说明。

其一，公共服务的建设与完善有助于协调地区间发展的不平衡，包括收入、资源利用、产业结构等方面，公共服务支出直接反映共享发展的力度，星级宾馆和旅行社作为旅游服务的重要组成部分，对此二者数量的统计能够有效反映旅游公共服务的发展情况。其二，民生共享是民生问题的重要导向，是化解新时代社会主要矛盾的重要武器。旅游共享直观表现在旅游收入共享与旅游资源共享等方面。因此，本书将人均旅游收入与城市中的 A 级及以上景区数量作为民生共享下的二级指标，人均旅游收入是指旅游总收入与居民人口总数的比。

8.2　评价模型选择与构建

8.2.1　设计思路

本书基于前文得出的高铁网络影响都市圈旅游高质量发展的理论分析结果，提出高铁网络对都市圈旅游高质量发展影响评价模型的选择和构建思路，即构建高铁网络与旅游业高质量发展综合评价指标体系，并进行评价模型的构建，模型构建与应用包括两个方面。一是运用熵值 – TOPSIS 方法分别测算高铁网络发展与旅游业都市圈旅游高质量发展综合评价得分，明确高铁网络发展与都市圈旅游高质量发展水平和发展趋势，探究导致二者发展中的不平衡、不充分等问题。二是运用面板模型实证检验高铁网络对都市圈旅游高质量发展的影响效应，并利用截面数据描述高铁网络影响都市圈旅游高质量发展的动态变化特征，探索高铁网络影响都市圈旅游高质量发展的过程中是否存在区域异质性，以期明确高铁网络影响都市圈旅游高质量发展的现存问题，并为后期针对性地提出对策建议奠定基础。

8.2.2　指标数据预处理

由于高铁网络与都市圈旅游高质量发展的指标体系中包含的指标较

多，其度量单位、描述性质、数量级等均不同，为消除这些差异对研究结果造成的负面影响，在进行计算前需使各指标数据之间具有可比性，对数据进行标准化预处理。由表 8 - 2 可知，指标数据对评价结果既具有正向效应也具有负向效应，此处借鉴相关研究成果（刘云菲、李红梅、马宏阳，2021；周清香，2021），采用极差法对评价指标体系中各个数据进行标准化处理，以下为数据标准化处理的过程。

正向指标：

$$X'_{ij} = \frac{X_{ij} - \min(X_{ij})}{\max(X_{ij}) - \min(X_{ij})} \qquad (8-2)$$

负向指标：

$$X'_{ij} = \frac{\max(X_{ij}) - X_{ij}}{\max(X_{ij}) - \min(X_{ij})} \qquad (8-3)$$

在式（8 - 2）与式（8 - 3）中，X'_{ij} 表示标准化处理后的指标值，i（1，2，$\cdots$，n）表示案例区域中的各个城市，j（1，2，$\cdots$，m）表示各评价指标，X_{ij} 表示原始指标值，$\min(X_{ij})$ 表示 X_{ij} 的最小值，$\max(X_{ij})$ 表示 X_{ij} 的最大值。

8.2.3 熵值 - TOPSIS 评价法

通过分析已有的相关研究成果，并对其使用的评价方法进行综合分析后发现，目前，国内外学者对于高质量发展评价的研究成果中，在确定指标权重时使用较多的方法主要包括三种，分别是客观赋权法、主观赋权法与主客观赋权法。其中，客观赋权法是通过数学方法确定权重，不依靠相关研究者的主观判断，具有较强的客观依据，主要包括熵权法、主成分分析法等。主观赋权法主要包括专家评判法、层次分析法等，虽然主观赋权的方法较为成熟，但是具有较强的主观性，单独使用此类方法计算权重会影响评价结果的精确性。因此，根据本书中的指标特征，最终采用主客观赋权相结合的方法来确定权重，即将主观赋权法和客观赋权法相结合，对指标进行赋权。综上所述，结合表 8 - 2 中的指标特征，本书选择熵值 - TOPSIS 法测算高铁网络对都市圈旅游高质量发展的影响情况。熵值法是一种常用的客观赋权法，可以减少主观赋值带来的偏差。TOPSIS 法是常用的组内综合评价方法，能够充分利用原始数据，精确地反映各指标之间的差距。选取熵值 – TOPSIS 法的原因主要包括三方面：一是该方法能够避免主观赋权带来的人为因素偏差，能够客观、准确、合理地反映高铁网络都市圈旅游高质量发展的综合水平；二是该方法测算过程简便，易于操作，测算结果合理有效，其中，TOPSIS 法对于数据分布和样本含量没有严格限制；三是熵值法并不能解决指标离散程度过大导致的权重偏差，以致评价结果过度依赖原始数据，而 TOPSIS 法可有效弥补甚至修正这一缺陷（刘云菲、李红梅、马宏阳，2021）。

因此，结合本书构建的高铁网络与都市圈旅游高质量发展评价指标的特征，先对数据进行预处理，之后使用熵值法确定指标权重，避免因主观因素造成的权重偏差，最后基于熵值法计算出指标权重，使用 TOPSIS 法对目标对象进行评价，得出综合发展得分，此处使用 SPSS 工具进行测算。

熵值 – TOPSIS 法共包括以下八步。

第一步：计算指标体系的比重矩阵 Y_{ij}（$0 \leqslant Y_{ij} \leqslant 1$）：

$$Y_{ij} = \frac{X'_{ij}}{\sum\limits_{i=1}^{n} X'_{ij}} (i = 1, 2, \cdots, n; j = 1, 2, \cdots, m) \tag{8-4}$$

第二步：计算各指标 j 的熵值 E_j（$0 \leqslant E_j \leqslant 1$）：

$$E_j = -k \sum\limits_{i=1}^{n} Y_{ij} \times \ln Y_{ij} \tag{8-5}$$

第三步：计算差异项系数 D_j：

$$D_j = 1 - E_j \tag{8-6}$$

第四步：计算各项指标权重 W_j：

$$W_j = \frac{D_j}{\sum\limits_{j=1}^{m} D_j} (j = 1, 2, \cdots, m), \sum\limits_{j=1}^{m} W_j = 1 \tag{8-7}$$

第五步：基于 W_j 和 Y_{ij} 构建加权矩阵：

$$R = (r_{ij})_{n \times m}, r_{ij} = W_j \times Y_{ij} \tag{8-8}$$

第六步：确定最优方案 Q_j^+ 与最劣方案 Q_j^-：

$$Q_j^+ = (\max r_{i1}, \max r_{i2}, \cdots, \max r_{im}) \tag{8-9}$$

$$Q_j^- = (\min r_{i1}, \min r_{i2}, \cdots, \min r_{im}) \tag{8-10}$$

第七步：确定最优方案 Q_j^+ 与最劣方案 Q_j^- 的欧氏距离 d^+ 与 d^-：

$$d_i^+ = \sqrt{\sum_{j=1}^{m} \left(Q_j^+ - r_{ij} \right)^2} \tag{8-11}$$

$$d_i^- = \sqrt{\sum_{j=1}^{m} \left(Q_j^- - r_{ij} \right)^2} \tag{8-12}$$

第八步：计算各方案的综合评价指数 C_i：

$$C_i = \frac{d_i^-}{d_i^+ - d_i^-}, C_i \in [0,1] \tag{8-13}$$

其中，C_i 越接近 1 表明发展水平越好，C_i 越接近 0 表明发展水平越差。

8.2.4 面板回归模型

面板模型能够基于各样本在时间序列上组成的数据，综合样本信息研究自变量对因变量的影响。面板数据是计量经济学中的经典模型，不仅涉及截面维度，也涉及时间维度。以面板数据为来源，能够在解决遗漏变量问题的同时，提高估计的精确度（张曼、彭蝶飞，2022）。参考已有研究成果，本书主要采用"时间—个体双向固定效应模型"进行回归分析。一是面板数据模型一般包括混合估计模型（POOL）、随机效应模型（RE）以及固定效应模型（FE），其中，混合估计模型应用时不同个体和不同时间之间不存在差异。固定效应模型将个体特征变量纳入解释变量，随机效应模型则是将其纳入随机干扰项中，随机效应模型需要更强的假设条件。同时，在运用面板模型时，较多学者均选择固定效应模型（李涛、王钊等，2022；许艺芳、王松茂，2023）。二是在固定效应模型中，双向固定效应模型具有不随时间变化的个体特征，以及不随个体变化的时间特征进行控制。综上所述，本书使用时间—个体双向固定效应模型进行效应分析。需要指出的是，在时间—个体双向固定效应模型应用中，需对各指标变量进行取对数的处理，降低共线性和异方差的存在概率，使得面板数据的序列更平稳，并确保残差呈现随机性。

1. 回归模型的构建

$$hqt_{it} = a_0 + a_1 hsr_{it} + a_2 C_{it} + \varepsilon_{it} \tag{8-14}$$

式（8-14）中，i 表示某个都市圈中的城市数量，t 表示年份，hqt 表示旅游业高质量发展，a_o 表示常数项，hsr 表示高铁网络发展，C 表示各控制变量，a_1、a_2 表示各变量的待估系数，ε 表示随机干扰项。

2. 变量选择与数据说明

（1）被解释变量。都市圈旅游高质量发展（hqt）：根据本章中的阐述与解读，本书主要以创新、协调、绿色、开放、共享五大新发展理念为基础，进行都市圈旅游高质量发展综合评价指标体系的构建。具体包含 5 个系统层、10 个一级指标、26 个二级指标的评价体系，详见本章表 8 - 2。

（2）解释变量。高铁网络发展（hsr）：根据本章中的阐述与解读，本书从发展规模、发展效益、发展稳定三个方面描述高铁网络发展水平，并构建了包含 4 个二级指标的评价体系，详见本章表 8 - 1。

（3）控制变量。为了降低因遗漏变量而产生的偏差，有效控制变量对研究结果产生的干扰和影响，更好地描述和解释研究成果，本书在回归模型中加入控制变量，主要包括以下三个变量。其一，政府干预，地方政府财政支出占地区 GDP 的比重（明庆忠、邹建琴，2022；袁洪英、张广海，2022；顾晓燕、朱玮玮，2022）。其二，城镇化率，城镇人口数量占区域总人口数量比重（明庆忠、邹建琴，2022；顾晓燕、朱玮玮，2022）。其三，经济发展水平，该变量为地区人均生产总值（明庆忠、邹建琴，2022）。控制变量中的数据来源于各市统计年鉴与统计公报。结合本书指标的选取原则，对相关数据进行取对数处理，缩小数据的绝对数值，方便计算。其中，少量缺失数据采用趋势递推法补齐。为了更加直观、准确观察各指标，被解释变量、解释变量以及控制变量中各变量的名称、符号、释义均在表 8 - 3 中详细列出。

表 8 - 3　　　　　　　　　　　各变量名称及释义

变量分类	名称	变量	释义
被解释变量	旅游业高质量发展	hqt	创新、协调、绿色、开放、共享系统
	创新发展	hqt_inno	由科技创新、人力资源两个指标构成
	协调发展	hqt_coor	由内部协调、外部协调两个指标构成
	绿色发展	hqt_gree	由污染排放、环境质量两个指标构成
	开放发展	hqt_open	由文化传播、对外交流两个指标构成
	共享发展	hqt_shar	由公共服务、民生共享两个指标构成

变量分类	名称	变量	释义
解释变量	高铁网络发展	hsr	由高铁站站台数量、高铁开通线路数、高铁旅客周转量、交通运输预算支出/财政总支出四个指标构成
控制变量	政府干预	gove	地方政府财政支出占地区 GDP 的比重
	城镇化率	urba	城镇人口数量占区域总人口数量比重
	经济发展水平	econ	地区人均生产总值

8.3　实证研究

8.3.1　案例地选取及其发展概述

基于前文理论分析与研究设计得到的结果，再对比全国范围内的高铁网络建设情况和都市圈旅游业的整体发展情况等；同时，考虑到前文研究时，已经以河南省内的城市为例采集了部分数据。因此，为了节省数据采集成本，并与前文的研究对象保持一致，本书在此处决定，仍然选择以郑州都市圈及河南省内其他已经开通高铁线路城市为案例地进行实证分析。

1. 高铁网络建设水平

本书在阐述其高铁网络建设水平时，主要从高铁发展的过去地位、现有水平以及未来规划等方面进行详细说明。其一，高铁发展的区域地位。河南地处我国中部地区，是全国的中心，其独特的地理位置具有衔接东西、沟通南北的重要交通作用，是中国重要的铁路枢纽。其中，郑州作为一个由火车发展起来的城市，基础路线较多，这也是实现高铁高效利用率的基础要素之一。2008 年 8 月 1 日，京津城际铁路通车标志中国进入高铁时代。2010 年 2 月 10 日，郑西高铁正式投入使用，河南也紧随全国高铁发展之势进入了高铁时代。可以看出，河南高铁的发展具有良好基础。其二，高铁发展水平较高。河南"米"字形高铁建设可以增强区域通达性，强化区域交通枢纽地位，进而促进都市圈建设。2022 年 6 月 20 日，济郑高铁（濮郑段）开通，河南"米"字形高铁建设完成，这也是全国首个"米"字形高铁网络构架。"米"字形高铁网络强化了河南的交通枢纽地位，加强了河南与各大都市圈的联系，实现了河南对于各主要经济区域进行优势互补的引领作用。可以看出，河南高铁网络布局在我国处于领先水平。其三，高铁发展的未来规划全面。为响应全国"八纵八横"高铁网络建设目标，河南正在积极推进"米+井+人"的建设布局，即在"米"字形高铁网络建设的基础上，构建"井"和"人"字形高铁网络布局，拉动全省各市的高铁建设。关于河南高铁网络的已有发展成果和未来的发展规划，具体阐述如下。

（1）已有发展成果。截至 2022 年 7 月，河南率先建成"米"字形高铁网，形成以高铁为主的综合立体交通网，全省综合立体交通网总里程已达 27.8 万公里，河南综合交通枢纽的地位得到进一步巩固和提升。河南"米"字形高铁网络相关信息见表 8 - 4。

表 8 - 4　　　　　　河南"米"字形高铁网络建设的相关信息

开通年份	高铁名称	运行里程（公里）	时速（公里/时）	米字构造	途经站点（河南省域）	重要意义
2010	郑西高铁	306	350	左边部"一横"	郑州东站、郑州西站、巩义南站、洛阳龙门站、渑池南站、三门峡南站、灵宝西站	河南进入高铁时代
2012	京广高铁	507	350	"一竖"	安阳东站、鹤壁东站、新乡东站、郑州东站、许昌东站、漯河西站、驻马店西站、明港东站、信阳东站	贯通中原经济区
2016	郑徐高铁	253	350	右边部"一横"	郑州东站、开封北站、兰考南站、民权北站、商丘站	直接连通江浙沪
2019	商合杭高铁（商合段）	41	350	部分"一捺"	商丘站、商丘东站	加强豫东与外界交融
	郑阜高铁	212	350	部分"一捺"	郑州航空港站、许昌北站、鄢陵站、扶沟南站、西华站、周口东站、淮阳南站、沈丘北站	加强豫东与外界交融
	郑渝高铁（郑襄段）	350	350	"一撇"	郑州东站、郑州航空港站、长葛北站、禹州站、郏县站、平顶山西站、方城站、南阳东站、邓州东站	加强豫西南与外界交融
2020	郑太高铁	111	250	左边"一点"	郑州站、南阳寨站、黄河景区站、武陟站、修武西站、焦作站、焦作西站	加强豫北与外界交融

开通 年份	高铁 名称	运行里程 （公里）	时速 （公里/时）	米字 构造	途经站点 （河南省域）	重要 意义
2022	郑济高铁 （濮郑段）	195	350	右边 "一点"	濮阳东站、内黄站、滑浚 站、卫辉南站、新乡南站、 郑州东站	建成米字形 高铁网

资料来源：作者根据高铁网中的数据整理获得。

由表 8 - 4 可知，2010 年河南开始有高铁线路，到 2022 年末基本进入高铁时代，河南"米"字形高铁网络在全国率先建设完成，设计时速为 350 公里/时，实现了河南省"市市通高铁"的格局，以省会郑州为中心，至中原城市群主要城市一小时通达，与国家重点城市群、经济区实现五小时通达，极大地拉近了各城市间时空距离，提升了河南在全国铁路网络中的地位，对郑州国家中心城市建设和提升全国性综合交通枢纽地位至关重要。

此外，河南在加快高铁网络建设的同时，以城际高铁为补充，构建多层次城际交通网。表 8 - 5 为河南城际铁路相关信息。可以看出，河南自 2014 年逐渐开通城际铁路，目前已开通路线有 4 条。

表 8 - 5   河南城际铁路的相关信息

名称	开通时间	设计时速（公里/时）	起止站
郑开城际铁路	2014 年 12 月 28 日	200	郑州东站—宋城路站（开封市）
郑焦城际铁路	2015 年 6 月 26 日	250	郑州站—焦作站
郑机城际铁路	2015 年 12 月 31 日	200	郑州东站—郑州新郑国际机场
机南城际铁路	2020 年 12 月 12 日	200	郑州新郑国际机场—郑州航空港站

资料来源：作者根据高铁网中的数据整理获得。

综上，河南在全国范围内率先建成了"米"字形高铁网，步入了"市市通高铁"的时代，同时，城际铁路的补充完善，加强了高铁与其他交通方式的有效衔接，带动"米"字形高铁在全国范围内的重要枢纽作用。但是，在高质量发展时代背景下，河南高铁网络发展呈现出部分不足，主要包括与其他交通方式衔接不紧密、交通设施配套不齐全、网络覆盖密度不均衡等。

（2）后期发展规划。为进一步推进立体交通网的建设规模，2022 年 7 月，河南印发了《河南省综合立体交通网规划（2021—2035 年）》（以下简称规划），规划主要以开放互联、便捷顺畅、集约高效、智慧绿色、安全可靠为目标，打造 2035 年全省综合立体交通网。其中，在高铁建设规划方面，计划到 2035 年河南高铁网实体线网规模建设达到约 3500 公里，并着力构建"五纵五横"现代化高速铁路网，实现与周边省会两小时通达，强化与成渝、长三角等城市群的联系，途经河南的高铁规划具体内容见表 8 - 6。

表 8 - 6　　　　　　　　　河南 2035 年的高铁建设规划

五纵五横	途经城市
五纵	①安阳—鹤壁—新乡—郑州—许昌—漯河—驻马店—信阳（京哈—京港澳通道） ②聊城—濮阳—菏泽—商丘—阜阳—信阳—潢川（京港台通道） ③焦作—济源—洛阳—南阳—襄阳（呼南通道） ④濮阳—郑州—许昌—平顶山—南阳—襄阳（济郑渝通道） ⑤长治—焦作—郑州—许昌—周口—阜阳（太郑合通道）
五横	①三门峡—洛阳—郑州—开封—商丘（陆桥通道） ②洛阳—平顶山—漯河—周口 ③侯马—焦作—新乡—菏泽 ④三门峡—南阳—驻马店—阜阳 ⑤十堰—南阳—信阳—合肥

资料来源：河南 2022 年 7 月印发的《河南省综合立体交通网规划（2021—2035 年）》。

可以看出，河南在"米"字形高铁网络建设基础上，规划要在 2035 年实现"五纵五横"高铁网与"四纵四横"城际铁路网建设，强化高铁与城际铁路甚至与其他交通方式的有机衔接，在保证省内各市通达度的同时，推进高铁与物流、文化、旅游等产业的融合发展。例如，高铁快递、高铁快运等形式，"快进慢游深体验"的旅游交通网，以及"行走河南·读懂中国"的文化旅游品牌，实现安全、智慧、绿色、多元的高铁网络发展格局。

2. 旅游业发展水平

（1）旅游资源开发现状。旅游资源是旅游业发展的基础，是旅游活动产生的前提和基本要素，是旅游产业得以发展的重要物质供给，决定着旅游产业的综合效益以及可持续发展的方向（任以胜、陆林、韩玉刚，

2022）。河南不仅拥有丰富多彩、独具特色的自然旅游资源，也具有历史文化丰厚的人文旅游资源，如郑州的嵩山、洛阳龙门石窟、焦作云台山、洛阳老君山、平顶山中原大佛、开封清明上河园等。根据河南省文化和旅游厅相关统计数据显示，截至 2020 年底，河南共 580 个 A 级景区，449 个乡村旅游特色村，28 个国家级传统村落，113 个国家级非物质文化遗产，390 个星级饭店，55 家研学旅游示范基地。目前，河南正着力打造老家河南、天下黄河、华夏古都、中国功夫等具有中原特色的中华文化 IP，构建"快进慢游深体验"的全域旅游交通网，建立具有中原特色的康养产业集群目的地，力争到 2035 年，建成中华文化传承创新中心、世界文化旅游胜地。

（2）旅游业综合发展现状。旅游业作为我国国民经济战略性支柱产业，对区域经济发展作出了重大贡献，在推进社会共同富裕的发展目标中起到积极作用（李鹏、邓爱民，2022）。针对河南旅游业综合发展现状，本书主要从旅游综合效益和旅游产业结构进行分析。其一，河南旅游综合效益。据《河南统计年鉴》显示，河南接待入境游客人数 2019 年达 351.47 万人次，约是 2010 年 146.84 万人次的 2.39 倍；旅游外汇收入 2019 年达 130401 万美元，约是 2010 年 49877 万美元的 2.61 倍；接待国内游客人数 2019 年达 89803 万人次，约是 2010 年 25845 万人次的 3.47 倍；接待国内游客收入 2019 年 9517 亿元，约是 2010 年 2294 亿元的 4.15 倍。可以看出，2010～2019 年河南旅游业发展迅速且综合收益明显提高。其二，河南旅游产业结构。河南旅游总收入占比河南第三产业产值从 2010 年的 31.65% 增长到 2019 年的 36.92%，河南第三产业占比河南国民生产总值从 2010 年的 32.46% 增长到 2019 年的 47.95%。可以看出，旅游业对经济发展贡献突出，河南的旅游产业结构正在不断优化。

（3）旅游业区域发展差异。区域差异性发展是人类社会活动普遍存在的空间特征，在高质量发展的时代背景下，解决地区发展不平衡的问题是实现共同富裕的前提与保障。河南在景区数量与旅游收入方面存在市域层面的差异。一是河南各市 4A 级及以上景区数量分布差异明显。根据河南省文化和旅游厅相关统计数据显示，截至 2020 年底，4A 级及以上景区较多集中在洛阳（32 个）、郑州（21 个）、南阳（21 个）、平顶山（12 个）、开封（10 个），而济源（4 个）、周口（3 个）的景区较少。二是河南市域层面旅游收入差异较大。根据 2020 年《河南统计年鉴》数据显示，2019 年国内旅游收入郑州与洛阳分别达到 2531.27 亿元和 1647.69 亿元，其他市的国内旅游收入主要集中在 128 亿元～662 亿元，而漯河与济源仅达到 95.15 亿元和 79.60 亿元。可以看出，河南各地市的旅游业发展水平差异显著。

3. 研究案例地的确定

综上所述，本书在河南省内确定都市圈的范围时，考虑到个别城市存在数据缺失或不足的情况，结合前期采集的数据资料，最终选择了包括郑州都市圈在内的一共 16 座城市作为样本①。需要说明的是，此处选择的 16 座城市与国家发改委批示的《郑州都市圈》有较大的差别，因此，为了较好地进行区分和研究需要，本书将此 16 座城市组成的都市圈称为"郑州 + X"都市圈②。随后，以其 2010～2021 年高铁网络与旅游业高质量发展的综合得分为数据样本，利用面板数据对样本进行总体效应分析、影响路径分析与区域异质性分析，揭示高铁网络对"郑州 + X"都市圈旅游业高质量发展的作用程度、作用路径与区域差异。

8.3.2　高铁网络发展水平综合测度

根据上文构建的高铁网络发展评价指标体系，以及采集到的关于高铁网络建设和旅游高质量发展的相关数据，利用熵值 – TOPSIS 分析方法，测算得到各指标在 2010～2021 年的权重以及各市综合发展指数。

1. 指标权重测度

利用熵权法的基本原理，测算得到高铁网络各评价指标在 2010～2021 年的权重，结果见表 8 – 7 与图 8 – 1。

①　河南的行政区划包括 17 个地级市，1 个省直辖县级市。其中，济源、濮阳截至 2021 年底并未开通高铁，故研究范围主要包括河南的 16 个地级市，分别为郑州、开封、洛阳、平顶山、安阳、鹤壁、新乡、焦作、许昌、漯河、三门峡、南阳、商丘、信阳、周口、驻马店。
②　国家发展改革委是在 2023 年 10 月批复《郑州都市圈》，批复时间短，该时间段内的数据不能用于研究。

表 8 – 7   2010 ~ 2021 年"郑州 + X"都市圈高铁网络发展水平评价指标的权重

年份	X1	X2	X3	X4
2010	0.312	0.311	0.361	0.016
2011	0.306	0.304	0.348	0.042
2012	0.300	0.270	0.330	0.100
2013	0.309	0.275	0.305	0.111
2014	0.280	0.250	0.365	0.105
2015	0.293	0.259	0.397	0.051
2016	0.256	0.225	0.412	0.107
2017	0.267	0.235	0.449	0.049
2018	0.248	0.218	0.424	0.110
2019	0.236	0.271	0.353	0.140
2020	0.261	0.300	0.372	0.067
2021	0.246	0.282	0.400	0.072
均值	0.276	0.267	0.376	0.081

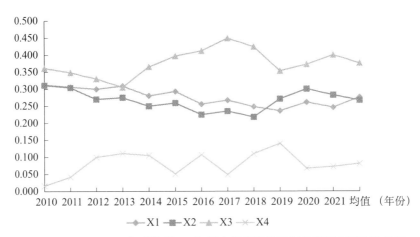

图 8 – 1   2010 ~ 2021 年"郑州 + X"都市圈高铁发展评价指标权重变化趋势

由表 8 – 7 中的各指标权重平均值可知，指标权重排名依次为 X3 高铁旅客周转量（2010 ~ 2021 年的平均权重为 0.376）、X1 高铁站站台数（2010 ~ 2021 年的平均权重为 0.276）、X2 高铁开通线路数（2010 ~ 2021 年的平均权重为 0.267）、X4 交通财政预支费用/财政总支出（2010 ~ 2021 年的平均权重为 0.081）。

首先，高铁旅客周转量指标在"郑州＋X"都市圈高铁网络发展评价中的权重值最大。高铁从无到有，高铁旅客周转量折射出高铁发展变化。2010～2019年"郑州＋X"都市圈的高铁旅客周转量均呈上升趋势，高铁旅客周转量不仅反映高铁网络发展速度，更体现出高铁在人们生活中的应用程度。因此，高铁旅客周转量在高铁发展评价中所占权重最大且具有较强合理性。

其次，高铁站站台数和高铁开通线路数指标在"郑州＋X"都市圈高铁网络发展评价中权重值分别排在第二位和第三位。一方面，2010年，河南进入高铁时代，随着高铁网络不断完善，2022年河南率先建成了"米"字形高铁网，迈入了"市市通高铁"时代。因此，高铁站站台数和高铁开通线路数指标在"郑州＋X"都市圈高铁网络发展评价中权重值分别排在第二位和第三位，具有较强合理性。另一方面，从2010～2021年各指标权重的增幅可以看出，X3高铁旅客周转量和X4交通财政预支费用/财政总支出处于正增长，X1高铁站站台数和X2高铁开通线路数处于负增长。

由此可见：其一，丰富的客运量是高铁得以快速发展的主要推动力，而高铁也因其环保、高效、安全的优势被越来越多的游客接受，逐渐成为人们出行的主要交通工具；其二，河南作为我国主要高铁枢纽，围绕"郑州＋X"都市圈建设的"米"字形高铁网络的优势地位逐步显现；其三，河南对于高铁建设的重视程度逐渐加强，特别是"十四五"期间，将"米"字形高铁网建设作为重点铁路项目；其四，随着河南"米"字形高铁网络建设不断完善，高铁站站台数和高铁开通线路数在高铁发展评价指标体系中地位逐渐下降，而"米＋井＋人"字形高铁网规划建设完成将提高二者的权重，实现区域交通一体化发展。

2. 综合发展水平测度

利用TOPSIS法，测算得到2010～2021年"郑州＋X"都市圈高铁网络综合发展指数，结果见表8－8、图8－2及图8－3。

表 8 - 8　　2010～2021 年 "郑州 + X" 都市圈高铁综合发展水平得分

地区	2010 年	2011 年	2012 年	2013 年	2014 年	2015 年	2016 年	2017 年	2018 年	2019 年	2020 年	2021 年	均值
郑州	0.576	0.565	0.813	0.837	0.807	0.977	0.841	0.901	0.826	0.832	0.948	0.949	0.823
三门峡	0.557	0.564	0.268	0.323	0.253	0.233	0.234	0.189	0.189	0.207	0.148	0.176	0.278
洛阳	0.460	0.472	0.272	0.240	0.239	0.236	0.211	0.174	0.161	0.100	0.096	0.099	0.230
商丘	0.023	0.033	0.103	0.034	0.028	0.037	0.409	0.394	0.394	0.428	0.427	0.379	0.224
新乡	0.032	0.054	0.282	0.303	0.258	0.245	0.222	0.203	0.206	0.256	0.209	0.197	0.206
焦作	0.036	0.056	0.082	0.155	0.228	0.177	0.317	0.302	0.302	0.257	0.287	0.263	0.205
信阳	0.032	0.049	0.270	0.297	0.286	0.293	0.203	0.199	0.265	0.166	0.159	0.171	0.199
驻马店	0.032	0.014	0.218	0.268	0.202	0.209	0.230	0.228	0.205	0.169	0.153	0.130	0.172
许昌	0.030	0.036	0.151	0.161	0.103	0.099	0.089	0.108	0.119	0.297	0.294	0.273	0.147
周口	0.039	0.051	0.054	0.030	0.024	0.065	0.187	0.099	0.118	0.380	0.340	0.313	0.142
南阳	0.038	0.124	0.187	0.080	0.091	0.075	0.066	0.054	0.140	0.314	0.295	0.228	0.141
安阳	0.026	0.029	0.206	0.213	0.159	0.139	0.111	0.126	0.149	0.185	0.103	0.093	0.128
开封	0.036	0.026	0.002	0.001	0.001	0.027	0.267	0.253	0.238	0.185	0.181	0.115	0.111
漯河	0.042	0.082	0.184	0.168	0.123	0.132	0.143	0.097	0.097	0.114	0.055	0.050	0.107
平顶山	0.037	0.021	0.007	0.122	0.093	0.079	0.044	0.087	0.122	0.123	0.130	0.113	0.081
鹤壁	0.025	0.019	0.136	0.120	0.119	0.108	0.076	0.091	0.077	0.044	0.047	0.048	0.076

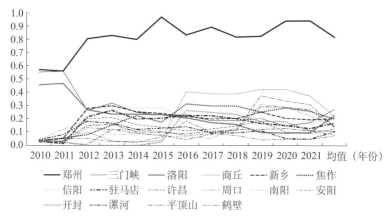

图 8 – 2　2010 ～ 2021 年 "郑州 + X" 都市圈高铁综合发展得分

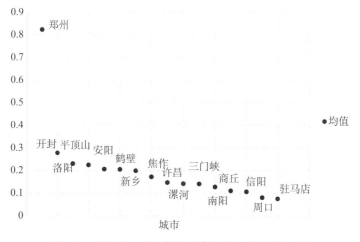

图 8 – 3　"郑州 + X" 都市圈高铁综合发展得分均值

（1）整体层面发展水平分析。由表 8 – 8 与图 8 – 2 可以看出：其一，作为河南 "米" 字形高铁网络中心，郑州以绝对优势在 "郑州 + X" 都市圈高铁综合发展中排名第一，其 2010 ～ 2021 年的高铁综合发展得分平均值（分值为 0.823）较排名第二的三门峡（分值为 0.278）多出 0.545 分，较直观地反映出河南各市高铁发展差异较为显著；其二，除郑州外的其他 15 个市，2010 ～ 2021 年高铁综合发展平均分排名第二的三门峡（分值为 0.278）较排名第 16 的鹤壁市（分值为 0.076）仅多出 0.202 分，在进一步验证郑州与其他市高铁发展存在较大差异的同时，也反映了其他 15 个市之间的高铁发展水平差异较小且发展水平均较低。

为避免个别年份的特殊事件影响总体评价结果，使用"郑州 + X"都市圈 2010 ~ 2021 年高铁网络综合发展水平的平均分绘制成点状图（如图 8 - 3 所示），可以看出，2010 ~ 2021 年"郑州 + X"都市圈高铁网络综合发展水平平均得分位于 0.076 ~ 0.823 之间，郑州与其他样本城市之间高铁网络发展差距较为明显，郑州之外的各市发展水平均较低且差距并不大。为使评价结果更加直观且更具可比性，本书以 0.2 作为梯队划分的基础单位，将 16 个市划分为五个梯队，各梯队高铁网络发展状况以优秀、良好、一般、较差、差进行描述，对"郑州 + X"都市圈高铁网络发展水平进行横向对比，分析结果见表 8 - 9。

表 8 - 9　　　　　　　"郑州 + X"都市圈高铁网络发展水平对比情况

梯度划分	发展状况	市域	得分	数量	占比（%）
第一梯队	优秀	郑州市	0.801 ~ 1.000	1	6
第二梯队	良好	—	0.601 ~ 0.800	0	0
第三梯队	一般	—	0.401 ~ 0.600	0	0
第四梯队	较差	三门峡市、洛阳市、商丘市、新乡市、焦作市	0.201 ~ 0.400	5	31
第五梯队	差	信阳市、驻马店市、许昌市、周口市、南阳市、安阳市、开封市、漯河市、平顶山市、鹤壁市	0.000 ~ 0.200	10	63

从表 8 - 9 中的结果可以看出，仅 6% 样本城市的高铁网络发展水平处于优秀状态，31% 样本城市处于较差的发展状态，63% 样本城市处于差的发展状态，没有发展良好和发展一般两种状态的城市。可以看出，"郑州 + X"都市圈高铁网络发展存在明显空间差异，郑州位于"米"字形高铁网络中心，发展状况较好，其他城市高铁网络发展状况整体较差。

（2）时间层面发展水平分析。由表 8 - 8 与图 8 - 2 可以看出。第一，三门峡和洛阳高铁综合发展水平在 2010 ~ 2019 年整体呈现下降趋势，其他 14 个市则呈现出波动增长趋势。其中，三门峡与洛阳高铁综合发展水平均在 2012 年下降明显，在 2010 ~ 2011 年呈现上升趋势，结合收集到的高铁发展相关数据，三门峡与洛阳高铁综合发展基础较好，2010 年均已开通高铁，但是随着高铁不断发展，两市在高铁站站台数量与高铁开通线路数均未发生改变，且交通财政支出占比财政总支出也呈现不稳定性，导致两市高铁综合发展水平呈现下降趋势。第二，由表 8 - 8 可知，2020 - 2021 年受全球新冠疫情影响，有 11 座城市高铁综合发展水平呈下降趋势，有 5 座城市的高铁综合发展水平有略微增长，其中，郑州、鹤壁两市的发展水平得分增长均为 0.001，洛阳的发展水平增长为 0.003，信阳与三门峡两市的发展水平得分增长相对略高，分别增长了 0.012 和 0.028。结合收集到的高铁网络发展相关数据可以发现，郑州、三门峡、洛阳、信阳、鹤壁在 2020 - 2021 年间高铁站站台数与高铁开通线路数均未发生变化，受全球新冠疫情影响，高铁旅客周转量均呈现下降趋势，但是交通财政支出占比财政总支出均呈增长趋势，一定程度上反映政府支持力度在产业应对特殊态势下稳定发展的重要性。

8.3.3　旅游业高质量发展水平综合测度

根据上文构建的旅游业高质量发展综合评价指标体系，利用熵值 - TOPSIS 分析方法，测算得到综合评价指标在 2010 ~ 2021 年的权重以及各市综合发展指数。

1. 指标权重测度

（1）整体发展水平分析。其一，利用熵权法的基本原理，测算得到各指标在 2010 ~ 2021 年的权重，结果见表 8 - 10。可以看出，决定"郑州 + X"都市圈旅游业高质量发展水平的主要方面是开放系统和创新系统，而共享系统、绿色系统和协调系统对旅游业高质量发展水平的影响较小。具体而言，在"郑州 + X"都市圈旅游业高质量发展评价体系的五个系统中，开放系统对旅游业高质量发展水平的影响程度最明显（权重为 0.406）；创新系统对旅游业高质量发展水平的影响程度排名第二（权重为 0.263）；共享系统对旅游业高质量发展水平的影响程度排名第三（权重为 0.171）；绿色系统对旅游业高质量发展水平的影响程度排名第四（权重为 0.088）；协调系统对旅游业高质量发展水平的影响程度排名第五（权重为 0.072）。

表 8 - 10　　2010～2021 年"郑州 + X"都市圈旅游业高质量发展水平评价指标权重

系统	指标	2010年	2011年	2012年	2013年	2014年	2015年	2016年	2017年	2018年	2019年	2020年	2021年	均值	合计
创新	A1	0.036	0.065	0.062	0.070	0.075	0.066	0.076	0.060	0.062	0.073	0.061	0.060	0.064	0.263
	A2	0.029	0.041	0.045	0.049	0.053	0.049	0.055	0.056	0.063	0.076	0.058	0.054	0.052	
	A3	0.039	0.114	0.119	0.132	0.087	0.085	0.081	0.085	0.079	0.065	0.066	0.097	0.087	
	A4	0.024	0.035	0.031	0.038	0.060	0.041	0.045	0.041	0.028	0.028	0.019	0.022	0.034	
	A5	0.017	0.026	0.031	0.030	0.026	0.020	0.023	0.019	0.027	0.037	0.021	0.030	0.026	
协调	B1	0.044	0.086	0.027	0.032	0.012	0.044	0.010	0.060	0.070	0.010	0.022	0.008	0.035	0.072
	B2	0.038	0.092	0.113	0.030	0.012	0.051	0.010	0.063	0.061	0.011	0.060	0.008	0.046	
	B3	0.020	0.028	0.028	0.031	0.030	0.028	0.031	0.025	0.025	0.031	0.024	0.034	0.028	
	B4	0.080	0.013	0.016	0.020	0.011	0.013	0.014	0.011	0.008	0.027	0.009	0.007	0.019	
	B5	0.167	0.023	0.012	0.017	0.019	0.023	0.024	0.016	0.016	0.014	0.008	0.010	0.029	
	B6	0.167	0.017	0.021	0.016	0.023	0.025	0.022	0.035	0.014	0.008	0.009	0.006	0.030	
绿色	C1	0.005	0.008	0.009	0.011	0.011	0.011	0.013	0.011	0.011	0.012	0.007	0.008	0.010	0.088
	C2	0.017	0.010	0.013	0.020	0.028	0.060	0.027	0.014	0.013	0.024	0.016	0.019	0.022	
	C3	0.021	0.019	0.030	0.039	0.050	0.027	0.021	0.030	0.029	0.022	0.030	0.020	0.028	
	C4	0.010	0.016	0.019	0.022	0.021	0.020	0.020	0.018	0.022	0.031	0.022	0.017	0.020	
	C5	0.006	0.010	0.008	0.012	0.014	0.026	0.030	0.018	0.017	0.019	0.011	0.024	0.016	

续表

系统	指标	2010 年	2011 年	2012 年	2013 年	2014 年	2015 年	2016 年	2017 年	2018 年	2019 年	2020 年	2021 年	均值	合计
开放	D1	0.047	0.064	0.070	0.076	0.074	0.065	0.078	0.061	0.063	0.073	0.058	0.046	0.064	0.406
	D2	0.011	0.020	0.030	0.025	0.020	0.018	0.024	0.026	0.025	0.030	0.026	0.028	0.023	
	D3	0.021	0.033	0.035	0.036	0.049	0.044	0.050	0.042	0.046	0.047	0.049	0.044	0.041	
	D4	0.033	0.046	0.044	0.053	0.057	0.048	0.060	0.056	0.067	0.067	0.083	0.104	0.060	
	D5	0.038	0.058	0.059	0.050	0.066	0.053	0.058	0.046	0.049	0.061	0.154	0.185	0.073	
共享	E1	0.029	0.042	0.039	0.043	0.049	0.047	0.069	0.066	0.062	0.067	0.058	0.045	0.051	0.171
	E2	0.027	0.034	0.034	0.041	0.041	0.036	0.054	0.049	0.056	0.061	0.054	0.043	0.044	
	E3	0.025	0.032	0.033	0.033	0.034	0.035	0.034	0.032	0.032	0.031	0.025	0.027	0.031	
	E4	0.021	0.029	0.029	0.027	0.030	0.026	0.030	0.026	0.028	0.039	0.021	0.023	0.028	
	E5	0.029	0.042	0.043	0.048	0.046	0.038	0.041	0.033	0.030	0.035	0.028	0.033	0.037	

其二，图 8 – 4 为"郑州 + X"都市圈 2010 ~ 2021 年旅游业高质量发展五个系统的权重值。结合表 8 – 10 和图 8 – 4 的内容可以看出：一是协调系统和开放系统的权重在 2010 ~ 2021 年波动较大，从发展趋势可以看出，协调系统权重变化呈下降态势，表明河南旅游业高质量发展存在两极分化现象，区域间协作发展意识不强，开放系统权重变化呈上升态势，随着改革开放历程不断加深，为旅游业发展提供动力和发展空间。二是创新系统、共享系统和绿色系统的权重在 2010 ~ 2021 年波动较小，但均处于波动式增长，其中，绿色系统在 2010 ~ 2021 年的权重值相对较低，仅个别年份超过了协调系统的取值，但是与创新系统、开放系统、共享系统的差距较大。总体来说，在 2010 ~ 2021 年"郑州 + X"都市圈旅游业高质量发展过程中，创新系统、共享系统、绿色系统、开放系统发展均较为稳定。其中，创新系统的权重在 2010 ~ 2011 年有一个明显的增长态势，虽然在 2011 ~ 2021 年处于一个波动的状态，但是整体上处于一个较高水平的平稳状态；开放系统虽处于上升的状态，但是在 2020 ~ 2021 年受新冠疫情等因素的影响，出现了较为明显的下降态势；共享系统和绿色系统的权重变化均处于一个小幅度增长后的波动态势。需要特别说明的是，其权重在 2010 ~ 2021 年出现了明显变化，首先是在 2010 ~ 2014 年出现了大幅度下降，随后在 2014 ~ 2021 年出现较大幅度的波动，甚至在个别年份低于绿色系统的权重均值。

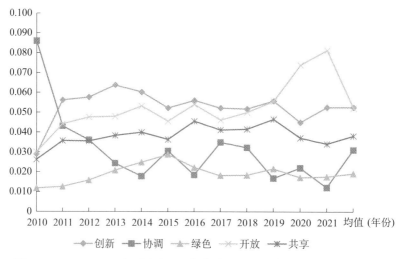

图 8 – 4 2010 ~ 2021 年"郑州 + X"都市圈旅游业高质量发展各系统权重

（2）从不同系统层面分析。由表 8 - 2 构建的评价指标体系和表 8 - 10 中的权重计算结果可知：其一，在创新发展系统中，2010 ~ 2021 年权重平均值最大的是旅游发明专利数（权重为 0.087），说明旅游发明专利数是科技创新的核心动力，影响旅游业发展的质量和速度，是转变旅游产业发展方式的内生力量。其二，在协调发展系统中，2010 ~ 2021 年权重平均值最大的是旅游业增长弹性系数（权重为 0.046），说明旅游业收入增长率与地区 GDP 增长率对于协调发展影响最大。其三，在绿色发展系统中，2010 ~ 2021 年权重平均值最大的是人均公园绿地面积（权重为 0.028），可以看出人均公园绿地面积对于旅游业发展的重要性，随着人均公园绿地面积增加，标志着城市居民生活环境和生活质量的提高，以及政府对发展绿色生态城市的重视。其四，在开放发展系统中，2010 ~ 2021 年权重平均值最大的是旅游外汇收入占旅游总收入的比（权重为 0.073），可以看出，旅游外汇收入是衡量地区旅游业发展状况的重要指标，随着对外开放加深，河南在把握国内大循环的同时应重视国际循环环境，加强对外开放水平，提高旅游目的地的经济财富。其五，在共享发展系统中，2010 ~ 2021 年权重平均值最大的是星级宾馆数量（权重为 0.051），星级住宿业是旅游业发展的重要载体，其发展水平反映了地区旅游业发展程度以及接待水平，一定程度上反映地区经济发展状况。

综上所述，在"郑州 + X"都市圈旅游业高质量发展水平评价体系中，二级指标中的旅游发明专利数所占权重最大（权重为 0.087），反映了旅游发明专利数对河南旅游业高质量发展的重要性以及必要性，河南旅游业高质量发展在把握旅游业创新作为发展动力的同时，也要兼顾发展平衡、可持续、内外融合以及公平正义问题，各方共同发力，促进河南旅游业的高质量发展。

2. 综合发展水平测度

结合上文分析，运用 TOPSIS 方法测算得到 2010 ~ 2021 年"郑州 + X"都市圈旅游业高质量发展综合得分情况，结果见表 8 - 11 与图 8 - 5。

表 8 – 11　2010～2021 年"郑州 + X"都市圈旅游业高质量综合发展得分及排名

地区	2010 年	2011 年	2012 年	2013 年	2014 年	2015 年	2016 年	2017 年	2018 年	2019 年	2020 年	2021 年	均值	排序
郑州	0.381	0.582	0.597	0.679	0.684	0.647	0.720	0.624	0.637	0.695	0.741	0.817	0.650	1
洛阳	0.288	0.369	0.380	0.482	0.493	0.528	0.569	0.533	0.496	0.582	0.362	0.345	0.452	2
焦作	0.259	0.314	0.321	0.382	0.396	0.352	0.368	0.321	0.322	0.324	0.168	0.163	0.307	3
南阳	0.252	0.276	0.304	0.345	0.348	0.297	0.386	0.310	0.299	0.300	0.231	0.236	0.299	4
三门峡	0.193	0.263	0.297	0.464	0.413	0.312	0.312	0.283	0.258	0.275	0.193	0.200	0.289	5
开封	0.239	0.248	0.246	0.273	0.294	0.299	0.339	0.301	0.282	0.293	0.171	0.197	0.265	6
信阳	0.184	0.280	0.284	0.311	0.267	0.255	0.259	0.263	0.290	0.262	0.201	0.216	0.256	7
许昌	0.193	0.170	0.189	0.217	0.248	0.274	0.257	0.383	0.368	0.258	0.189	0.171	0.243	8
安阳	0.274	0.198	0.200	0.227	0.250	0.247	0.340	0.321	0.211	0.231	0.159	0.185	0.237	9
平顶山	0.141	0.269	0.412	0.256	0.261	0.209	0.240	0.214	0.209	0.232	0.199	0.178	0.235	10
驻马店	0.124	0.402	0.200	0.241	0.237	0.241	0.251	0.227	0.253	0.202	0.214	0.186	0.232	11
鹤壁	0.563	0.174	0.187	0.223	0.237	0.246	0.225	0.226	0.184	0.133	0.153	0.106	0.221	12
新乡	0.133	0.203	0.231	0.273	0.280	0.272	0.271	0.224	0.192	0.232	0.161	0.154	0.219	13
周口	0.138	0.191	0.214	0.247	0.222	0.352	0.225	0.175	0.173	0.192	0.147	0.129	0.200	14
漯河	0.107	0.139	0.182	0.196	0.187	0.183	0.161	0.140	0.174	0.160	0.259	0.129	0.168	15
商丘	0.091	0.130	0.148	0.181	0.149	0.145	0.164	0.164	0.166	0.177	0.148	0.120	0.149	16

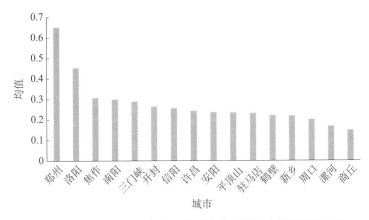

图 8 – 5　"郑州 + X"都市圈旅游业高质量综合发展得分均值

（1）整体层面发展水平分析。通过运用 TOPSIS 方法进行测算可知，"郑州 + X"都市圈旅游业高质量发展水平在 2010 ~ 2019 年呈现上升趋势，2020 ~ 2021 年受全球新冠疫情影响，旅游业发展滞缓，旅游业高质量发展整体呈现下降趋势。虽然，从整体上看，"郑州 + X"都市圈旅游业高质量发展呈现增长趋势，但发展动力不足，上升趋势比较缓慢，部分市域呈现波动趋势上升，说明旅游业高质量发展具有不稳定性。从"郑州 + X"都市圈不同区域来看，由于技术创新、资源基础、发展水平、政策制度等方面存在差异导致旅游业高质量发展水平总体呈现出自西向东、自中向南北降低趋势，各区域上升的幅度以及发展水平均存在较大差异。豫东与豫南位于平原地区，是传统农产区，在河南五大粮仓中，豫东与豫南有 4 个，对农业发展依赖性较强，缺乏对生态环境保护的意识与第三产业的发展，导致旅游业高质量发展水平较低，也进一步说明如何处理好第一产业与第三产业的发展关系任务艰巨。豫中地区主要受郑州发展影响，在地理区位、资源条件以及发展基础等方面具有较大优势，但平顶山、漯河受郑州虹吸效应影响，旅游业高质量发展水平较低。

因此，为转变目前旅游业高质量发展困境，"郑州 + X"都市圈的各区域要寻找新的发展方式与先进的科学技术。豫东、豫南地区要加快粗放型产业发展方式转型，实现第一产业与第二产业的集约化发展，处理好农业发展与旅游业高质量发展之间的矛盾。豫西、豫中地区要加快旅游业高质量发展速度，打破现有发展束缚，提升质量发展。实现"郑州＋X"都市圈旅游业高质量发展也需各区域之间协调配合，有效推动"郑州＋X"都市圈旅游业高质量发展。

（2）城市层面发展水平分析。结合表8－11与图8－5可以得出。其一，"郑州＋X"都市圈旅游业高质量综合发展得分均值中，郑州以0.650排名第一，与排名第二的洛阳（分值为0.452）相差0.198，郑州旅游业高质量发展水平相对较高且优势明显。其二，"郑州＋X"都市圈中15个市旅游业高质量综合发展得分在0.5以下的，占比约94%；13个市旅游业高质量综合发展得分在0.3以下，占比约81%。可以看出，"郑州＋X"都市圈中仅郑州旅游业高质量发展处于相对较高水平，其他15个市旅游业高质量发展均处于较低水平，郑州与其他15个市之间综合发展差异较大。其三，从2010～2021年各市旅游业高质量发展水平综合得分来看，郑州均排名前列，说明城市的地理区位与等级对旅游业高质量发展的提高具有显著促进效应，郑州借助于其在基础设施建设、经济发展水平以及科技创新能力等方面均强于其他城市的优势，也为其旅游业高质量发展创造有利条件。

此外，2010～2021年"郑州＋X"都市圈旅游业高质量发展水平平均得分在0.149～0.650之间，郑州与其他样本城市之间差距较为明显，郑州之外的各市发展水平均较低且差距不大。为使评价结果更加直观且更具可比性，本书仍然以0.2为梯队划分的基础单位，将16个市划分为五个梯队，各梯队旅游业高质量发展状况以优秀、良好、一般、较差、差进行描述，进行"郑州＋X"都市圈旅游业高质量发展水平的横向对比，分析结果见表8－12。

表8－12　　　"郑州＋X"都市圈旅游业高质量发展水平对比情况

梯度划分	发展状况	市域	得分	数量	占比（%）
第一梯队	优秀	—	0.801～1.000	0	0
第二梯队	良好	郑州	0.601～0.800	1	6
第三梯队	一般	洛阳	0.401～0.600	1	6

续表

梯度划分	发展状况	市域	得分	数量	占比（%）
第四梯队	较差	焦作、南阳、三门峡、开封、信阳、许昌、安阳、平顶山、驻马店、鹤壁、新乡	0.201 ~ 0.400	11	69
第五梯队	差	周口、漯河、商丘	0.000 ~ 0.200	3	19

从上表中可以看出，"郑州 + X"都市圈旅游业高质量发展过程中尚未有城市处于优秀发展状态，仅6%的样本城市高铁网络发展水平处于良好状态，69%的样本城市处于发展较差状态，19%的城市处于发展差状态。可以看出，"郑州 + X"都市圈旅游业高质量发展整体水平较差且存在明显空间差异，更深一步表明，具有高铁发展优势的郑州尚未通过溢出效应影响周边其他城市发展。虽然郑州发展的核心地位得以确定，但尚未对其他城市产生正向影响。因此，"郑州 + X"都市圈各市间应加强区域合作，充分发挥郑州发展收益好、速度快的带动作用，通过开放与共享促使都市圈内不同城市之间协调发展，努力缩小不同城市间的发展差异。

8.3.4　高铁网络对旅游业高质量发展影响的评价

1. 总体效应分析

（1）基准回归。基于上述研究构建的模型，此处在对"郑州 + X"都市圈的面板数据进行时间—个体双向固定效应模型分析，结果见表 8 – 13。

表 8 – 13　全样本总体效应检验

变量	基准回归模型① hqt	稳健性检验模型② hqt	稳健性检验模型③ hqt	稳健性检验模型④ hqt	稳健性检验模型⑤ hqt
hsr	0.008 *** （ －2.872）	0.005 *** （ －2.994）	0.016 ** （2.448）	0.006 *** （ －3.061）	0.001 *** （3.46）
gove	0.051 * （ －2.036）		0.062 * （1.89）	0.002 *** （ －3.578）	0.421 （ －0.806）
urba	0.092 * （1.742）		0.000 *** （ －4.424）	0.179 （1.394）	0.126 （ －1.54）
econ	0.067 * （1.902）		0.434 （ －0.785）	0.208 （1.3）	0.562 （ －0.581）

变量	基准回归 模型① *hqt*	稳健性检验 模型② *hqt*	稳健性检验 模型③ *hqt*	稳健性检验 模型④ *hqt*	稳健性检验 模型⑤ *hqt*
地区	是	是	是	是	是
时间	是	是	是	是	是
样本量	192	192	128	64	160
R^2	0.343	0.449	0.654	0.566	0.447

注：***、**、* 分别表示在 1%、5% 和 10% 水平通过显著性检验；括号中的数值为 t 值。

表 8 – 13 中的模型①显示了高铁网络发展（*hsr*）对"郑州 + X"都市圈旅游业高质量发展（*hqt*）影响的基准回归结果。可以看到，"郑州 + X"都市圈高铁网络发展显著促进了旅游业高质量发展，且在 1% 的水平下显著。研究结果表明，高铁网络的完善有利于提升"郑州 + X"都市圈旅游业高质量发展水平。其中，从控制变量的回归结果来看，政府干预（*gove*）、城镇化率（*urban*）、经济发展水平（*econ*）与旅游业高质量发展（*hqt*）均在 10% 的水平上显著正相关。其一，政府干预不仅有利于制定配套且灵活的旅游发展政策，还利于扩宽市场，增加旅游目的地的吸引力；同时，协调旅游业发展的相关部门，为旅游业发展提供稳定平台，实现旅游业高质量发展。其二，城镇化率的提升不仅增加了居民经济收入，还促进了居民消费结构升级，在一系列连锁反应发生后，有助于促进旅游业高质量发展；同时，城镇化的发展充分体现了以人为核心的发展理念，这与旅游业高质量发展的核心理念相同。其三，经济发展水平的增长不仅能带动地区就业，促进居民收入增加，还可以促进第三产业优化发展，实现消费结构和产业结构转型升级，作用于旅游业高质量发展。

（2）稳健性检验。为验证模型的合理性与可靠性，需要对面板模型进行稳健性检验，本书主要使用以下三种方法。

第一，剔除控制变量。在模型①基础上，将变量中控制变量剔除，仅使用高铁网络发展（*hsr*）与旅游业高质量发展（*hqt*）进行回归分析，回归结果为表 8 – 13 中的模型②。结果显示，在剔除控制变量后，高铁网络发展与都市圈旅游业高质量发展仍呈现显著正相关，且与模型①的结果相似度较高，此处使用改变变量的方法验证了基准回归结果的稳健性。

第二，跨时期检验。为进一步验证时间跨度的稳健性，将全样本时间分成 2010~2017 年、2018~2021 年两个时间段进行分析。表 8–13 中模型③显示 2010~2017 年的验证结果，模型④显示 2018~2021 年的验证结果。结果表明，两个时间段的高铁网络发展与都市圈旅游业高质量发展均呈现显著正相关，通过对两阶段的结果进行对比分析后发现，随着时间推移以及高铁网络逐渐完善，高铁网络发展对都市圈旅游业高质量发展的正向影响效应在逐渐增强。

第三，滞后性检验。由第 6 章的分析可知，高铁网络在影响旅游业高质量发展时存在滞后效应，因此，还需要对其滞后效应进行检验。本书拟采用滞后两期的高铁指标数据进行回归分析检验，回归结果为表 8–13 中模型⑤。结果显示，高铁网络发展与旅游业高质量发展呈显著正相关，研究结果具有稳健性。

2. 影响路径分析

基准回归与稳定性检验的结果都验证了高铁网络对"郑州 + X"都市圈旅游业高质量发展的正向促进效应。为进一步探讨高铁网络促进都市圈旅游业高质量发展的主要实现路径，分别将创新、协调、绿色、开放、共享五个系统作为被解释变量，深入探讨高铁网络发展对五个系统的影响效应。具体结果见表 8–14。由表 8–14 中模型①、模型③和模型④可知，高铁网络发展与创新系统、开放系统、绿色系统均在 1% 的水平上呈现显著性关系。高铁网络发展与协调系统、共享系统呈现不显著关系，见表 8–14 中模型②与模型⑤。研究结果表明，高铁网络对都市圈旅游业高质量发展产生的正向影响效应主要通过创新系统、开放系统与绿色系统实现。

表 8–14　　　　　　　　　　全样本影响路径检验

变量	模型① hqt_inno	模型② hqt_coor	模型③ hqt_gree	模型④ hqt_open	模型⑤ hqt_shar
hsr	0.004 *** (2.89)	0.651 (−0.453)	0.002 *** (3.121)	0.000 *** (−5.802)	0.172 (1.372)
gove	0.172 (−1.372)	0.205 (−1.274)	0.801 (−0.253)	0.014 ** (−2.797)	0.321 (0.995)

变量	模型① hqt_inno	模型② hqt_coor	模型③ hqt_gree	模型④ hqt_open	模型⑤ hqt_shar
urba	0.187 (-1.326)	0.886 (-0.143)	0.317 (-1.004)	0.867 (0.171)	0.052* (-1.96)
econ	0.173 (-1.37)	0.293 (1.054)	0.313 (-1.012)	0.002*** (3.675)	0.388 (-0.865)
地区	是	是	是	是	是
时间	是	是	是	是	是
样本量	192	192	192	192	192
R^2	0.718	0.638	0.634	0.564	0.513

注：***、**、*分别表示在1%、5%和10%水平通过显著性检验；括号中的数值为t值。

从控制变量角度分析，仅开放系统与共享系统中具有显著性关系。具体来说，在开放系统中，政府干预在5%水平上呈现显著性关系，验证了开放政策对旅游高质量发展的促进效应。经济发展水平在1%水平上呈现显著性关系，随着经济水平提升，影响力也将逐渐提升，引领开放水平提高，并维护着多元稳固的经济格局。在共享系统中，城镇化率在10%水平上呈现显著性关系，随着以人为核心的新型城镇化战略深入推进，将促进人口流动和文化传播，改善人民生活质量。

3. 区域异质性分析

"郑州+X"都市圈中，各城市高铁网络发展与旅游业高质量发展水平差异明显，不同区域高铁网络对旅游业高质量发展的影响也呈现不同特征。由于整体样本进行回归分析无法识别不同区域内二者的差异，为进一步探析高铁网络与"郑州+X"都市圈旅游业高质量发展在不同区域间的差异性，本书以郑州为参照（郑州为河南的省会城市），将研究区域划分为南部区域与北部区域，并依照模型设定再次进行回归分析，以考察高铁网络对都市圈旅游业高质量发展影响的区域异质性，结果见表8-15。可以看出，分样本检验的结果存在明显差异，南部区域高铁网络对旅游业高质量发展的显著性效应高于北部区域，表明高铁网络对河南旅游业高质量发展的促进效应在南部区域更明显。产生这一现象的原因可能是，虽然北部地区高铁网络发展密度较大，但是航空、高速公路等的发展更加完善。与高铁相比，航空在加强大区域间联系和人口流动时更便利，高速公路在加强小区域间联系和人口流动时成本更低。也就是说，与南北地区相比，北部地区的航空和高速公路对高铁客流量的分流更严重，因而其旅游业的发展对高铁网络的依赖程度也相对较低。

表 8 – 15　　　　　　　　　"郑州 + X" 都市圈的区域回归结果

变量	河南南部市域 hqt	河南北部市域 hqt
hsr	0.000 *** (– 4.335)	0.042 ** (2.066)
gove	0.158 (1.434)	0.135 (– 1.508)
urba	0.153 (– 1.45)	0.097 * (– 1.675)
econ	0.641 (0.468)	0.225 (– 1.22)
地区	是	是
时间	是	是
样本量	72	120
R^2	0.545	0.659

注：***、**、*分别表示在 1%、5% 和 10% 水平通过显著性检验；括号中的数值为 t 值。

8.4　实证结果讨论

第一，高铁网络对旅游业高质量发展具有显著正向促进效应，该结论与已有研究结果一致（马红梅、郝美竹；2020；田坤、行伟波、黄坤，2022）。从具体影响路径来看，高铁网络主要通过开放、创新、绿色三个子系统影响旅游业高质量发展，通过协调、共享子系统影响旅游业高质量发展的效应尚不显著，验证了高铁对旅游目的地可达性的改善效应的结论（Gutiérrez，2001）；同时，也验证了高铁对旅游发展的低碳化效应（Sun and Li，2021），能够有效促进旅游业绿色发展。但"郑州 + X"都市圈各城市在旅游业高质量发展过程中，高铁网络对共享系统的影响效应并不显著，一方面是因为与高铁配套的服务业和基础设施建设尚未完善，另一方面是因为高铁网络对旅游业资源共享促进效应尚未完全发挥。

第二，应加快落实推进区域内各城市旅游业的协调发展，保证区域内部各城市旅游业的均衡发展。从整体上来看，高铁网络对"郑州＋X"都市圈旅游高质量发展的整体影响是显著的，但是当具体到各城市上时，收到的高铁红利却非常有限。本质上是因为城市的旅游发展基础存在差异，且因为过于重视中心城市，导致众多小城市的发展被忽略（安树伟、李瑞鹏，2022）。因此，在执行都市圈旅游总体发展规划时，要在综合考虑各城市的情况，关注除核心城市以外城市的发展，保证各方面的均衡发力，尤其注意在创新、开放、绿色三个层面的作用，发掘各城市比较优势（严旭阳，2023）。同时，通过建立健全市场机制、帮扶机制和合作机制等增强城市间协同发展的积极性，充分激发核心城市的旅游辐射带动能力。

第三，从高铁对各维度影响以及中介效应模型验证影响机制来看，高铁网络对于都市圈旅游高质量发展的影响主要表现在创新、开放和绿色三个层面。因此，各城市要发掘自身优势，加大对旅游业创新的投入，根据自身发展目标和定位以及区位特征，针对性制定创新发展战略，形成良好的创新环境，促进科技成果的转化利用，从而推动旅游业的转型升级，带动旅游高质量发展（宗刚，张雪薇，2020）。此外，充分认识到高铁对旅游高质量发展的意义，利用高铁的运输优势促进创新发展，提升旅游发展质量。

第四，社会经济的快速发展改变了人们的生活习惯与生活方式，也改变了游客对交通运输行业的需求。人们更加关注出游的舒适性、安全性、经济性与便捷度。高铁能有效满足游客的高质量出游需求，将成为重要的旅游交通工具，亟须增强高铁与旅游业的良性协同发展（LI and Shao，2022）。但是从本书的实证结果看，高铁网络并未显著通过协调发展的路径影响都市圈旅游业高质量发展，高铁网络尚未增进都市圈旅游业的外部协调，即高铁网络与都市圈旅游业高质量发展的融合能力有待提升。

本章小结

本章主要进行高铁网络对都市圈旅游业高质量发展影响的研究。一是严格遵守指标选取的原则，分别创建高铁网络对都市圈旅游业高质量发展综合评价指标体系。二是根据综合评价指标体系的构建，选取熵值 – TOP-SIS 方法评价高铁网络与都市圈旅游业高质量发展现状，明确二者的发展水平与发展趋势。三是选取时间—个体双向固定效应模型，探讨高铁网络对都市圈旅游业高质量发展的影响，发现主要影响路径、区域异质性等。四是基于构建的理论框架，以河南省内的 16 座城市为例，构建"郑州 + X"都市圈进行实证研究，研究结果表明："郑州 + X"都市圈旅游业高质量发展整体水平并不高，对于旅游业高质量发展的认知水平尚处于初级阶段；郑州高铁网络发展与旅游业高质量发展水平均较高，与其他 15 个市发展处于两极分化局面；高铁网络主要通过开放、创新、绿色系统影响"郑州 + X"都市圈旅游业高质量发展，通过协调、共享系统影响旅游业高质量发展的效应尚不显著，且影响效应存在区域异质性。

第9章 高铁网络推动都市圈
旅游高质量发展的政策建议

通过对高铁网络与都市圈旅游业高质量发展之间关系的理论剖析、路径研究、综合评价、时空差异分析以及影响因素分析等，本书总结了在"四纵四横"高铁网络已经形成且"八纵八横"高铁网络正在建设的背景下，我国都市圈旅游业高质量发展的阶段特征、时空演变特征等客观规律。研究指出，都市圈旅游业高质量发展是新时代旅游产业发展的必然要求，也是缓解旅游业发展"不平衡不充分"问题的重要手段之一。因此，基于前文实证结果，本书提出了相关的政策建议，涵盖以下五个方面的内容。

9.1 加强顶层设计，合理引导旅游高质量发展路径模式

根据前文的研究结论可知，虽然，高铁网络的建设在很大程度上改变了都市圈旅游发展格局和游客出行行为，但是在旅游业发展过程中的发展规划、政策规制以及市场的异质性等问题上，依然对旅游业高质量发展产生重要影响。就旅游业的发展现状来看，不同区域受利益主体的驱使，旅游业发展过程中仍存在行政体制多头管理、统计体系相对滞后等现实问题，阻碍了旅游业高质量发展的顺利实施。因此，为了更好地统筹不同地区之间的协同发展，应强化顶层设计，建立完善的制度体系推动旅游业高质量发展。

第一，明确新时代旅游业高质量发展的功能定位。当前，我国旅游业发展的功能定位沿用的是 2009 年《国务院关于加快发展旅游业的意见》中"国民经济的战略性支柱产业和人民群众更加满意的现代服务业"的表

述。在新时代背景下，不仅高速铁路重构了旅游空间格局，游客的出游行为也发生了极大变化，导致旅游业发展过程中的供需双方都在积极调整，以满足旅游业高质量发展的现实需求。此时，旅游业发展的功能定位不仅要注重旅游产业的经济带动功能，更要将旅游业高质量发展、区域协调发展以及满足人民美好生活需求等国家战略结合起来。一方面，抓牢旅游业高质量发展的新契机，不断推动旅游基础设施完善和旅游产品服务质量的提升；另一方面，积极打造旅游产业新业态，盘活并开发旅游资源，从旅游资源梳理、旅游规划开发，以及旅游经营管理等角度给予制度化、全面化的政策扶持，以高质量发展旅游业为依托，提升人民生活的满意度和幸福感。

　　第二，构建科学正确的评估体系。以高铁为代表的现代交通的快速发展为旅游高质量发展提供了重要指引，但我国旅游产业高质量发展之路仍道阻且长。第 8 章的研究结果表明，2010 ~ 2019 年，国内旅游高质量发展水平年均增长率仅为 2.24%，即便在理想状态下的发展增速将有所提高，但依旧远低于同期旅游收入、游客规模等指标的增长率，充分说明了未来旅游高质量发展仍旧任重道远。因此，在推进旅游业高质量发展时，需要改变"唯收入"的考核评价，在关注数量增长的同时关注质量提升，在关注旅游经济发展的同时关注生态文明的提高。同时，结合旅游目的地发展实际和资源现状，差异化制定旅游业高质量发展政策，确保政策制定和实行的有效性、适用性。

　　第三，明确旅游业高质量发展的目标体系。中国旅游业经历了"从无到有、从有到优"的动态变迁过程，是系统内部多层次结构以及系统外部多因素整合的表现反馈。旅游业高质量发展的推进过程中需全方位考虑旅游系统内外部的诸多因素，比如，通过科技创新、结构优化、绿色发展、文旅融合、制度改革、旅游惠民等一系列政策措施，打破旅游业高质量发展过程中面临的各种阻碍，补齐发展短板，助推旅游业高质量发展。因此，明确旅游业高质量发展的目标体系是有效实施旅游业高质量发展的保障，在此过程中，应以高质量发展为核心，在实现旅游业稳定运行的基础上，不断提升旅游企业经营效率，优化旅游产业结构与消费结构，促进多方协调发展。

第四，凸显旅游目的地定位并进行有效扶持。高铁网络时代开创了旅游业新局面，发生同城化、近城化、网络化等多种变化，改变了都市圈旅游的空间格局，并促使区域内旅游要素进行重组。这些变化对于沿高铁线路的城市来说，既是发展机遇又是潜在的挑战。此时，必须要对高铁沿线的目的地进行分级定位，明确各个旅游目的地在区域内乃至全国旅游产业发展中扮演的角色，并针对不同旅游目的地进行有效的扶持。一是高铁沿线的旅游目的地应找准定位。在进行旅游目的地定位时，可在一定程度上参考不同地区的经济水平定位，比如，北京、上海、武汉、广州、成都、西安等城市既具有发达的高铁交通，又具有得天独厚的旅游资源和经济优势，还是各城市群中的核心城市，可将其分别定位为各地区的核心旅游目的地，打造成全国性旅游中心城市。同时，通过高铁连接区域内的其他站点城市，将其庞大的旅游流扩散至周边地区，带动其旅游产业发展。比如，目前已经形成了以武汉为核心的"1 + 8"都市圈，以北京为核心的京津冀都市圈，以广州为核心的珠三角都市圈等。此外，确立次要节点旅游目的地，例如，长沙、杭州、西安等地，将其定位为区域内核心旅游目的地，负责连接全国性旅游中心城市和区域内其他目的地，为区域内部提供旅游产业引导。二是有效扶持边缘旅游目的地发展。高铁网络会增加中心城市的极化效应，特别是对于旅游资源单一或者旅游产品品牌较小的目的地来说，存在被过滤掉的可能性极大。为防止此类旅游目的地被"边缘化"，需要对其进行专业扶持。首先，制定相关战略措施，为边缘目的地的旅游业发展提供基础平台；同时，加大对它们的资金扶持力度，积极鼓励地方政府和企业开发区域内的旅游资源，逐步完善区域旅游交通。其次，打造特色旅游产品，推出区域一体化旅游路线，并以资源整合的形式进行大力宣传，树立良好的旅游目的地品牌，通过线上（如抖音短视频、微信公众号、微博及各类专业化旅游应用类 App 等）、线下等多种营销渠道吸引更多游客，推动区域旅游联动发展。最后，将边缘旅游目的地纳入到节点目的地（包括主要节点和次要节点）的辐射圈内，根据节点目的地的旅游产品来调整其旅游发展方向，使两地特色旅游产品相融合。

　　第五，完善都市圈内配套的基础设施和保障机制。一是完善都市圈内相应的旅游基础配套设施。在高铁网络背景下，出游变得更加简单、快捷、舒适，大众化出游时代正在到来。然而，在游客出游需求日益增长的情况下，都市圈内旅游基础设施水平能否满足出行需求已经成为影响旅游业发展的先决条件，直接关乎游客的出行体验及满意度。因此，面对高铁为旅游业带来的快速发展机遇，需不断完善相关基础设施、提升服务水平，以满足游客日益增长的旅游需求。首先，在旅游接待业方面，推动区域内星级酒店以及快捷酒店建设的同时，要求都市圈内的酒店也制定严格的行业准入规范和经营秩序，特别是加强对民宿、农家乐等形式的住宿服务的管理和监督，为游客提供区别于传统酒店的新型住宿体验；同时，要推动区域内星级酒店及连锁快捷酒店的建设，不断优化、调整各级酒店布局及比重结构。其次，不断挖掘区域内的特色饮食，建立区域内饮食行业标准，打造区域内的品牌美食，并建立特色美食文化街区，积极利用区域优势推广夜市美食文化，并借此推动夜间旅游发展。比如，西安的回民街、武汉的户部巷、成都的宽窄巷子等；同时，加强对特色美食产品的宣传与推广。比如，可以联合美团网、饿了么、大众点评网等工具进行宣传，吸引游客消费，不断提高旅游服务的品质。二是针对不同景区、景点等设立线上线下相结合的综合性旅游服务平台，完善旅游服务功能建设，打造结构合理、功能设施齐全、服务完善的游客集散中心，为游客提供即时咨询及游览引导等服务。三是构建都市圈内旅游一体化发展的政府保障机制。高铁网络为都市圈旅游发展带来了红利，参考经济一体化发展要求可知，大力建设高铁沿线旅游城市之间的旅游一体化和无障碍合作机制，有助于实现都市圈内不同城市之间旅游协调发展，缩小地区差距，打破区域壁垒，是促进都市圈旅游合作纵深发展的有效途径。在此过程中，要充分发挥政府"看得见的手"对都市圈旅游发展的引领作用。首先，对于未跨省的都市圈来说，充分遵循省（厅）级旅游管理部门的战略部署要求，结合都市圈内旅游业的实际发展情况，加强政企联系，寻找区域内旅游合作的契机，并加强对两部门人员的培训；同时，充分发挥政府部门监督、管理、鼓励的作用，制定相关政策，例如，旅游奖励措施、利好政策等，以此来提高旅游企业的积极性。其次，当都市圈内的城市来源于多个省（市）时，要积极处理好不同省（市）之间的战略协同发展关系，各地旅游政府部门之间应定期召开指导和磋商会议，努力在建设网络交涉平台、实施政策连通以及建设高铁城市旅游目的地等方面实行一体化的战略发展。最后，在充分发挥政府管理、协调作用的同时，还应加大对都市圈内旅游企业的扶持，积极鼓励社会资本通过多种形式参与到旅游业的投融资中；同时，设立专项扶持计划，对符合条件的旅游企业进行专项资金扶持，不断提升都市圈内旅游发展的竞争力。

9.2 以文旅融合为手段，突出旅游业高质量发展的特色

文旅融合是当下中国旅游发展的主体政策（马波和张越，2020）。文化产业与旅游产业之间具有较强的关联性和天然耦合性，在二者共同发展的过程中旅游是文化传播的载体，旅游业发展能加快文化传播速度、提升传播效应；文化是旅游发展的灵魂，能让旅游产品的内涵得到提升，价值得到升华（李明伟，李琳，2021）。因此，旅游业高质量发展必须发挥文化赋能作用。此外，《"十四五"旅游业发展规划》明确指出，要坚持"以文塑旅、以旅彰文，加强文化与旅游融合"。党的二十大报告中也明确提出："坚持以文塑旅、以旅彰文，推进文化和旅游深度融合发展。"与此同时，我国近年来已经建成了世界最大的高速铁路网、高速公路网，且我国的机场、港口、水利、能源、信息等基础设施建设都取得了重大成就。完善的交通运输体系为旅游，特别是城市旅游带来了便利，加之我国较多城市拥有深厚的历史文化底蕴和众多文化遗产，逐渐形成了以北京、西安、杭州、成都、洛阳、广州、南京等城市为代表的都市圈文化旅游。因此，利用以高铁网络为代表的完善交通运输体系优化都市圈旅游空间结构，深化城市文旅融合，是促进都市圈旅游业高质量发展的重要途径。

第一，凝聚文旅融合发展的理念共识。思想理念的融合是促进文旅深度融合的第一任务，应牢固树立"以文塑旅、以旅彰文、文旅互动、和合共生"的发展观念，进一步深化文旅融合的相关改革，加快推进政府机构的理念融合、职能融合与业务融合，完善文旅规划和体制建设等顶层设

计，制定切实可行的行动方案，加强文旅融合舆论宣传，搭建文旅合作交流平台，按照"供给发力、需求导向、宜融则融、能融尽融"的原则，逐步推动文旅融合发展从理念走向行动，形成文旅融合优势互补、协同联动、共同发展的基本共识和良好格局。

第二，开展文旅融合发展的多元实践。加速文化和旅游之间的业态融合、产品融合、市场融合、服务融合等实践的落地，形成发展合力。在规划技术融合上，科学规划、统筹布局，坚持"多规融合、多规合一"，加强新一代科技的引入和应用，提高规划的先进性和科技性，为数字文旅的创新发展提供技术支撑，着力破解关键共性的数字化技术应用问题（侯兵等，2020）。比如，在文旅业态融合上，通过实施"旅游＋文化"战略，加强文旅业态融合创新，瞄准旅游景区、文化创意、文化演艺、数字文旅、夜间消费、文旅配套等产业主攻方向，拓宽产业面，延长文化旅游产业链，促进文化旅游业及相关产业的联动发展，加快形成文旅融合带来的产业集群效应。在文旅资源融合上，用创新文化和旅游资源融合的方式、途径等，打造城市旅游新亮点，通过博物馆、节庆演艺、历史古镇与主题街区、创造性主题展示等模式促成文旅资源深度融合，提升文旅资源价值和吸引力，挖掘文化设施的旅游功能和旅游设施的文化内涵，实现产业发展和文化传承的双赢。在文旅市场融合上，进一步完善政策激励机制，积极调动市场主体能动性和创造性，培育大型文旅集团，助力中小微型文旅企业纾困发展，设计开发高品质、特色化文旅产品，通过市场整合、品牌培育、营销宣传、资本运营来协同推进文旅市场的高质量发展。

第三，提升文旅融合发展的溢出效应。在我国全面建成小康社会后，文化和旅游在满足人民群众精神需求方面占据了更为重要的位置。文旅融合发展不仅直接影响文化产业和旅游业的发展，同时，对推进区域协调发展、提升国民幸福感也具有重要意义。文旅融合发展的社会溢出效应十分显著。因此，一方面，要将文旅融合作为重要理念深度嵌入（长城、长征、大运河、黄河、长江等）国家文化公园、历史文化主题街区、全域旅游示范区、研学旅游示范基地等重大文旅项目建设，打造文旅品牌 IP 体系，发挥它们对都市圈旅游业高质量发展的支撑和引领作用，使其在城市文化旅游融合的发展中，不但可以丰富旅游群体的受众面积，还可以增加旅游行为的组织模式。另一方面，应树立共建共治共享理念，将文旅融合作为新的发展引擎融入并完善公共文化服务体系、提升国家文化软实力和增强文化自信的发展格局中（侯兵等，2020），最终为形成旅游产业的搭台以及城市运营的新模式而起到有效的推动作用，实现对旅游产业的有效推动与发展，这是中国都市圈旅游业高质量发展的应有之义。

第四，重视文旅融合发展的空间差异。通过前文的实证研究发现，我国旅游业高质量发展存在明显的空间分异特征，而且各地区文化特色差异也相对固态地客观存在。因此，在推进都市圈文旅融合发展过程中要正视各地区、各城市文旅融合发展条件、发展基础的优劣势和差异性，找准都市圈自身文化旅游资源的比较优势，因地制宜制定文旅融合发展政策及针对性措施，补齐短板，释放内源性发展活力。同时，要加强区域合作实现优势资源互补，求同存异，发挥文化旅游空间溢出效应。比如，东部地区应树立取长补短、相互借鉴的发展理念，可以考虑以大运河国家文化公园建设为纽带，整合运河沿线文旅资源要素，发挥区域内文化旅游中心城市的串联作用，推进京津冀、环渤海和长三角等都市圈"文化旅游共同体"的建设，将东部沿海地区打造成国内外有影响力的知名文化旅游目的地。再如，长江经济带沿线省市要打破行政界限，打造跨省市、跨流域的文旅品牌与全域目的地形象，加强对话、尊重差异，高标准推进长江国家文化公园建设；黄河流域地区则要树立大黄河旅游理念，强化生态文化整体性保护与发展，深度挖掘黄河文化内涵，打造以黄河文化为核心的文化旅游圈，探索以生态优先、绿色发展、文化赋能为导向的旅游业高质量发展道路。西部地区要以民族特色文化保护传承和利用为前提、以旅游业为载体，积极探索民族地区多位一体的文旅融合发展路径，推动民族地区文化旅游业实现高质量可持续发展。东北地区应着力发展独具异国风情的边境旅游与民族文化旅游，以及特色冰雪体育旅游，加强区域文化旅游营销整合，强化东北"大旅游"品牌。

9.3　深入贯彻落实新发展理念，推动旅游业高质量发展

第一，加快旅游创新发展，增强发展的内驱动力。创新是推动旅游产业转型升级的关键因素，是实现旅游业高质量发展的第一动力。都市圈旅游业在发展的过程中，要强化创新的重要驱动力量，不断增强技术赋能。一是加强旅游相关人才培养与团队成员质量的提升。一方面，为缓解旅游业人才供应不足、供需不平衡的问题，应当持续推动高校旅游人才培养教育体制改革，加大专业复合型人才培养力度；另一方面，要积极营造旅游的创新发展氛围，完善旅游专利产权保护及管理机制，为创新知识传递与转型提供保障平台。二是加强旅游产业与现代科技的有机融合。一方面，新技术应用能够为旅游者提供形式与内容更为丰富的旅游服务产品和服务，比如，借助移动互联网、全息投影、VR 与 AR 等技术为游客提供更为全面的旅游信息化服务以及更直观、真实的旅游娱乐体验；另一方面，将物联网、地理信息系统等技术应用于旅游业有助于进一步推动旅游服务、营销与管理的变革。此外，通过信息集成、综合分析、应急预警等技术手段在政府服务部门的应用能有效提升旅游行业管理及安全监管的水平，同时还能提升应对与处置重大突发事件与风险的能力，从而更快识别出新时代旅游高质量发展的方向和机遇。

第二，统筹旅游协调发展，解决发展不平衡问题。国内旅游产业协调优化速度与质量亟待提升，要进一步推动旅游产业内外部协调发展、城乡旅游均衡发展及旅游一体化协同发展。一是提高旅游产业与内外部的深度协调水平。在产业发展内部，着重提升旅游业开发规模与经营管理质量，要努力冲破地理和行政壁垒，支持各类旅游生产要素的自由流通和配置优化，鼓励优质旅游企业跨区域运营。在产业发展外部，要继续推动"旅游 +"与" + 旅游"的旅游发展新模式，促进旅游产业和相关产业的关联、交叉与重组，构建"大旅游产业"格局。二是促进城乡旅游的均衡化发展水平。在旅游发展中要进一步关注城市与乡村在旅游发展要素上的互补性特点，发挥二者的比较优势，实现城乡旅游的全要素融合发展，全面构建城乡互动、双向共赢的现代化城乡旅游产业体系。三是坚持

都市圈内旅游一体化、整体化协同发展。要继续加强旅游一体化发展及旅游空间网络的理论研究与战略深化，应用于各地区、各城市的旅游一体化发展战略中；同时，要进一步打破传统旅游开发与合作的"静态化、地方化"的整体认知，进一步促进旅游的互补开发。

第三，加强旅游绿色发展，提升可持续发展水平。国内绿色旅游发展的水平总体较高，但其发展趋势表现为负增长，并且对旅游高质量发展的影响较为微弱（杨秀平，王睿等，2023）。因此，要深入推进绿色旅游的开发，刺激绿色消费，促进旅游产业转型升级，实现产业发展的生态效应。一是推动旅游产业的绿色创新、开发、经营与管理。从根源上，要制定和完善绿色旅游开发与经营的标准，严格生态环境准入制度，为旅游景区、交通、酒店等要素在各个环节实现"节能、环保、生态、绿色"做出引导；其次，要在旅游开发及基础建设过程中引入现代化基建设施体系，积极引入新技术、新材料、新能源，提升绿色旅游建设与开发水平；最后，要积极完善绿色旅游考核与监管体系，完善旅游生态环境监管网络及管理平台，落实各项绿色发展考核机制，全面实现旅游开发与经营全过程和全流程的污染监管与治理。二是大力提倡旅游绿色消费行为。一方面，要丰富绿色旅游消费宣传，培育旅游者的绿色消费理念。例如，政府机关及行业机构通过主流媒体矩阵加强绿色旅游行为重要性及必要性宣传，还可以通过组织绿色旅游主题活动进一步营造绿色旅游消费氛围。另一方面，要积极激励绿色节约的旅游消费行为。例如，旅游景区、酒店等企业可在经营过程中积极开发绿色旅游产品，并设置绿色旅游消费激励措施，进一步激发绿色旅游消费市场的发展活力。

第四，保持旅游开放发展，强化"引进来"与"走出去"相结合。一是将全域旅游作为国内旅游的重要发展战略。一方面，要依托国内旅游需求，不断优化旅游产业的供给结构和质量，尤其是要关注目前人们对低密度游、自驾游、康养游的旅游需求；另一方面，要以开放为核心理念发展全域旅游，积极打破传统封闭的行业思维，向全社会开放旅游资源、市场、服务，从而吸引各个行业和领域参与旅游产业发展，最终形成有宽度、有广度、有深度的旅游发展模式。二是在发展中融入全球旅游视野，增强在国际旅游业中的竞争力。首先，要以国际视野推进旅游供给侧结构性改革，同时，积极面向国际开展旅游推广活动，在弘扬中国文化内涵的同时逐步开发国际旅游市场；其次，努力吸引全球优质旅游资源和要素进入国内旅游投资领域；最后，在国际竞争中充分发挥新兴技术为旅游业所带来的机遇，努力培育出国际旅游竞争优势。

第五，坚持旅游共享发展，实现公平正义的价值追求。一是加强需求侧改革，着力推广大众旅游。一方面，要积极扩大旅游内需规模，引导旅游消费规模提升与消费需求升级，从而增强旅游内需驱动力；另一方面，要促进大众旅游的发展，引导旅游活动成为人民生活必需品，逐渐发挥大众旅游的普遍性与普惠性。二是强化供给侧结构性改革，刺激多元化的旅游需求。在新时代背景下，国民旅游呈现出多元化、体验化、情感化等特点，而旅游供给体系仍旧难以适配旅游需求的快速变化；因此，要进一步提高旅游供给质量，进一步提升旅游产业供给水平和吸引力。三是推进旅游共建共享，实现旅游发展的公平正义。一方面，要继续完善旅游利益相关者的分配均衡机制，实现旅游参与者的共建共享，并借助旅游产业关联性与就业带动能力，提升产业价值与居民幸福感；另一方面，积极发展旅游业，解决区域发展不平衡问题。可以因地制宜开发贫困落后地区旅游资源，也可借助产业协同发展政策，实现旅游业与相关产业的融合发展。

9.4 深化高铁网络带动性效应，助力旅游资源互补共享

第一，完善高铁配套设施建设，助力旅游业高质量发展。一是全力做好各项服务和保障，更多地满足游客多元化需求，充分利用各高铁站点所在区域的旅游发展特色，将旅游文化、乡村旅游等更好地推介出去。二是建设与高铁站衔接紧密的公交车、网约车、私家车等配套设施，特别是在高铁站与旅游景点相距较远情形下，更应注重完善此类配套设施。同时，设计符合交通疏导引流的有效方案，保证车辆能够有序进出。此外，针对节假日等旅游出行高峰进行应急预案处理，即根据游客流量调整方案，最大限度节省各项资源。三是完善高铁站公共服务体系，包括旅游、休闲、医疗、娱乐等配套设施建设，增强生活功能性，使游客能够"留得下来"

"住得下来"，不断提高游客出行幸福度。四是强化配套设施建设旅游性，在制定高铁规划时，明确旅游发展方向，科学布局。比如，在宣传上，完善旅游引导标识，突出区域旅游特色；在保障体系上，规范化引导游客选择权威并值得信赖的旅游相关组织，防止欺骗游客等不良行为出现。

第二，强化高铁配置资源效应，推动旅游业高质量发展。一是构建立体畅通的"快进"交通网。虽然，我国部分都市圈的高铁网络已初步建设完成，但是高铁网络建设密度以及与其他交通方式的衔接仍需加强，并需完善对外纵横快速通道，加强与其他城市圈的快速联系。二是构建景区景点互联互通工程。充分发挥都市圈内核心城市的综合交通枢纽的地位，加快打造不同都市圈的高铁枢纽经济区，形成"支支贯通，主干引领"的高铁网络布局。三是构建不同文化特色的旅游目的地。我国历史悠久、文化底蕴深厚，各都市圈均有不同的文化风情，蕴含着丰富的地区文化特色与民俗文化传承，应依托高铁网络，结合不同都市圈内的传统文化、历史文化等文化资源，实现其与现代化的结合、保护、传承和发扬；同时，加强高铁与文创的结合，以技术、图案、造型、颜色等形式表现出地区独有特色，并以地区故事为主线，打造"一站一主题""一线一特色"的发展项目，对于研究创意设计，可以举行征集活动，并创办高铁文创比赛，聚集文创产业资源，激活高铁对于文创产业的承载力。

第三，完善高铁旅游服务体系，保障旅游业高质量发展。一是针对不同都市圈制定并实施相应的高铁旅游规划纲要。首先，要明确都市圈高铁旅游实现旅游全要素融合，即观光旅游要与休闲相融合，休闲要与养生、养老相融合，景区要与非景区相融合，城镇要与乡村相融合，公共服务要与旅游产品相融合，构建高铁旅游发展的长治模式。其次，要明确培育旅游目的地体系建设和接待体系建设。对接高铁旅游需求，以都市圈内的核心城市为龙头，以旅游景区、度假区、休闲养生基地和特色小镇等为节点，实现点、线、面全方位结合，构建多层次全方位的旅游目的地体系。要在壮大旅游景区的基础上，把主题街区、特色小镇、生态乡村等做大做强，构建城乡接合、层次丰富、类型多样的旅游接待体系，提升旅游接待能力。最后，要明确推进都市圈旅游一体化建设。一是主动融入、对接其他都市圈旅游区，实现跨地区的旅游资源整合和产品组合，实现跨地区的信息共享和客源互送，争取国家政策支持，完善跨地区交通基础设施，建立跨地区的互惠共赢合作机制，在互惠共赢合作中突出长治个性。二是建立健全快捷通畅的交通网络体系。首先，完善交通集散网络，根据进入都市圈内高铁的车次、客流情况，结合不同城市高铁站的具体运营情况，及早优化调整公交线路和客运班车的车次和时间。比如，高铁站要根据实际情况与各县区建立快速公交系统，通过构建多层次的交通集散网络，既能及时把游客分流到市区、县区、景区，又能方便游客回程并顺利进入站点乘坐高铁。其次，建立自驾游服务系统，高质量满足不同类型游客的出行需求。通过建立自驾游信息系统和营地服务体系，在相应的高铁站建立自驾游服务中心，为自驾游游客提供旅游咨询、行程设计、汽车租赁、汽车代驾、汽车维修、道路施救、质量投诉等服务。最后，加强通景公路建设，保证都市圈内不同景区之间的有效联通。积极争取各项补助资金和支持政策，整合交通、城建、农业、林业、水利等资金，优先拨付通景公路建设，按照相关标准，着力实施现有的通景公路改造提升工程，实现城景相连、景景相连，将通景公路营造成赏心悦目的生态景观走廊。

第四，打造高铁沿线的精品旅游线路，凸显高质量发展特色。高铁网络的形成让都市圈旅游产业的同城化效应和一体化发展效应愈发凸显，此时，打破不同地区之间的传统行政区域界限已经成为高铁网络化时代下推动区域旅游业发展的重要工作之一。一直以来，我国旅游资源类型多样、数量众多，随着高铁网络在都市圈内的贯通，让圈内不同地区的旅游景区进入了以中心城市为核心"N 小时旅游圈"。比如，河南的"米"字形高铁网络让全省旅游业进入了以郑州为核心的 2 小时旅游圈，即高铁促使全省主要旅游景区形成了 3 小时旅游圈；武汉都市圈的形成，让圈内实现了以武汉市为核心的 1 小时旅游圈。因此，在借助高铁网络的运输优势发展旅游业时，可以基于不同地区旅游资源在数量、等级、属性等方面的差异，并结合高铁沿线城市的经济水平、产业情况以及人财物等资源特征，让所有旅游资源在整体区域背景下进行组合、优化，打造高铁沿线的特色旅游产品和精品旅游线路。比如，在前文的实证研究中，在以河南为例进行实证分析时指出，该省"米"字形高铁网络作为连接省内各地市的现代化交通基础设施，较好地整合了全省各地区之间的旅游资源，此时，借助高铁网络充分发挥全省旅游资源优势，利用好"记忆中原、老家河南""行走河南、读懂中国""一部河南史，半部中国史"等主题，合理进行旅游资源配置，打造出一系列沿高铁线路的特色旅游产品，以满足不同地区游客的旅游需求。如借助郑西高铁打造豫西旅游精品线路，以洛阳为核心，以洛阳龙门石窟、白云山、鸡冠洞和龙潭大峡谷等著名景区为支撑，以三门峡的黄河大坝、豫西大峡谷、三门峡国家湿地公园等为辅助的郑西高铁沿线旅游线路，此线路可重点面向徐兰高铁沿线的城市居民，并重点面向郑州、西安等城市中的潜在游客。同时，借助郑州作为"米"字形高铁的中心城市和省会城市的交通运输优势、经济优势、产业优势以及政治优势等，打造以嵩山少林寺、炎黄故里等为主的豫中精品线路；并向东延伸到开封，借助郑汴一体化的优势，将开封的清明上河园、开封府等景点纳入豫中旅游线路中，此线路不仅针对省内外的普通游客，还可扩展到商旅人士，通过打造各类 1 日游线路，将商旅人士纳为潜在游客。由此可知，受高铁网络化建设的影响，在加速都市圈旅游发展时可在圈内沿高铁线路打造特色旅游线路，进而有效实现在统一的都市圈旅游规划和不同的市场定位下充分引导区域旅游资本、旅游就业等要素的流动与平衡分配，实现商品、要素的自由流动以及客源、品牌的共享，创新旅游业态及经营模式，使各类旅游资源的产出效益达到最大化。总体而言，基于前期研究结果可知，在高铁网络形成后，游客的出行意愿、出游需求、出游类型以及出游方式等都发生了较大改变，常规的旅行线路已经无法满足高铁时代下的游客出游需求。因此，亟须制定更多个性化、多元化的旅游线路，在此过程中，不仅要加大对高铁沿线站点城市的旅游线路的设计，还要考虑到短期游、周末游等形式的旅游。

9.5　抢抓高铁新机遇，保障都市圈旅游业高质量发展

第一，充分发挥我国铁路旅游政策红利。按照《国务院办公厅关于促进全域旅游发展的指导意见》提升旅游交通服务的要求，积极促进铁路旅

游市场创新，响应西部大开发、"一带一路"、都市圈协同等相关主题进行旅游产品孵化，设计以"旅游主体，位移为客体"为导向的高铁旅游产品，将政策优势作为推进都市圈高铁旅游市场发展的催化剂。

第二，发挥都市圈高铁网络的优势，优化列车开行方案。高铁旅游产品提供的服务不同于普通列车，其特点体现在"点+线"结合的基础上，通过铁路交通优势和区域旅游资源相结合，不仅缩短了景区之间的在途时间，还扩大了重点景区对周边区域的虹吸范围，能够有效满足旅客便捷和高效出行需求。比如，采用旅游专列实行"一日一图"的运行管理方式，利用发达的路网优势，根据旅客出行需求、季节变化和旅游资源等要素，实现对不同线路区域主要旅游线路和景点的全覆盖；同时，努力拓展热门旅游区域的运输能力，最大限度实现运力投放与客流需求的匹配，不断优化高铁旅游的开行方案。

第三，营造良好的融合发展条件，加速创新高铁旅游运营机制。当前，高铁旅游的发展还处于方兴未艾的阶段，高铁旅游的市场化运营机制还有待深耕。从外部发展环境角度看，应充分发挥国铁集团、地方政府、文旅企业等各方的积极性，建立共赢共享的联合运营机制，形成推进铁路旅游发展的强大合力。从内部运营管理角度看，应加强标准化、规范化建设和管理，注重铁路系统内部文旅人才队伍的培育，继而在铁路专业化能力过硬的基础上，建设一支文旅知识储备完善、服务意识强和政治素质一流的人才队伍。此外，还应利用好 12306 平台成立的高铁旅游智能服务中心，保障高效的信息化协同作业，更好地为文旅企业及游客提供智能问询和接口服务。

第四，构建高铁旅游服务创新模式，丰富高铁旅游的特色服务内容。高铁旅游服务模式不同于其他客运列车产品，创新服务模式是服务附加价值体现的关键所在。首先，新模式的建立应以智能化服务平台为技术支持，"线上+线下"服务协同作业，将"传统+特色""个性+差异"的多元化旅客需求渗入每个服务环节中，实现全流程一站式服务闭环。同时，全面规范车站、景区和接驳等服务标准，提升作业人员的服务质量，补强硬件服务设备设施。其次，丰富特色文化旅游服务，包括主题车厢、民俗活动和特色餐饮等，补强特色文化产品和旅游纪念品供给。实现点到点的无缝联运服务，提升接驳、换乘等服务品质，优化观光游览的效率，降低时间和运营成本。

第五，树立品牌形象，实施高铁旅游品牌创新战略。品牌文化内涵是实施营销传播策略的核心，所有营销传播策略都应围绕此核心开展。基于都市圈内的旅游资源特色和高铁网络结构，制定系列高铁旅游品牌形象总体规划，构建"高铁＋旅游"品牌发展的系统工程，确定品牌发展的价值体系。以政府引导为基础，依托市场引领，加速铁路旅游品牌的升级迭代，进一步提升高铁旅游品牌的知名度和美誉度。同时，重视对传播渠道和营销方式的联动与革新，有效结合微博、微信和抖音等自媒体和传统媒体的联合传播，扩大品牌传播的覆盖面，提高双向营销传播的有效性。

第六，保障"最后一公里"交通的畅通性。众所周知，出于对建设成本、环保等因素的考虑，国内大部分高铁站的选址都远离市区，只有极少数高铁站建在城市中心地带。虽然，近年来高铁出行快速发展，给人们带来了更加方便、快捷的出行方式，但因为高铁站远离市区，游客仍然要在前往高铁站或到站后赶往目的地的路上花费不少时间，在享受高铁方便快捷的运输优势的同时又造成诸多不便。不仅如此，由于绝大部分景区距离高铁站都有很长的一段距离，如何解决这一段路程的交通问题已然成为高铁时代旅游业发展的瓶颈问题。因此，解决出游过程中的"最后一公里"交通问题必然成为高铁时代下旅游业发展的又一项重要工作。随着"互联网＋"时代催生的共享经济模式不断成熟，为高铁时代下旅游过程中"最后一公里"问题的解决提供了良好机遇。比如，借助共享经济的优势，2019 年 1 月，由中国铁路郑州局集团有限公司、河南省投资集团有限公司与中国铁路投资有限公司联合签订三方合作框架协议，标志着全国首家"高铁＋共享汽车＋旅游"项目的正式启动，致力于打通河南境内高铁站至景区的"最后一公里"。至此，"高铁＋共享汽车＋旅游"模式实现了将中国"新四大发明"（高铁、移动支付、网购和共享经济）与旅游的有机结合，构建了一种新型共享模式，打通高铁站至景区的"最后一公里"，也是服务区域社会经济发展、推进全域旅游以及发挥铁路先行作用的具体举措。此时，借助高铁四通八达的运输优势，将全国不同地区的游客吸引过来，再借助共享汽车将游客输送到各旅游景点，一站式解决游客高铁购票、食宿预订、旅游景区购票、土特产购买、车站 VIP 服务等旅行需求，实现游客吃、住、行、游、购一体化消费，打造定制化服务需求。首先，可在旅游资源较丰富的城市的高铁站进行试点建设，比如，率先在部分城市建设"高铁＋共享汽车＋旅游"工程项目，在每个车站投入不同数量的共享汽车，让游客以扫码等形式有偿使用共享汽车，保证游客出了高铁站之后能够实现无缝对接换乘，以最快的方式达到景区。同时，在高铁出站口对"高铁＋共享汽车＋旅游"项目进行宣传并提供具体使用指导流程，打通高铁站到景区的"最后一公里"。其次，制定相应的优惠政策吸引游客，并采用"高铁＋共享汽车＋旅游"的形式前往景区。比如，游客凭 3 日内购买的高铁车票，在本区域内旅游可享受与旅游团体票同等优惠的政策，对于提供"高铁＋共享汽车＋旅游"使用记录的游客，可以享受景区门票 6～8 折的优惠等，充分调动广大游客参与的积极性。同时，借助地区的旅游资源优势、区位优势、发达的高铁网络优势等，将高铁与地方优势资源有机结合，开展"高铁＋共享汽车＋旅游"新经济模式，并通过政府推动、企业搭台、高铁开路、文化留人、陶冶休闲、消费落地的方式，充分发挥各自优势。最后，开发相关的应用软件或者手机 App，比如，通过研发并推广"高铁游中原"综合管理应用平台，鼓励旅客下载手机 App、绑定扫码，通过平台可以乘坐共享汽车到各旅游景点，从而一站式解决游客高铁购票、共享汽车租用、食宿预订、旅游景区购票、土特产购买、车站 VIP 服务等需求。

第七，借助高铁平台加强旅游产品营销。在高铁运输速度快、运量大等特征的影响下，极大地缩短了目的地与客源地之间的时空距离，加强了目的地与其他区域之间的联系，对区域社会经济发展和旅游业的进一步优化都具有重要价值。比如，徐兰高铁开通后，让以郑州为中心的中原城市群与以西安为中心的秦陇城市群之间的时空距离由原来的 6 小时以上缩短为 2 小时；京广高铁开通后，让中原城市圈与武汉城市圈的距离缩短为 2 小时，与京津唐城市圈的距离缩短为 2～3 小时，与湘潭城市圈的距离缩短为 3 小时，与珠三角城市圈的距离缩短为 5~6 小时；郑万高铁开通之后，中原城市圈与成渝城市圈的距离缩短为 4~5 小时。由此可知，高铁极大地增强了不同都市圈之间的联系，为游客出行创造了良好的交通基础平台。此时，如何借助高铁平台进行有效的旅游营销，已经成为不同城市圈在快速交通时代亟须解决的问题。对此本书提出如下建议：一是重点营销目的地与客源地之间 1~2 小时等时圈范围内的区域。旅游流客源地分布基本符合距离衰减规律，都市圈外周边地区的游客数量明显多于距离区域较远的地区。虽然，高铁开通后，高铁游客数量显著增多，但对传统游客群体的冲击不大，这与高铁开通时间短有密切关系，也与高铁的半径辐射范围有关。如果目的地与客源地之间的距离超过了 600 公里，高铁的优势就弱于航空，此时，随着周末休闲游的迅速发展，可加大对区域周边地区客源的营销力度，打造终极周末游目的地。二是以高铁为媒介不断加大旅游的宣传力度。高铁网络的形成让国内大部分城市成为高铁沿线城市，有助于充分利用高铁平台推广相关的旅游产品，实现文化旅游的真融真合。比如，在全国范围内开展大规模高铁宣传推广工作，包括高铁电视、语音报站、高铁列车冠名、高铁列车海报、郑州东站滚动灯箱、高铁杂志、地推活动等。三是在以高铁为平台进行旅游营销时应更多地融入当地的旅游元素。比如，河南在借助高铁平台进行旅游营销时，将历史悠久的少林寺传统武术文化通过高铁站内宣传，让全国乃至世界领略中华武术的魅力。在宣传过程中，可以鼓励旅客们积极参与"互动问答抽奖"活动，并通过转发自己与吉祥物的合影进行抽奖；同时，还可以在活动现场要求相关线上媒体进行直播，实现线上线下联动传播；比如，2019 年河南文化旅游高铁宣传活动在上海虹桥站、广州南站、杭州东站、南京南站四大高铁站举行，极具创意的站内活动赢得了旅客的一致好评，可爱的老家河南吉祥物更是一举成为人群焦点，引得众多旅客与之合影。

本章小结

本章内容主要基于已有理论分析和实证研究的结果，从五个层面凝练了高铁网络推进都市圈旅游高质量发展的政策建议，分别是：加强顶层设计，合理引导旅游高质量发展路径模式；以文旅融合为手段，突出旅游业高质量发展的特色；深入贯彻落实新发展理念，推动旅游业高质量发展；深化高铁网络带动效应，助力旅游资源互补共享；抢抓高铁新机遇，保障都市圈旅游业高质量发展。该部分内容既有宏观层面的发展制度理念，又有中观层面的规划方案，还有微观层面的具体措施，本书提出的政策建议对如何更好、更有效地借用高铁网络推动都市圈旅游高质量发展具有积极的参考价值。

第10章　研究结论与展望

10.1　研究结论

高铁带来的旅游"多米诺"效应正在成为旅游学研究的新命题，尤其是高铁对旅游空间行为、旅游市场需求和客源结构、旅游资源吸引力格局、旅游产业结构和旅游空间格局等方面产生的影响更加凸显。本书结合高铁网络的运输特征及其产生的效应，充分应用了管理学、旅游地理学、交通地理学、计量经济学、统计学等知识，使用 Geoda、Matlab、SPSS 等数据处理工具，并在借鉴国内外相关研究成果的基础上，揭示出高铁网络时代都市圈旅游空间格局演变及影响效应；探索高铁网络对都市圈旅游高质量发展的影响路径；并构建指标体系，综合测评高铁网络对都市圈旅游高质量发展的影响，由此提出利用高铁网络促进都市圈旅游高质量发展的政策建议。

（1）高铁网络时代下旅游等时圈格局发生了较大变化。虽然，非高铁和高铁网络环境下不同都市圈的等时圈整体都呈现出以核心城市为中心、沿交通线路轴线放射状向外扩展的"点—轴渐进式"空间格局，但是，根据高铁开通前后的数据对比可知，都市圈旅游的等时圈发生了较大变化。比如，本书以"郑州＋X"都市圈为例进行分析时发现，在高铁网络形成前，以郑州为中心的6小时以内的等时圈城市很少，主要集中在河南省内及周边省外部分城市；高铁网络形成后，以郑州为中心的6小时以内的等时圈几乎遍布全国60%以上的城市，极大地增强了旅游目的地的吸引力。

（2）高铁网络时代下都市圈旅游资源空间布局、居民出行行为规律以及客源结构等都发生了较大变化。就都市圈旅游资源空间布局来说，高铁网络形成后促使都市圈核心城市在相同时间内能够到达的旅游资源点数量明显增多，且拉近了与远程空间范围旅游资源点的距离，强化了客源地与旅游目的地之间的联系。此外，高铁网络也让广大居民的出游意愿有所增强，出游频次得到一定提升，一日游、周末游等短期旅游占比明显增长；同时，高铁网络形成后扩大了都市圈旅游市场的吸引半径和辐射范围，500 公里以上空间范围的游客市场增长较为明显。

（3）都市圈旅游空间的高铁效应主要表现为四个方面。一是高铁"马太效应"。高铁开通前，一些具有一定竞争力优势的旅游资源点在高铁开通之后其吸引力变得更强。二是过滤效应。高铁开通前具有一定旅游竞争力优势的资源点，在高铁开通之后由于交通运输条件的改变，使其原有的优势转变为劣势，并且被距离较远但旅游吸引力更强的资源点替代。三是扩散效应。高铁开通后一些主要旅游节点的旅游流量呈现出明显的集聚特征，进而向周边具有一定吸引力的城市扩散。四是叠加效应。高铁开通后，大尺度区域的客源地的出游空间半径明显扩大，不同旅游地之间表现出一定的叠加现象，在叠加范围内一些主要的旅游节点在两个出游圈中均呈现出一定客流集聚性。

（4）高铁网络对都市圈旅游业发展的影响存在一定滞后性，通过以旅游经济发展水平和高铁站点数的时间序列数据为基础，运用计量经济学方法分析发现，高铁网络对都市圈旅游业发展影响滞后阶数为 3，即高铁网络形成后的第 3 年，是评价高铁网络对都市圈旅游经济发展水平提升贡献的最佳评价时点。同时，高铁网络显著促进都市圈旅游发展，对都市圈旅游发展的整体空间溢出效应较为明显，且对圈内核心城市的影响最显著，并产生一定带动效应和示范作用，即通过核心城市实现了旅游资源的共享，带动了圈内其他城市旅游经济的协同发展。高铁网络能促使都市圈内城市之间的可达性水平显著提升，并对都市圈旅游业发展的影响产生明显的节点效应，能够在短时间内拉动旅游服务从非节点城市向高铁沿线站点城市集聚。此外，高铁产生的时空压缩效应、区位叠加效应等，使不同城市间的可达性空间格局趋于平衡。

（5）高铁网络通过创新发展、协调发展、绿色发展、开放发展和共享发展五条路径影响都市圈旅游高质量发展。其中，开放发展与创新发展的影响占比较大，其后依次为共享发展、绿色发展与协调发展。具体来说，高铁网络在影响都市圈旅游高质量发展时，与创新、开放、绿色系统呈现显著性关系，与协调、共享系统呈现不显著关系，高铁网络主要通过创新、开放、绿色系统的发展影响旅游业高质量发展。

（6）通过运用熵值–TOPSIS方法进行测算发现，高铁网络在1%的水平下显著促进都市圈旅游业高质量发展，高铁网络的完善有利于提升都市圈旅游业高质量发展水平。在关于高铁网络影响都市圈旅游业高质量发展的因素中，高铁旅客周转量的变化对其影响最大，但是由于高铁综合发展水平两极分化现象较为严重，除核心城市处于优秀发展状态，其他各市均处于较差和差的发展状态。同时，高铁网络对都市圈旅游业高质量发展的影响，与圈内城市的文化旅游资源、社会经济发展水平等也具有较大的关联性，其中，政府干预、城镇化率与经济发展水平等均在10%的水平上显著促进都市圈旅游业高质量发展。

10.2　研究展望

都市圈作为一个有着复杂结构的圈层系统，在高铁网络的影响下，都市圈旅游受内外部多重因素的综合作用，一直处于动态发展的状态，并在该过程中不断催生出新的发展要素。新、旧要素在高铁网络效应的作用下，以及在大众旅游时代旅游市场现实需求的响应下，将触发都市圈旅游呈现出新的发展态势和发展模式。在未来的研究中，既要注重对都市圈旅游协同发展理论探索和体系构建，又要注重研究方法的创新、加强不同学科理论和方法的融合研究，从而更好、更系统地剖析高铁网络与都市圈旅游的发展规律。就本书的结果来看，拟提出未来关于高铁网络与都市圈旅游的若干研究方向，具体内容如下。

（1）虽然在高铁网络的影响下，都市圈中核心城市的旅游溢出效应开始显现，但是圈内不同城市之间的旅游联系程度不强，且城区与边缘区域（如城市的郊区或下属的县区）的发展差异较大。因此，如何利用好高铁网络的运输优势，发挥核心城区的溢出作用，促进都市圈边缘区域与核心城区之间的协同发展，在未来可能是一个值得探讨的方向。

（2）高铁网络产生的各类效应，解决了大尺度区域上的旅游交通问题，但是如何有效解决大尺度旅游交通向小尺度旅游交通转变过程中出现的问题，是值得深思的。而且，随着共享经济的繁荣，"高铁＋自驾车"逐渐成为一种新型出游模式，关于"高铁＋自驾车"出游模式的理论体系、宣传推广和实践落地等一系列问题的研究，可能会是未来的重要研究议题之一。

（3）高铁网络改变了国内旅游市场的客源结构和目的地结构，特别是随着"八纵八横"高铁网络的逐步建设和完善，让长距离出游变得火热，进而使得东三省、环渤海、珠三角、长三角等地区与西三角、川藏新等地区互为旅游市场中新的客源地和目的地。此时，随着核心旅游市场分布的变化，如何应对由高铁网络引致的旅游市场竞争新格局，值得深入研究。

（4）随着高铁逐渐成为主流交通工具，城市中心区域的一些老旧车站也将被改造为高铁站，改造后的车站能否提升站域地位并成为新的休闲中心，以及对城市休闲旅游空间格局的影响情况如何，尚处于未知状态。同时，城市边缘区域的新建高铁站能否发展为高铁新城，能否成为城市新的休闲中心，以及对城市休闲旅游空间发展的影响情况如何，也是未知的。

虽然，本书从多角度、运用多种理论和方法探讨了高铁网络对都市圈旅游业高质量发展的影响，并取得了一定的成果。但是，由于较多都市圈的高铁网络刚刚成形，本书的执行也是基于高铁刚开通不久后进行的，受交通运输效益发挥滞后性特征的影响，当高铁旅游逐渐进入常态化之后，都市圈旅游的高铁效应是呈现强化还是出现弱化，仍然是一个未知数，需要进一步跟踪研究。此外，本书主要分析高铁对宏观尺度和中观尺度旅游空间格局的影响，对微观尺度层面的研究较少涉及；同时，在城市交通与高铁站点之间的接驳问题上也没有展开深入的分析，需要在后期加强高铁对微观尺度旅游空间格局的影响以及高铁与城市交通接驳等方面问题的研究，比如，如何有效解决"最后一公里"的问题。

参考文献

［1］安淑新. 促进经济高质量发展的路径研究：一个文献综述［J］.
当代经济管理，2018，40（9）：11 – 17.

［2］安树伟，李瑞鹏. 城市群核心城市带动外围地区经济增长了
吗？——以京津冀和长三角城市群为例［J］. 中国软科学，2022（9）：
85 – 96.

［3］安树伟，李瑞鹏. 黄河流域高质量发展的内涵与推进方略［J］.
改革，2020（1）：76 – 86.

［4］白思俊，王保强. 项目评价与项目中评价［J］. 工业工程与管
理，1999（3）：37 – 39，57.

［5］白洋，瓦哈甫·哈力克，艾麦提江·阿布都哈力克，等. 交通基
础设施对区域旅游经济增长的空间效应——基于丝绸之路经济带2001—
2014年省际面板数据的分析［J］. 陕西师范大学学报（自然科学版），2017，
45（6）：108 – 114.

［6］保继刚，楚义芳. 旅游地理学（修订版）［M］. 北京：高等教育
出版社，1999.

［7］保继刚，刘雪梅. 广东城市海外旅游发展动力因子量化分析
［J］. 旅游学刊，2002（1）：44 – 48.

［8］毕丽芳. 区域旅游经济与交通业耦合协调发展的时空分异研
究——以我国西南地区为例［J］. 资源开发与市场，2017，33（8）：1001 –
1004，1020.

［9］茶洪旺，左鹏飞. 信息化对中国产业结构升级影响分析：基于省
级面板数据的空间计量研究［J］. 经济评论，2017（1）：80 – 89.

［10］昌晶，刘晓溪．新形势下我国高速铁路旅游高质量发展研究［J］．旅游学刊，2021，36（12）：1－3．

［11］常绍舜．从经典系统论到现代系统论［J］．系统科学学报，2011，19（3）：1－4．

［12］钞小静，薛志欣．新时代中国经济高质量发展的理论逻辑与实践机制［J］．西北大学学报（哲学社会科学版），2018，48（6）：12－22．

［13］陈才．新干线对日本旅游业的影响［N］．中国旅游报，2011－3－4．

［14］陈方，李俊芳，戢晓峰．高铁对区域旅游交通可达性格局的影响分析［J］．交通运输系统工程与信息，2016，16（4）：225－230，247．

［15］陈红艳，骆华松，宋金平．东京都市圈人口变迁与产业重构特征研究［J］．地理科学进展，2020，39（9）：1498－1511．

［16］陈琳琳，徐金海，李勇坚．数字技术赋能旅游业高质量发展的理论机理与路径探索［J］．改革，2022（2）：101－110．

［17］陈晓，李悦铮．城市交通与旅游协调发展定量评价——以大连市为例［J］．旅游学刊，2008，23（2）：60－64．

［18］陈孝珍，张学军．MGM（1，N）模型在结构载荷－应变关系中的应用［J］．机械科学与技术，2005（12）：1475－1477，1514．

［19］陈岩英．新时代旅游城市的高质量发展：内涵与路径［J］．旅游学刊，2022，37（2）：12－13．

［20］陈宇斌，王森．土地流转政策对农业高质量发展的影响——基于连续型DID的实证分析［J］．当代经济管理，2022，44（2）：49－57．

［21］陈子曦，青梅，杨玉琴．成渝地区双城经济圈高质量发展水平测度及其时空收敛性［J］．经济地理，2022，42（4）：65－73．

［22］程遂营，张野．国家文化公园高质量发展的关键［J］．旅游学刊，2022，37（2）：8－10．

［23］程维虎．拟合优度检验的回归分析方法及其应用［J］．北京工业大学学报，2000，26（2）：79－84．

［24］褚钰，付景保，陈华君．区域生态环境与经济耦合高质量发展

时空演变分析——以河南省为例［J］. 生态经济，2022，38（5）：161 -
168.

　　［25］崔莉，厉新建，张芳芳. 郑西高铁乘客行为偏好与旅游发展分
析［J］. 地域研究与开发，2014，33（2）：94 - 98.

　　［26］崔强，匡海波，李烨. 基于协同论和演化的交通运输方式低碳
协同研究［J］. 中国管理科学，2014，1：852 - 858.

　　［27］戴斌，李鹏鹏，马晓芬. 论旅游业高质量发展的形势、动能与
任务［J］. 华中师范大学学报（自然科学版），2022，56（1）：1 - 8，42.

　　［28］戴斌，马晓芬. 大力推进红色旅游高质量发展的若干思考［J］.
湖南社会科学，2021（4）：77 - 85.

　　［29］戴学锋，杨明月. 全域旅游带动旅游业高质量发展［J］. 旅游
学刊，2022，37（2）：6 - 8.

　　［30］邓聚龙. 本征性灰色系统的主要方法［J］. 系统工程理论与实
践，1986（1）：60 - 65.

　　［31］邓荣荣，张翱祥，陈鸣. 高铁网络、城市碳排放强度及空间溢
出效应——来自长三角地区的证据［J］. 技术经济，2022，41（1）：43 -
52.

　　［32］邓涛涛，赵磊，马木兰. 长三角高速铁路网对城市旅游业发展
的影响研究［J］. 经济管理，2016，38（1）：137 - 146.

　　［33］邓祖涛. 我国旅游收入差异的因子和空间双重解析［J］. 旅游
论坛，2011，4（1）：51 - 55.

　　［34］董红梅，赵景波. 中国高等级旅游资源数量与旅游人数、旅游
收入的关系研究［J］. 干旱区资源与环境，2011，25（2）：173 - 177.

　　［35］段玉. 区域旅游业收入与区域经济增长关系的 Granger 检［J］.
统计与决策，2009（14）：115 - 116.

　　［36］冯斐. 长江经济带文旅融合产业资源评价、利用效率及影响因
素研究［D］. 华东师范大学博士学位论文，2020.

　　［37］冯烽，崔琳昊. 高铁开通与站点城市旅游业发展："引擎"还是
"过道"？［J］. 经济管理，2020，42（2）：175 - 191.

［38］冯蛟，吕一林，贺庆文．消费后负性情绪和口碑传播对产品失败的动态影响研究——评价时间的调节作用［J］．消费经济，2012（4）：86－90．

［39］冯英杰，吴小根，刘泽华．高速铁路对城市居民出游行为的影响研究——以南京市为例［J］．地域研究与开发，2014，33（4）：121－125．

［40］符茂正．推进新时代乡村旅游业高质量发展［J］．中国农业资源与区划，2021，42（12）：227－243．

［41］高帆．基于社会主要矛盾转化深刻理解我国高质量发展内涵［J］．上海经济研究，2021（12）：14－21．

［42］耿松涛，张鸿霞．中国旅游业高质量发展：战略使命、动力要素和推进路径［J］．宏观经济研究，2022（1）：91－101．

［43］宫斐．高铁对广西城市居民旅游感知与行为的影响［J］．经济研究参考，2016（25）：71－78．

［44］顾晓燕，朱玮玮．新发展格局下知识产权贸易对经济高质量发展的影响［J］．经济问题，2022（10）：19－26．

［45］官淑琪，云俊，李明伟．ETC对武汉交通畅通性的贡献率研究［J］．数学的实践与认识，2016，46（7）：81－86．

［46］郭建科，王绍博，李博，等．哈大高铁对东北城市旅游经济联系的空间影响［J］．地理科学，2016，36（4）：521－529．

［47］郭宁宁，于涛．高铁新城的空间效应研究进展及思考［J］．现代城市研究，2018，（8）：115－122．

［48］郭伟，曾祥静，张鑫．高铁网络、空间溢出与区域旅游经济增长［J］．统计与决策，2020，36（7）：103－107．

［49］郭卫东，钟业喜，冯兴华．基于脆弱性视角的中国高铁城市网络韧性研究［J］．地理研究，2022，41（5）：1371－1387．

［50］郭向阳，穆学青，明庆忠，等．长江经济带快速交通系统对城市旅游生产率的影响效应分析［J］．经济地理，2021，41（12）：213－222．

［51］郭向阳，穆学青，明庆忠，等．中国旅游交通碳排放格局及影响因素解析［J］．地理与地理信息科学，2022，38（2）：129－136.

［52］何建民．新时代我国旅游业高质量发展系统与战略研究［J］.旅游学刊，2018，33（10）：9－11.

［53］何菊莲，陈郡，梅烨．基于经济高质量发展理念的我国高等教育人力资本水平测评［J］．教育与经济，2021，37（6）：44－52.

［54］洪银兴，刘伟，高培勇，等．"习近平新时代中国特色社会主义经济思想"笔谈［J］．中国社会科学，2018（9）：204－205.

［55］侯兵，杨君，余凤龙．面向高质量发展的文化和旅游深度融合：内涵、动因与机制［J］．商业经济与管理，2020（10）：86－96.

［56］侯兵，周晓倩．长三角地区文化产业与旅游产业融合态势测度与评价［J］．经济地理，2015，35（11）：211－217.

［57］侯雪，刘苏，张文新．高铁影响下的京津城际出行行为研究［J］．经济地理，2011，31（9）：1573－1579.

［58］侯志强．加快福厦高铁旅游发展的对策研究——福厦高铁游客行为特征调查［J］．福建论坛（人文社会科学版），2016（11）：191－195.

［59］胡北明，黄欣．高铁发展对后现代旅游消费者行为的影响研究［J］．四川师范大学学报（社会科学版），2021，48（2）：92－102.

［60］胡静，贾垚焱，谢鸿璟．旅游业高质量发展的核心要义与推进方向［J］．华中师范大学学报（自然科学版），2022，56（1）：9－15.

［61］胡文海，程海峰，余菲菲．皖南国际文化旅游示范区旅游经济差异分析研究［J］．地理科学，2015，35（11）：1412－1418.

［62］黄爱莲．高速铁路对区域旅游发展的影响研究——以武广高铁为例［J］．华东经济管理，2011，25（10）：47－49.

［63］黄德春，林欣，贺正齐．黄河流域经济高质量发展与水资源消耗脱钩关系研究［J］．经济与管理评论，2022，38（3）：25－37.

［64］黄磊．协同论历史学［J］．系统科学学报，2015，1：28－31.

［65］黄泰，查爱苹，应南茜，等．高铁对都市圈城市旅游服务力格

局演变的影响——以长三角都市圈为例 [J]. 经济地理, 2014, 34 (11): 158 - 165.

[66] 黄文杰, 傅砾, 肖盛. 基于改进层次分析法的输变电工程后评价 [J]. 统计与决策, 2010 (20): 160 - 162.

[67] 黄亚平, 吴挺可. 我国都市圈研究的综合述评与展望 [J]. 华中建筑, 2021, 39 (4): 6 - 10.

[68] 黄言, 宗会明, 杜瑜, 等. 交通网络建设与成渝城市群一体化发展——基于交通设施网络和需求网络的分析 [J]. 长江流域资源与环境, 2020, 29 (10): 2156 - 2166.

[69] 黄勇, 杨忠芳. 土壤质量评价国外研究进展 [J]. 地质通报, 2009 (1): 130 - 136.

[70] 黄钰. 高铁时代居民出游行为及相关影响因素分析 [D]. 南昌: 江西财经大学, 2019.

[71] 霍娅敏, 陈坚, 李啸虎, 等. 城市建设项目交通影响后评价模型 [J]. 交通运输工程学报, 2012, 12 (1): 79 - 86.

[72] 纪益成, 马铮, 张然, 刘彪. 基于空间误差模型的房地产批量评估研究 [J]. 建筑经济, 2015, 36 (2): 62 - 67.

[73] 季凯文, 齐江波. 中国航空与旅游产业的耦合协调度测算及其空间效应分析 [J]. 金融教育研究, 2020, 33 (6): 10 - 21.

[74] 姜博, 初楠臣, 王媛, 等. 高速铁路影响下的城市可达性测度及其空间格局模拟分析——以哈大高铁为例 [J]. 经济地理, 2014, 34 (11): 58 - 62, 68.

[75] 姜红. "双碳" 目标驱动下旅游产业结构升级的技术路径与动力机制 [J]. 旅游学刊, 2022, 37 (5): 10 - 12.

[76] 姜嫣, 马耀峰, 高楠, 等. 区域旅游产业与经济耦合协调度研究——以东部十省 (市) 为例 [J]. 华东经济管理, 2012 (4): 47 - 50.

[77] 蒋海兵, 刘建国, 蒋金亮. 高速铁路影响下的全国旅游景点可达性研究 [J]. 旅游学刊, 2014, 29 (7): 58 - 67.

[78] 蒋小玉, 李永文. 海南省交通系统与旅游系统相关性及协调发

展研究［J］．河南大学学报（自然科学版），2014，44（6）：677－682．

［79］焦志伦．中国城市消费的空间分布与空间相关关系研究［J］．经济地理，2013，33（7）：41－46．

［80］金凤花，李全喜，马洪伟．基于断裂点理论的上海都市圈物流一体化发展研究［J］．开发研究，2012（6）：131－134．

［81］金水英，周晓琳，田泽．中国高铁"走出去"可持续发展研究［J］．西亚非洲，2019（4）：123－142．

［82］金婷婷．基于旅游者行为分析的舟山乡村旅游产品提升研究［D］．舟山：浙江海洋大学，2021．

［83］金一，王绍博．高速铁路的空间效应及其热点问题［J］．国际城市规划，2020，35（3）：27－33．

［84］孔令章，李金叶．高铁开通、网络中心性与旅游经济发展［J］．产业经济研究，2021（5）：113－127．

［85］孔令章，李晓东，白洋，等．长距离高铁对沿线城市旅游经济联系的空间影响及角色分析——以兰新高铁为例［J］．干旱区地理，2019，42（3）：681－688．

［86］雷超，卫海英．跨境购物中的"马太效应"：制度信任对产品外部属性的调节作用研究［J］．旅游学刊，2017，32（5）：36－45．

［87］李保超，王朝辉，李龙，等．高速铁路对区域内部旅游可达性影响——以皖南国际文化旅游示范区为例［J］．经济地理，2016，36（9）：182－191．

［88］李国平．首都圈：结构、分工与营建战略［M］．北京：中国城市出版社，2004：1－8．

［89］李金海，刘辉，赵峻岭．评价方法论研究综述［J］．河北工业大学学报，2004（2）：128－134．

［90］李凯，陈珂．高铁开通、减排效应与城市经济发展［J］．统计与决策，2022，38（6）：124－128．

［91］李坤．中国经济高质量发展水平测度研究［D］．武汉：中南财经政法大学，2019（6）．

［92］李磊，陆林，邓洪波．高铁运行前后长三角都市圈可达性及经济联系的演变［J］．安徽师范大学学报（自然科学版），2017，40（6）：580－586．

［93］李磊，陆林．合福高铁沿线旅游地合作网络与模式［J］．自然资源学报，2019，34（9）：1917－1932．

［94］李磊，孙小龙，陆林，等．国内外高铁旅游研究热点、进展及启示［J］．世界地理研究，2019，28（1）：175－186．

［95］李明超．高铁时代文化产业城市空间重构与应对策略［J］．中国科技论坛，2018（5）：41－48．

［96］李明伟，云俊，刘娜．基于 VAR 模型的 ITS 应用效果评价的评价期研究——以北京市 ITS 为例［J］．管理现代化，2015，35（4）：115－117．

［97］李明伟．城市路网结构中 ITS 的建设模式及优化研究［D］．武汉：武汉理工大学，2016．

［98］李鹏，邓爱民．旅游业高质量发展促进共同富裕的路径分析［J］．社会科学家，2022（2）：37－41．

［99］李嵘，邓伟，彭立．四川省旅游发展与旅游公共服务匹配关系［J］．山地学报，2019，37（6）：899－909．

［100］李如友，黄常州．中国交通基础设施对区域旅游发展的影响研究——基于门槛回归模型的证据［J］．旅游科学，2015，29（2）：1－13．

［101］李涛，王钊，陶卓民，等．基于产业投资视角的乡村旅游发展区域差异与形成机制［J］．自然资源学报，2022，37（8）：2051－2064．

［102］李文路，覃建雄．喀斯特地区生态旅游高质量发展驱动机制——基于 PSR 模型的研究［J］．中国软科学，2021（S1）：164－170．

［103］李曦辉，陈温都苏，杨新文．新发展格局下民族地区经济发展研讨会综述［J］．区域经济评论，2022（2）：157－160．

［104］李兴江，马亚妮．旅游收入对区域经济影响的实证研究——以延安市为例［J］．经济论坛，2011（3）：132－134．

［105］李艳，曾菊新，程绍文．城市环境供给的游憩者满意度及对重

游意愿的影响——基于游客与居民差异的分析［J］. 人文地理，2014，29
（6）：133 –139.

［106］李一曼，陈斌，孙平军，等. 路网演化对旅游空间结构的影响
及其耦合关系——以浙江为例［J］. 地域研究与开发，2019，38（4）：80 –
84.

［107］李友梅. 社会高质量发展与"东北振兴"新机遇［J］. 社会发
展研究，2022，9（1）：14 –24.

［108］李志远，夏赞才. 长江经济带旅游业高质量发展水平测度及失
配度时空格局探究［J］. 南京师大学报（自然科学版），2021，44（4）：
33 –42.

［109］李宗明，刘敏，高兴民. 高速铁路网对城市圈旅游经济增长的
空间效应分析［J］. 经济问题探索，2019（10）：82 –89.

［110］梁改童，高敏华，白洋. 西北地区 A 级景区与旅游收入空间错
位研究［J］. 西北大学学报（自然科学版），2021，51（2）：270 –278.

［111］梁雪松，王河江，邱虹. 旅游空间区位优势转换发展机遇的再
探讨——基于"武广高铁"与"郑西高铁"视阈［J］. 西安财经学院学
报，2010，23（3）：26 –31.

［112］梁雪松. 基于双重区位空间的湖南旅游业发展机遇探讨——
"武广高铁"开通视阈［J］. 经济地理，2010，30（5）：859 –864.

［113］廖军华，王欢. 新发展阶段旅游业高质量发展的现实困境与破
解之道［J］. 改革，2022（5）：102 –109.

［114］廖重斌. 环境与经济协调发展的定量评判及其分类体系——以
珠江三角洲城市群为例［J］. 热带地理，1999（2）：76 –82.

［115］林上. 日本高速铁路建设及其社会经济影响［J］. 城市与规划
研究，2011，4（3）：132 –156.

［116］林玉虾，林璧属. 世界遗产的旅游效应及其对遗产保护的影
响——来自中国旅游人数和旅游收入的经验证据［J］. 经济管理，2017，
39（9）：133 –148.

［117］刘慧，崔虎平，韦原原，等. 基于时空对象的高铁网络建模方

法［J］．测绘科学技术学报，2021，38（1）：104－110．

［118］刘佳，陆菊，刘宁．基于 DEA－Malmquist 模型的中国沿海地区旅游产业效率时空演化、影响因素与形成机理［J］．资源科学，2015，37（12）：2381－2393．

［119］刘静，王宝林，刘朝峰．科技创新与旅游高质量发展的时空耦合协调——以京津冀为例［J］．技术经济与管理研究，2022（6）：41－46．

［120］刘俊，李云云，林楚，等．长江旅游带旅游资源空间格局研究［J］．长江流域资源与环境，2016，25（7）：1009－1015．

［121］刘康，王坤，樊文琴，等．民族山区旅游景区空间分布特征及其影响机制研究——以贵州省为例［J］．湖南师范大学自然科学学报，2019，42（5）：17－25．

［122］刘向东，高洁．开发区土地集约利用评价指标体系探讨［J］．安徽农业科学，2011，39（10）：6285－6288，6291．

［123］刘雪松．高质量发展视域下寒地冰雪经济体系建设研究［J］．税务与经济，2022（2）：55－62．

［124］刘英基，韩元军．要素结构变动、制度环境与旅游经济高质量发展［J］．旅游学刊，2020（3）：28－38．

［125］刘雨婧，唐健雄．长江经济带旅游业发展质量评价及其时空演变［J］．经济地理，2022，42（4）：209－219．

［126］刘雨婧，唐健雄．中国旅游业高质量发展水平测度及时空演化特征［J］．统计与决策，2022，38（5）：91－96．

［127］刘云菲，李红梅，马宏阳．中国农垦农业现代化水平评价研究——基于熵值法与 TOPSIS 方法［J］．农业经济问题，2021（2）：107－116．

［128］刘长生，陈昀，简玉峰，等．中国旅游产业发展间接就业带动能力测算及其时空差异［J］．地理学报，2022，77（4）：918－935．

［129］龙志，曾绍伦．生态文明视角下旅游发展质量评估及高质量发展路径实证研究［J］．生态经济，2020，36（4）：122－128．

［130］鲁开莉．全域旅游背景下旅游地空间结构优化研究［D］．厦门：华侨大学，2019.

［131］陆林．《高铁网络时代区域旅游空间格局》评介［J］．地理学报，2017，72（6）：1133.

［132］吕腾捷．旅游业高质量发展的测度与促进—基于效率分解视角的研究［D］．北京：中国社会科学院大学，2020（6）.

［133］马红梅，郝美竹．高铁建设、区域旅游与经济高质量发展研究——以粤桂黔高铁经济带为例［J］．重庆社会科学，2020（2）：79－90.

［134］马慧强，刘嘉乐，弓志刚．山西省旅游交通碳排放测度及其演变机理［J］．经济地理，2019，39（4）：223－231.

［135］马慧强，燕明琪，李岚．等．我国旅游公共服务质量时空演化及形成机理分析［J］．经济地理，2018，38（3）：190－199.

［136］马佳．扩大内需背景下交通可达性对城乡居民旅游消费的增值效应［J］．商业经济研究，2022（3）：75－78.

［137］马仁锋，倪欣欣，张文忠，等．浙江旅游经济时空差异的多尺度研究［J］．经济地理，2015，35（7）：176－182.

［138］马勇，李丽霞，任洁．神农架林区旅游经济－交通状况－生态环境协调发展研究［J］．经济地理，2017，37（10）：215－220.

［139］马勇，唐海燕．交旅融合背景下高铁与旅游高质量协同发展研究［J］．旅游学刊，2021，36（12）：10－12.

［140］毛霖，李文权．基于灰关联分析的公交智能化调度评价方法［J］．东南大学学报（自然科学版），2011，41（1）：190－193.

［141］毛润泽．中国区域旅游经济发展影响因素的实证分析［J］．经济问题探索，2012（8）：48－53.

［142］毛焱．高铁时代武汉市旅行社服务质量评价和游客满意度提升研究［J］．湖北社会科学，2011（8）：62－66.

［143］孟宪宝，曲京山．有建设期的项目决策动态评价方法应用研究［J］．会计之友，2013，30：37－39.

［144］明庆忠，邹建琴．边疆地区基础设施对旅游高质量发展的非线性影响及空间溢出效应——基于动态空间杜宾模型的实证分析［J］．广西社会科学，2022（8）：9 - 21.

［145］穆成林，陆林，黄剑锋，等．高铁网络下的长三角旅游交通格局及联系研究［J］．经济地理，2015，35（12）：193 - 202.

［146］穆成林，陆林．京福高铁对旅游目的地区域空间结构的影响——以黄山市为例［J］．自然资源学报，2016，31（12）：2122 - 2136.

［147］倪小芬，孟祥睿，魏新利，边会婷．基于层次分析法的安全评价对经济贡献率的测算研究［J］．安全与环境学报，2012，12（3）：212 - 215.

［148］彭建，王仰麟，宋治清，等．国内外土地持续利用评价研究进展［J］．资源科学，2003（2）：85 - 93.

［149］彭小辉，王静怡．高铁建设与绿色全要素生产率——基于要素配置扭曲视角［J］．中国人口·资源与环境，2019，29（11）：11 - 19.

［150］钱佳．基于高铁网络化的中国城市旅游空间格局演变及优化研究［D］．苏州：苏州大学，2015.

［151］乔向杰．智慧旅游赋能旅游业高质量发展［J］．旅游学刊，2022，37（2）：10 - 12.

［152］任保平，豆渊博．黄河流域生态保护和高质量发展研究综述［J］．人民黄河，2021，43（10）：30 - 34.

［153］任保平，宋雪纯．以新发展理念引领中国经济高质量发展的难点及实现路径［J］．经济纵横，2020（6）：45 - 54，2.

［154］任海军，崔婧．经济高质量发展评价指标体系构建与实证［J］．统计与决策，2022，38（13）：31 - 34.

［155］任瀚，张怡．新冠疫情冲击下旅游相关研究的进展与展望［J］．资源开发与市场，2022，38（2）：231 - 238.

［156］任以胜，陆林，韩玉刚．新旅游资源观视角下旅游资源研究框架［J］．自然资源学报，2022，37（3）：551 - 567.

［157］邵博，李若然，叶翀，等．高铁网络下可达性与区域经济联系

的空间格局演变——基于福建省的实证分析 [J]. 华东经济管理, 2020, 34 (8): 33 - 43.

[158] 邵海雁, 靳诚, 薛晨璐, 等. 高铁引起的可达性改善与旅游网络关注度变化耦合协调研究——以沪昆高铁为例 [J]. 地理与地理信息科学, 2021, 37 (6): 120 - 128.

[159] 宋文杰, 史煜瑾, 朱青, 等. 基于节点—场所模型的高铁站点地区规划评价——以长三角地区为例 [J]. 经济地理, 2016, 36 (10): 18 - 25.

[160] 苏建军, 孙根年, 徐璋勇. 旅游发展对中国投资、消费和出口需求的拉动效应研究 [J]. 旅游学刊, 2012, 29 (2): 25 - 36.

[161] 孙根年, 张毓, 薛佳. 资源 - 区位 - 贸易三大因素对日本游客入境旅游目的地选择的影响 [J]. 地理研究, 2011, 30 (6): 1032 - 1043.

[162] 孙静, 陈紫娟. 基于系统动力学的黑龙江乡村旅游高质量发展研究 [J]. 中国农业资源与区划, 2022: 1 - 9.

[163] 孙卿. 交通可达性与旅游经济联系空间关系研究——以大西高铁为例 [J]. 经济问题, 2023 (4): 95 - 104.

[164] 孙伟增, 牛冬晓, 万广华. 交通基础设施建设与产业结构升级——以高铁建设为例的实证分析 [J]. 管理世界, 2022, 38 (3): 19 - 34.

[165] 孙晓, 刘力钢, 陈金. 中国旅游经济高质量发展的测度 [J]. 统计与决策, 2021, 37 (17): 126 - 130.

[166] 汤放华, 时新镇, 龚蓉. 快速交通对城市可达性及经济联系影响研究——以湖南省为例 [J]. 长江流域资源与环境, 2022, 31 (1): 49 - 58.

[167] 唐业喜, 左鑫, 伍招妃, 等. 旅游经济高质量发展评价指标体系构建与实证——以湖南省为例 [J]. 资源开发与市场, 2021, 37 (6): 641 - 647.

[168] 田坤, 行伟波, 黄坤. 交通基础设施升级与旅游经济高质量发

展——基于高铁开通的实证研究［J］. 经济学报，2022：1 – 25.

［169］田梦. 高铁网络基础设施对沿线城市集聚经济的影响研究
［D］. 武汉：中国地质大学，2021.

［170］田野，罗静，崔家兴，等. 长江经济带旅游资源空间结构及其
交通可进入性评价［J］. 经济地理，2019，39（11）：203 – 213.

［171］汪德根，陈田，陆林，等. 区域旅游流空间结构的高铁效应及
机理——以中国京沪高铁为例［J］. 地理学报，2015，70（2）：214 –
233.

［172］汪德根，牛玉，王莉. 高铁对旅游者目的地选择的影响——以
京沪高铁为例［J］. 地理研究，2015，34（9）：1770 – 1780.

［173］汪德根，王莉，陈田，等. 区域旅游流空间结构的高铁效应
及机理（英文）［J］. Journal of Geographical Sciences，2016，26（12）：
1725 – 1753.

［174］汪德根，钱佳，牛玉. 高铁网络化下中国城市旅游场强空间格
局及演化［J］. 地理学报，2016，71（10）：1784 – 1800.

［175］汪德根，章鋆. 高速铁路对长三角地区都市圈可达性影响
［J］. 经济地理，2015，35（2）：54 – 61.

［176］汪德根. 高铁网络化时代旅游地理学研究新命题审视［J］. 地
理研究，2016，35（3）：403 – 418.

［177］汪德根. 京沪高铁对主要站点旅游流时空分布影响［J］. 旅游
学刊，2014，29（1）：75 – 82.

［178］王斌. 中德跨文化交流中轨道交通产业的媒介作用分析［J］.
城市轨道交通研究，2021，24（12）：308 – 309.

［179］王伯礼，张小雷. 新疆公路交通基础设施建设对经济增长的贡
献分析［J］. 地理学报，2010，65（12）：1522 – 1533.

［180］王华. 城市居民出游的高铁选乘行为研究——以广西五市为例
［J］. 社会科学家，2016（5）：15 – 20.

［181］王姣娥，焦敬娟，杜超，等. 中国高铁与航空运输的空间服务
市场竞争分析——现在与未来（英文）［J］. Journal of Geographical Sci-

ences, 2015, 25 (9): 1137 - 1152.

[182] 王洁, 刘亚萍. 高速铁路与城市旅游发展研究——以武汉市武广高铁旅游发展为例 [J]. 资源开发与市场, 2011, 27 (12): 1146 - 1149.

[183] 王洁洁. 高铁对河南旅游产业集聚区规划的影响 [J]. 资源开发与市场, 2014, 30 (1): 101 - 104.

[184] 王凯, 郭鑫, 甘畅, 等. 中国省域科技创新与旅游业高质量发展水平及其互动关系 [J]. 资源科学, 2022, 44 (1): 114 - 126.

[185] 王丽, 曹有挥, 仇方道. 高铁开通前后站区产业空间格局变动及驱动机制——以沪宁城际南京站为例 [J]. 地理科学, 2017, 37 (1): 19 - 27.

[186] 王欠欠, 夏斐. 中国旅游特征产业全球价值链地位研究 [J]. 企业经济, 2018, 37 (11): 178 - 182.

[187] 王群勇, 王西贝. 高铁对城市经济增长的差异性溢出效应研究 [J]. 经济纵横, 2022 (3): 47 - 58.

[188] 王瑞峰, 李爽. 乡村产业高质量发展的影响因素及形成机理——基于全国乡村产业高质量发展 "十大典型" 案例研究 [J]. 农业经济与管理, 2022 (2): 24 - 36.

[189] 王婷, 姚旻, 张琦, 等. 高质量发展视角下乡村旅游发展问题与对策 [J]. 中国农业资源与区划, 2021, 42 (8): 140 - 146.

[190] 王小华, 杨玉琪, 罗新雨, 等. 中国经济高质量发展的空间关联网络及其作用机制 [J]. 地理学报, 2022, 77 (8): 1920 - 1936.

[191] 王新越, 赵文丽. 我国高铁通达性与区域旅游经济耦合关系及空间特征分析 [J]. 中国海洋大学学报 (社会科学版), 2017 (1): 77 - 83.

[192] 王一鸣. 百年大变局、高质量发展与构建新发展格局 [J]. 管理世界, 2020, 36 (12): 1 - 12.

[193] 王雨飞, 倪鹏飞. 高速铁路影响下的经济增长溢出与区域空间优化 [J]. 中国工业经济, 2016 (2): 21 - 36.

［194］王玉珍．旅游资源禀赋与区域旅游经济发展研究：基于山西的实证分析［J］．生态经济，2010（8）：41-45．

［195］王兆峰，杜瑶瑶．长江中游城市群交通—旅游产业—生态环境的耦合协调评价研究［J］．长江流域资源与环境，2020，29（9）：1910-1921．

［196］王兆峰，谢佳亮，吴卫．环长株潭城市群旅游业高质量发展水平变化及其影响因素［J］．经济地理，2022，42（3）：172-181．

［197］王兆峰，余含．西南地区旅游业发展的区域响应差异分析［J］．地理科学，2013，33（3）：322-328．

［197］王兆峰．"双循环"背景下旅游业高质量发展的实现路径［J］．企业经济，2022，41（2）：41-47．

［199］王兆峰．入境旅游流与航空运输网络协同演化及差异分析［J］．地理研究，2012，31（7）：1328-1338．

［200］韦东明，顾乃华．国际运输通道与区域经济高质量发展——来自中欧班列开通的证据［J］．国际贸易问题，2021（12）：34-48．

［201］魏丽．中国高铁对旅游业绿色生产效率的影响研究［D］．北京：北京交通大学，2020．

［202］魏敏，李书昊．新时代中国经济高质量发展水平的测度研究［J］．数量经济技术经济研究，2018，35（11）：3-19．

［203］魏巍，李根前，许玉兰，等．一年生云南松苗木优良性状评价效果的时间效应［J］．中南林业科技大学学报，2012（2）：42-48．

［204］文嫮，韩旭．高铁对中国城市可达性和区域经济空间格局的影响［J］．人文地理，2017，32（1）：99-108．

［205］吴必虎．区域旅游规划原理［M］．北京：中国旅游出版社，2001．

［206］吴晋峰，潘旭莉．入境旅游流网络与航空网络的关系研究［J］．旅游学刊，2010，25（11）：39-43．

［207］吴儒练．旅游业高质量发展与乡村振兴耦合协调测度、演化及空间效应研究［D］．南昌：江西财经大学，2022．

［208］吴伟，关鹏，郭军巧，等. GM（1，1）灰色模型和 ARIMA 模型在 HFRS 发病率预测中的比较研究［J］. 中国医科大学学报，2008（1）：52 –55.

［209］吴晓蓉，胡甜. 教育高质量发展：内涵、标准及实践［J］. 教育与经济，2022，38（2）：28 –34.

［210］吴跃明，张翼，王勤耕，等. 论环境 – 经济系统协调度［J］. 环境污染与防治，1997（1）：20 –23，46.

［211］伍博炜，王远，王强，等. 福建省生态环境与高质量发展耦合关系及驱动机制［J］. 生态学报，2022，42（20）：8238 –8253.

［212］肖军. 河南省铁路网发展规划研究［J］. 铁道标准设计，2011（2）：46 –49.

［213］肖黎明，王彦君，郭瑞雅. 乡愁视域下乡村旅游高质量发展的空间差异及演变——基于黄河流域的检验［J］. 旅游学刊，2021，36（11）：13 –25.

［214］谢世昌，沈颂东，秦虹. 通信建设项目经济评价方法的研究——应用有无法对市话扩建工程的经济评价［J］. 长春邮电学院学报，1993（2）：14 –21.

［215］徐慧玲，苏诚. 基于因子分析与层次分析的城市商业银行经营绩效研究［J］. 武汉金融，2012（1）：50 –52.

［216］徐一帆，张宏磊，田原，等. 交通系统对旅游空间结构影响研究进展与展望［J］. 旅游科学，2020，34（3）：32 –46.

［217］许学强，周一星，宁越敏. 城市地理学［M］. 北京：高等教育出版社，2009：23 –28.

［218］许艺芳，王松茂. 中国旅游经济高质量发展时空特征及影响因素研究［J］. 统计与决策，2023，39（2）：88 –92.

［219］薛明月，王成新. 东部沿海城市群高质量发展的时空演变特征及障碍因子识别［J］. 统计与决策，2022，38（19）：98 –102.

［220］鄢慧丽，王强，熊浩，等. 中国"四纵四横"高铁对沿线站点城市可达性及其经济联系的影响［J］. 经济地理，2020，40（1）：57 –67.

［221］严旭阳 . 全面贯彻新发展理念是旅游业高质量发展的必由之路 ［J］. 旅游学刊，2023，38（1）：3－5.

［222］杨涛，杨绍 . 强化南京的交通中心地位，促进南京都市圈生长发育［J］. 现代城市研究，2002（1）：28－33.

［223］杨新军，马晓龙 . 区域旅游：空间结构及其研究进展［J］. 人文地理，2002，19（1）：76－81.

［224］杨懿，汪洋周颖，赵子晨 . 高铁开通对城市旅游经济影响的区域差异研究［J］. 财经理论与实践，2022，43（2）：67－75.

［225］杨仲元，徐建刚，林蔚 . 基于复杂适应系统理论的旅游地空间演化模式——以皖南旅游区为例［J］. 地理学报，2016，71（6）：1059－1074.

［226］叶茂，王兆峰 . 武陵山区交通通达性与旅游经济联系的耦合协调分析［J］. 经济地理，2018，38（1）：196－203.

［227］叶茂 . 湘西地区交通网络对旅游经济格局的影响机理与协同机制［D］. 长沙：湖南师范大学，2021.

［228］叶燕霞 . 高铁可达性对广东省经济的影响研究［D］. 广州：华南理工大学，2019.

［229］殷广卫，邹璇 . 新经济地理学理论对京津冀都市圈发展的几点启示［J］. 西南民族大学学报（人文社科版），2011，32（4）：124－128.

［230］殷平，杨寒胭，张同颢 . 高速铁路网与京津冀旅游：空间作用与结构演化［J］. 旅游学刊，2019，34（3）：102－112.

［231］殷平 . 高速铁路与区域旅游新格局构建——以郑西高铁为例［J］. 旅游学刊，2012，27（12）：47－53.

［232］尹明燕 . 关于项目监测评估的探讨［J］. 价值工程，2014，33：200－201.

［233］于法稳，黄鑫，岳会 . 乡村旅游高质量发展：内涵特征、关键问题及对策建议［J］. 中国农村经济，2020（8）：27－39.

［234］于秋阳，杨斯涵 . 高速铁路对节点城市旅游业发展的影响研究——以西安市为例［J］. 人文地理，2014，29（5）：142－148.

［235］余菲菲，胡文海，荣慧芳．中小城市旅游经济与交通耦合协调发展研究——以池州市为例［J］．地理科学，2015，35（9）：1116 - 1122.

［236］余慧敏，岳洋，曹卫东．快速交通对我国区域可达性及经济空间关联的影响［J］．地理与地理信息科学，2020，36（5）：21 - 28.

［237］余泳泽，伏雨，庄海涛．高铁开通对区域旅游业发展的影响［J］．财经问题研究，2020（1）：31 - 38.

［238］袁洪英，张广海．人口老龄化对我国旅游业高质量发展的影响及空间效应［J］．资源开发与市场，2022，38（9）：1137 - 1144.

［239］袁锐．高铁旅游时代下河南省酒店发展现状与对策［J］．中州大学学报，2013，30（6）：25 - 28.

［240］翟军，盛建明．MGM（1，n）灰色模型及应用［J］．系统工程理论与实践，1997（5）：109 - 113.

［241］翟石艳，何新新，孔云峰，等．基于最优供需分配的公共设施空间可达性分析［J］．地理学报，2022，77（4）：1028 - 1038.

［242］张朝枝，杨继荣．基于可持续发展理论的旅游高质量发展分析框架［J］．华中师范大学学报（自然科学版），2022，56（1）：43 - 50.

［243］张广海，赵韦舒．我国城镇化与旅游化的动态关系、作用机制与区域差异——基于省级面板数据的 PVAR 模型分析［J］．经济管理，2017，39（11）：116 - 133.

［244］张广海，赵金金．我国交通基础设施对区域旅游经济发展影响的空间计量研究［J］．经济管理，2015，37（7）：116 - 126.

［245］张洪昌．新时代旅游业高质量发展的治理逻辑与制度创新［J］．当代经济管理，2019，41（9）：60 - 66.

［246］张洪鸣，孙铁山．高铁如何影响沿线及周边城市的产业分布与结构转型？——基于空间计量模型的机制分析［J］．产业经济研究，2022（6）：1 - 13.

［247］张建军，赵启兰．现代供应链体系视域下的我国经济高质量发展机理研究［J］．当代经济管理，2019，41（8）：15 - 20.

［248］张京祥，邹军，吴启焰，等．论都市圈地域空间的组织［J］．城市规划，2001（5）：19－23．

［249］张露．高铁开通对城市经济高质量发展的影响研究［D］．济南：山东大学，2021．

［250］张曼，彭蝶飞．新型城镇化进程下城市酒店业的时空演变——基于长株潭城市群多源数据分析［J］．商业经济研究，2022（11）：159－162．

［251］张明志，余东华，孙婷．高铁开通对城市生产体系绿色重构的影响［J］．中国人口·资源与环境，2019，29（7）：41－49．

［252］张年，张诚．旅游经济－交通运输－生态环境耦合协调发展研究——以江西省为例［J］．资源开发与市场，2016，32（11）：1367－1371．

［253］张庆，申景亮，李超．城市智能交通系统工程项目评标机制与综合评价方法研究［J］．交通运输系统工程与信息，2005（4）：18－22，30．

［254］张伟．都市圈的概念、特征及其规划探讨［J］．城市规划，2003（6）：47－50．

［255］张文新，刘欣欣，杨春志，等．城际高速铁路对城市旅游客流的影响——以南京市为例［J］．经济地理，2013，33（7）：163－168．

［256］张新成，梁学成，宋晓，等．黄河流域旅游产业高质量发展的失配度时空格局及成因分析［J］．干旱区资源与环境，2020（12）：201－208．

［257］张雅鹏．新城市主义理论对京津冀都市圈下小城镇的发展借鉴［J］．小城镇建设，2017（4）：38－43，57．

［258］张永恒，郝寿义．高质量发展阶段新旧动力转换的产业优化升级路径［J］．改革，2018（11）：30－39．

［259］张自强，陈萍，杨重玉．高铁开通对民族地区旅游业发展的影响［J］．热带地理，2021，41（5）：1096－1109．

［260］赵剑波，史丹，邓洲．高质量发展的内涵研究［J］．经济与管

理研究，2019，40（11）：15-31.

[261] 赵金金．中国区域旅游经济增长的影响因素及其空间溢出效应研究——基于空间杜宾面板模型 [J]．软科学，2016，30（10）：53-57.

[262] 赵临龙．基于西部陆海新走廊的张海旅游高铁构建分析——兼谈张海高铁南段三亚市旅游产业高质量发展 [J]．社会科学家，2022（7）：32-40.

[263] 郑拓．我国高速铁路与经济发展研究 [J]．铁道学报，2020，42（7）：34-41.

[264] 中国青年网．多国立法为首都圈"绘蓝图"，2017-04-05.

[265] 中国政府网．国家新型城镇化规划（2014—2020年），2014-03-16.

[266] 钟真，蒋维扬，李丁．社会化服务能推动农业高质量发展吗？——来自第三次全国农业普查中粮食生产的证据 [J]．中国农村经济，2021（12）：109-130.

[267] 周丽，蔡张瑶，黄德平．西部民族地区乡村旅游高质量发展的现实需求、丰富内涵和实现路径 [J]．农村经济，2021（6）：137-144.

[268] 周铭扬，缪律，严鑫．我国体育旅游产业高质量发展研究 [J]．体育文化导刊，2021（4）：8-13.

[269] 周清香．环境规制对黄河流域高质量发展的影响机制研究 [D]．西安：西北大学，2021.

[270] 周杨．高速铁路沿线旅游目的地协同发展及其实现路径研究 [J]．经济管理，2013，35（3）：119-129.

[271] 周毅，孙帅．协同式公共信息服务——理论框架与运行规程 [J]．情报科学，2015，11：3-8，43.

[272] 周玉翠，邓祖涛，郑晓云，等．长三角世界遗产旅游目的地城市的旅游可达性评价 [J]．经济地理，2020，40（2）：217-226.

[273] 朱泰英．ITS项目社会经济影响评价研究述评 [J]．工业技术经济，2005（8）：108-110.

[274] 朱桃杏，王慧，葛勇，等．基于SD方法的高铁项目施工物资库存研究 [J]．铁道工程学报，2019，36（3）：96-102.

［275］邹军，陈小卉. 城镇体系空间规划再认识：以江苏为例 ［J］. 城市规划，2001（1）：30 － 33.

［276］Abeyratne，R. I. R. Air Transport Tax and its Consequences on Tourism ［J］. Annals of Tourism Research，1993，20（2）：450 － 460.

［277］Abou-Khalil，B.，Paula Hemdal，Privitera，M. D. An Open-label Study of Levetiracetam at Individualized Doses between 1000 and 3000 mg Day-1 in Adult Patients with Refractory Epilepsy ［J］. Seizure：European Journal of Epilepsy，2003，12（3）：141 － 149.

［278］Agha，S. R.，Alnahhal，M. J. Neural Network and Multiple linear Regressions to Predict School Children Dimensions for Ergonomic School Furniture Design ［J］. Applied Ergonomics，2012，43（6）：979 － 984.

［279］Albalate，D.，Bel，G.，Fageda，X. Competition and Cooperation between High-speed Rail and Air Transportation Services in Europe ［J］. Journal of Transport Geography，2015，42：166 － 174.

［280］Albalate，D.，Fageda，X. High Speed Rail and Tourism：Empirical Evidence from Spain ［J］. Transportation Research Part A：Policy and Practice，2016，85：174 － 185.

［281］Aleksandra，Lapko. Urban Tourism in Szczecin and its Impact on the Functioning of the Urban Transport System ［J］. Procedia Social and Behavioral Sciences，2014，151（10）：207 － 214.

［282］Arbelo，A.，Pérez-Gómez，P.，Arbelo-Pérez，M. Estimating Efficiency and its Determinants in the Hotel Sector using a Profit Function ［J］. Current Issues in Tourism，2018，21（8）：863 － 876.

［283］Ball，Michael，O.，Quevranne，et al. Toward Robust Revenue Management：Competitive Analysis of Online Booking ［J］. Social Science Electronic Publishing，2009，57（4）：950 － 963.

［284］Banister，D.，Berechman，Y. Transport Investment and the Promotion of Economic Growth ［J］. Journal of Transport Geography，2005，3：209 － 218.

［285］ Barros, C. P. , Matias, á. Assessing the Efficiency of Travel Agencies with a Stochastic Cost Frontier: A Portuguese Case Study ［J］. International Journal of Tourism Research, 2006, 8 (5): 367 – 379.

［286］ Bernanke, B. S. , Blinder, A. S. The Federal Funds Rate and the Channels of Monetary Transmission ［J］. American Economic Review, 1992, 82 (4): 901 – 921.

［287］ Betz, N. E. , Klein, K. L. , Taylor, K. M. Evaluation of a Short Form of the Career Decision-Making Self-Efficacy Scale ［J］. Journal of Career Assessment, 1996, 4 (1): 47 – 57.

［288］ Bronwyn Myers. Post-project Evaluation of the Sustainability of Development Project Outcomes: a Case Study in Eastern Indonesia ［J］. Development in Practice, 2014, 24 (3): 379 – 389.

［289］ Brown, E. H. Phelps. The Meaning of the Fitted Cobb-Douglas Function ［J］. Quarterly Journal of Economics, 2015, 71 (4): 546 – 560.

［290］ Butcher, J. Covid-19, Tourism and the Advocacy of Degrowth ［J］. Tourism Recreation Research, 2021: 1 – 10.

［291］ Byung-Wook Wie, Dexter, Choy, J. L. Traffic Impact Analysis of Tourism Development ［J］. Annals of Tourism Research, 1993 (20): 505 – 518.

［292］ Campa, Juan Luis, López-Lambas, María Eugenia, Guirao. High Speed Rail Effects on Tourism: Spanish Empirical Evidence Derived from China's modeling experience ［J］. Journal of Transport Geography, 2016, 57: 44 – 54.

［293］ Can, V. V. Estimation of Travel Mode Choice for Domestic Tourists to Neha Trans Using the Multinomial Probity Model ［J］. Transportation Research Part A, 2013, 49 (3): 149 – 159.

［294］ Cascetta, E. , Carteni, A. , Henke, I. , et al. Economic Growth, Transport Accessibility and Regional Equity Impacts of High-Speed Railways in Italy: Ten Years ex Post Evaluation and Future Perspectives ［J］.

Transportation Research Part A: Policy and Practice, 2020, 139: 412 – 428.

[295] Chaabouni, S. China's regional tourism efficiency: A Two-stage Double Bootstrap Data Envelopment Analysis [J]. Journal of Destination Marketing & Management, 2019, 11: 183 – 191.

[296] Chabé-Ferret, S. Analysis of the bias of Matching and Difference-in-Difference under Alternative Earnings and Selection Processes [J]. Journal of Econometrics, 2015, 185 (1): 110 – 123.

[297] Chan, J., Eisenstat, E. Marginal Likelihood Estimation with the Cross-Entropy Method [J]. Econometric Reviews, 2015, 34 (1 – 5): 256 – 285.

[298] Chen, J, Li, M. W., Xie, C. Transportation Connectivity Strategies and Regional Tourism Economy-Empirical Analysis of 153 Cities in China [J]. Tourism Review, 2021, 77 (1): 113 – 128.

[299] Chen, M., Wang H. Import Technology Sophistication and High-Quality Economic Development: Evidence from City-Level Data of China [J]. Economic Research-Ekonomska Istraživanja, 2021, 35: 1106 – 1141.

[300] Chen, Z. H., Kingsley E. Impact of High Speed Rail on Housing Values: an Observation from the Beijing – Shanghai line [J]. Journal of Transport Geography, 2015, 43: 91 – 100.

[301] Chew, J. Transport and Tourism in the Year 2000 [J]. Tourism Management, 1987, 8 (2): 83 – 85.

[302] Clewlow, R. R., Sussman, J. M., Balakrishnan, H. The Impact of High-speed Rail and Low-cost Carriers on European Air Passenger Traffic [J]. Transport Policy, 2014, 33 (May): 136 – 143.

[303] Coelli, T. J., Rao, D. S. P. Total Factor Productivity Growth in Agriculture: A Malmquist Index Analysis of 93 Countries, 1980 – 2000 [J]. Agricultural Economics, 2010, 32 (S1): 115 – 134.

[304] Corne, A., Peypoch, N. On the Determinants of Tourism Performance [J]. Annals of Tourism Research, 2020, 85: 103057.

［305］ Cross, A. J. , Freedman, N. D. , Ren, J. , et al. Meat Consumption and Risk of Esophageal and Gastric Cancer in a Large Prospective Study ［J］. American Journal of Gastroenterology, 2011, 106 (3): 432 –442.

［306］ Cross, M. C. , Hohenberg, P. C. Pattern Formation Outside of Equilibrium ［J］. Review of Modern Physics, 1993, 65 (65): 851 –1112.

［307］ Cross, N. C. , White, H. E. , Müller, M. C. , et al. Standardized Definitions of Molecular Response in Chronic Myeloid Leukemia ［J］. Leukemia, 2012, 26 (10): 2172 –2175.

［308］ David Frost, Jim Steer. High Speeds, High Time the Business Case for High-speed Rail ［R］. London: British Chambers of Commerce, 2009, 11: 1 –25.

［309］ Delaplace, M. , Bazin, S. , Pagliara, F. , et al. High Speed Railway System and the Tourism Market: Between Accessibility, Image and Coordination Tool ［C］. ERSA Conference Papers, European Regional Science Association, 2014.

［310］ Deng, F. , Fang, Y. , Xu, L. , et al. Tourism, Transportation and Low-Carbon City System Coupling Coordination Degree: A Case Study in Chongqing Municipality, China ［J］. International Journal of Environmental Research and Public Health, 2020, 17 (3): 792.

［311］ Deng, T. T. , Zhao, L. , Ma, M. L. Research on the Impacts of the Implementation of the Yangtze River Delta High Speed Railway Network on the Development of Urban Tourism Industry ［J］. Business Management Journal, 2016, 38 (1): 137 –146.

［312］ Deng, T. , Gan, C. , Du, H. , et al. Do High Speed Rail Configurations Matter to Tourist Arrivals? Empirical Evidence from China's Prefecture-Level Cities ［J］. Research in Transportation Economics, 2021, 90: 100952.

［313］ Deng, T. , Gan, C. , Hu, Y. Do Hotel Business Benefit from Increased Tourist Accessibility? Evidence from China's High-Speed Railway Program [J]. Tourism Economics, 2021, 27 (7): 1357 – 1374.

[314] Doran, J, Fingleton, B. Economic Shocks and Growth: Spatio-temporal Perspectives on Europe's Economies in a Time of Crisis [J]. Papers in Regional Science, 2014, 93 (S1): S137 – S165.

[315] Doron Kliger, Boris Levit. Evaluation Periods and Asset Prices: Myopic Loss Aversion at the Financial Marketplace [J]. Journal of Economic Behavior and Organization, 2009, 71 (2): 361 – 371.

[316] Dragan, D. , Keshavarzsaleh, A. , Jereb, B. , et al. Integration with Transport Suppliers and Efficiency of Travel Agencies [J]. International Journal of Value Chain Management, 2018, 9 (2): 122 – 148.

[317] Duval, D. T. Transport and Tourism: A Perspective Article [J]. Tourism Review, 2020, 75 (1): 91 – 94.

[318] Eric, L. , Sims, C. A. Toward a Modern Macroeconomic Model Usable for Policy Analysis [J]. NBER Macroeconomics Annual, 1994, 9: 81 – 118.

[319] Fan, J. , Kato, H. , Yang, Z. , et al. Effects from Expanding High-Speed Railway Network on Regional Accessibility and Economic Productivity in China [J]. Transportation Research Record, 2021: 145 – 160.

[320] Fayissa, Bichaka, Nsiah, Christian, Bedassa. Tourism and Economic Growth in Latin American Countries: Further Empirical Evidence [J]. Working Papers, 2009, 17 (6): 1365 – 1373.

[321] Foster, D. Stakeholder Engagement in Tourism Planning: Towards a Theoretical Understanding [C]. 2006: 1435 – 1448.

[322] Fotiads, A. K. , Polyzos, S. , Huan, T. T. The Good, the Bad and the Ugly on Covid-19 Tourism Recovery [J]. Annals of Tourism Research, 2020, 87: 103 – 117.

[323] Fuentes, R. Efficiency of travel agencies: A Case Study of Alicante, Spain [J]. Tourism Management, 2011, 32 (1): 75 – 87.

[324] Gakenheimer, R. Urban Mobility in the Developing World [J].

Transportation Research Part A: Policy and Practice, 1999, 33 (8): 671 – 689.

[325] Gao, Y., Su, W., Wang, K. Does High-speed Rail Boost Tourism Growth? New Evidence from China [J]. Tourism Management, 2019, 72: 220 – 231.

[326] Gilbert, E. W. The Growth of Inland and Seaside Health Resorts in England [J]. The Scottish Geographical Magazine, 1939, 55 (1): 16 – 35.

[327] Gillmor, D. A. Evolving Air-charter Tourism Patterns: Change in Outbound Traffic from the Republic of Ireland [J]. Tourism Management, 1996, 17 (1): 9 – 16.

[328] Givoni, M. Development and Impact of the Modern High-speed Train: A review [J]. Transport Reviews, 2006, 26 (5): 593 – 611.

[329] Guirao, B., Campa, J. L. The Effects of Tourism on HSR: Spanish Empirical Evidence Derived from a Multi-criteria Corridor Selection Methodology [J]. Journal of Transport Geography, 2015, 47: 37 – 46.

[330] Gutiérrez Javier, González Rafael, Gómez Gabriel. The European High-speed tRain Network: Predicted Effects on Accessibility Patterns [J]. Journal of Transport Geography, 1996, 4 (4): 227 – 238.

[331] Hall, A., Inoue, A., Nason, J. M., et al. Information Criteria for Impulse Response Function Matching Estimation of DSGE Models [J]. Journal of Econometrics, 2007, 170 (2): 499 – 518.

[332] Hanafizadeh, P., Hanafizadeh, M. R., Khodabakhshi, M. Extracting Core Ict Indicators using Entropy Method [J]. Information Society, 2009, 25 (4): 236 – 247.

[333] Hang, A., Liu, L., Liu, G. High-Speed Rail, Tourist Mobility, and Firm Value [J]. Economic Modelling, 2020, 90: 108 – 116.

[334] Hansen, W. G. How Accessibility Shapes Land Use [J]. Journal of the American Planning Association, 1959, 25 (2): 73 – 76.

[335] Haynes, K. E. Labor Markets and Regional Transportation Improve-

ments: the Case of High-speed Trains: an Introduction and Review [J]. The Annals of Regional Science, 1999, 31 (1): 57 – 76.

[336] Heap, S. P. H. Choosing the Wrong "Natural" Rate: Accelerating Inflation or Decelerating Employment and Growth? [J]. Economic Journal, 1980, 90 (359): 611 – 620.

[337] Hendriks, P. Why Share Knowledge? The Influence of ICT on the Motivation for Knowledge Sharing [J]. Knowledge and Process Management, 1999, 6 (2): 91 – 100.

[338] Hou, X. High-Speed Railway and City Tourism in China: A Quasi-Experimental Study on HSR Operation [J]. Sustainability, 2019, 11 (6): 11061512.

[339] Howard, K. I., Moras, K., Brill, P. L., et al. Evaluation of Psychotherapy. Efficacy, Effectiveness, and Patient Progress [J]. American Psychologist, 1996, 51 (10): 1059 – 1064.

[340] Huang, T., Cha, A. H., Ying, N. Q., Wei, X. D. The Evolution of Urban Tourism Service Ability Pattern under the Influence of High-speed Rail: The Case of the Yangtze River Delta [J]. Economic Geography, 2014, 34 (11): 158 – 165.

[341] Huang, T., Xi, J., Ge, Q. Spatial Differentiation and Integration Optimization of an Urban Agglomeration Tourism System under the Influence of High-Speed Railway Network Evolution [J]. Applied Spatial Analysis and Policy, 2019, 12 (2): 349 – 376.

[342] Jia, R., Shao, S., Yang, L. High-Speed Rail and CO_2 Emissions in Urban China: A Spatial Difference in Differences Approach [J]. Energy Economics, 2021, 99: 105271.

[343] Jiang, H. Multi-kernel Support Vector Regression base on the MGM (1, n) Model for Time Series Prediction [J]. Mathematics in Practice & Theory, 2011, 41 (9): 193 – 200.

[344] Jin, S., Yang, J., Wang, E., et al. The Influence of High-

Speed Rail on Ice-Snow Tourism in Northeastern China [J]. Tourism Management, 2020, 78: 104070.

[345] Kanasugi, Hiroshi, Ushijima, Koichi. The Impact of a High-speed Railway on Residential Land Prices [J]. Papers in Regional Science, 2018, 4 (97): 1305 – 1336.

[346] Kanwal, S., Rasheed, M. I., Piatfi, A. H., et al. Road and Transport Infrastructure Development and Community Support for Tourism: The Role of Perceived Benefits, and Community Satisfaction [J]. Tourism management, 2020, 77: 104014.

[347] Kaul, R. N. Dynamics of Tourism: A Trilogy Transportation and Marketing [M]. New Delhi: Sterling Publishers, 1985.

[348] Khan, H., Toh, R. S., Chua, L. Tourism and Trade: Cointegration and Granger Causality Tests [J]. Journal of Travel Research, 2005, 44 (2): 171 – 176.

[349] Kim, H., Sultana, S., Weber, J. A Geographic Assessment of the Economic Development Impact of Korean High-speed Rail Stations [J]. Transport Policy, 2018, 66: 127 – 137.

[350] Komikado, H., Morikawa, S., Bhatt, A., et al. High-Speed Rail, Inter-Regional Accessibility, and Regional Innovation: Evidence from Japan [J]. Technological Forecasting and Social Change, 2021, 167: 120697.

[351] Kristopher, J., Preacher Patrick, J., Curran, Daniel, J. Bauer. Computational Tools for Probing Interactions in Multiple Linear Regression, Multilevel Modeling, and Latent Curve Analysis [J]. Journal of Educational and Behavioral Statistics, 2006, 31 (4): 437 – 448.

[352] Kularatne, T., Wilson, C., Mansson, J., et al. Do Environmentally Sustainable Practices Make Hotels more Efficient? A Study of Major Hotels in Sri Lanka [J]. Tourism Management, 2019, 71: 213 – 225.

[353] Kurihara, T., Wu, L. The Impact of High-Speed Rail on Tourism Development: A Case Study of Japan [J]. Open Transportation Journal,

2016, 10: 35 -44.

[354] Kurihara, T., Wu, L. The Impact of High-Speed Rail on Tourism Development: A Case Study of Japan [J]. Open Transportation Journal, 2016, 10: 35 -44.

[355] Lai, K. S., Lai, M. A. Cointegration Test for Market Efficiency [J]. Journal of Futures Markets, 2010, 11 (5): 567 -575.

[356] Leiper, N. Tourist attraction systems [J]. Annals of Tourism Research, 1990, 17 (4): 33 -45.

[357] Li, B., Liu, Z. Measurement and Evolution of High-Quality Development Level of Marine Fishery in China [J]. Chinese Geographical Science, 2022, 32 (2): 251 -267.

[358] Li, H., Reynolds, J. F. On Definition and Quantification of Heterogeneity [J]. Oikos, 1995, 73 (2): 280 -284.

[359] Li, L. S. Z., Yang, F. X., Cui, C. High-Speed Rail and Tourism in China: An Urban Agglomeration Perspective [J]. International Journal of Tourism Research, 2019, 21 (1): 45 -60.

[360] Li, L. S. Z., Yang, F. X., Cui, C. High-speed Rail and Tourism in China: An Urban Agglomeration Perspective [J]. International Journal of Tourism Research, 2018, 21 (1): 45 -60.

[361] Li, L., Lu, L., Xu, Y., et al. Influence of High-Speed Rail on Tourist Flow Network in Typical Tourist Cities: An Empirical Study Based on the Hefei-Fuzhou High-Speed Rail in China [J]. Asia Pacific journal of tourism research, 2020, 25 (11): 1215 -1231.

[362] Li, M. W. Optimization of ITS Construction Scheme for Road Network under the Restriction of Different Transports' Passenger Person-Kilometers [J]. Mathematical Problems in Engineering, 2017 (10): 1 -12.

[363] Li, M. W., Chen, J. High-speed Rail Network in China: the Contribution of Fast Trains to Regional Tourism and Economic Development [J]. Tourism Review, 2019, 75 (2): 414 -432.

［364］Li, M. W. , Shao, B. X. , Li, Z. The Coupling Coordination Degree of High-Speed Railway and Tourism Industry：Evidence from China ［J］. Transformations in Business & Economics, 2022, 21 (56A)：609 - 629.

［365］Li, M. W. , Shao, B. X. , Shi, X. S. Impact of High-Speed Rail on the Development Efficiency of Low-Carbon Tourism：A Case Study of an Agglomeration in China ［J］. Sustainability, 2022, 14 (16)：9879.

［366］Li, R. Y. , Huang, C. Z. Research on the Impact of Traffic Infrastructure on Regional Tourism Development in China：Based on the Evidence of Threshold Regression Model ［J］. Tourism Science, 2015, 29 (2)：1 - 13.

［367］Liang, S. Y. , Lehmann A. , Wu, K. N. , et al. Perspectives of Function-based Soil Evaluation in Land-use Planning in China ［J］. Journal of Soils & Sediments, 2014, 14 (1)：10 - 22.

［368］Liang, X. S. Discuss on the Development Opportunity of Tourism Industry in Hunan Province based on the Dual Locational Space：The Opening Visual Threshold of Wu-Guang High Speed Railway ［J］. Economic Geography, 2010, 30 (5)：859 - 864.

［369］Liu, L. , Zhang, M. High-Speed Rail Impacts on Travel Times, Accessibility, and Economic Productivity：A Benchmarking Analysis in City-Cluster Regions of China ［J］. Journal of Transport Geography, 2018, 73：25 - 40.

［370］Liu, Y. , Shi, J. How Inter-city High-speed Rail Influences Tourism Arrivals：Evidence from Social Media Check-in Data ［J］. Current Issues in Tourism, 2019, 22 (6 - 10)：1025 - 1042.

［371］Lopez-Pita, A. , Robuste, F. Impact of High-speed Lines in Relation to very High Frequency Air Services ［J］. Journal of Public Transportation, 2005, 8 (2)：17 - 36.

［372］Lu, L. A Review on Regional Tourism Spatial Pattern in the Age of High-Speed Railway Network ［J］. Acta Geographica Sinica, 2017, 72 (6)：11 - 33.

［373］ Lu, Y. The Measurement of High-Quality Development Level of Tourism: Based on the Perspective of Industrial Integration ［J］. Sustainability, 2022, 14 (6): 3355.

［374］ Luis Campa, Juan, Eugenia Lopez-Lambas, et al. High Speed Rail Effects on Tourism: Spanish Empirical Evidence Derived from China's Modeling Experience ［J］. Journal of Transport Geography, 2016, 57 (11): 44 – 54.

［375］ Luis Hernndez. The Role of Inter Island Air Transport in the A Nary Islands ［J］. Journal of Transport Geography, 2004, 12 (3): 235 – 244.

［376］ Masson, S., Petiot, R. Can the High-speed Rail Reinforce Tourism Attractiveness? The Case of the High-speed Rail between Perpignan (France) and Barcelona (Spain) ［J］. Technovation, 2009, 29 (9): 611 – 617.

［377］ Meeusen, W., Broeck, J. V. D. Efficiency Estimation from Cobb-Douglas Production Functions with Composed Error ［J］. International Economic Review, 1977, 18 (2): 435 – 444.

［378］ Miller, S. M., Upadhyay, M. P. The Effects of Openness, Trade Orientation, and Human Capital on Total Factor Productivity ［J］. Journal of Development Economics, 2000, 63 (2): 399 – 423.

［379］ Milne, S. Tourism and Economic Development in Vanuatu ［J］. Singapore Journal of Tropical Geography, 2010, 11 (1): 13 – 26.

［380］ Min, C. K., Roh, T. S., Bak, S. Growth Effects of Leisure Tourism and the Level of Economic Development ［J］. Applied Economics, 2016, 48 (1): 7 – 17.

［381］ Moller, N., Jorgensen, J. O., Schmitz, O., et al. Effects of a Growth Hormone Pulse on Total and Forearm Substrate Fluxes in Humans ［J］. American Journal of Physiology, 1990, 258 (1 Pt 1): 86 – 91.

［382］ Nimon, K. F., Oswald, F. L. Understanding the Results of Multiple Linear Regressions beyond Standardized Regression Coefficients ［J］. Organizational Research Methods, 2013, 16 (4): 650 – 674.

[383] Oliveira, R., Pedro, M. I., Marques, R. C. Efficiency and its Determinants in Portuguese Hotels in the Algarve [J]. Tourism Management, 2013, 36: 641 – 649.

[384] Oskar, Fröidh. Market Effects of Regional High-speed Trains on the Svealand line [J]. Journal of Transport Geography, 2005, 13: 352 – 361.

[385] Otsuka, A. Assessment of the Improvement in Energy Intensity by the New High-Speed Railway in Japan [J]. Asia-Pacific Journal of Regional Science, 2022, 6 (1): 267 – 282.

[386] Ozcicek, O., Mcmillin, W. D. Lag Length Selection in Vector Autoregressive Models: Symmetric and Asymmetric Lags [J]. Applied Economics, 1999, 31 (4): 517 – 524.

[387] Pagliara, F., Mauriello, F. Modelling the Impact of High-Speed Rail on Tourists with Geographically Weighted Poisson Regression [J]. Transportation Research Part A: Policy and Practice, 2020, 132: 780 – 790.

[388] Pagliara, F., Mauriello, F., Garofalo, A. Exploring the Interdependences between High-Speed Rail Systems and Tourism: Some Evidence from Italy [J]. Transportation Research Part A: Policy and Practice, 2017, 106: 300 – 308.

[389] Pagliara, F., Pietra, A. L., Gomez, J., et al. High-Speed Rail and the Tourism Market: Evidence from the Madrid Case Study [J]. Transport Policy, 2015, 37: 187 – 194.

[390] Panicos, D. O., Mamuneas, P. T. Intertemporal Output and Employment Effects of Public Infrastructure Capital: Evidence from 12 OECD Economies [J]. The Economic Journal, 2000, 110 (465): 687 – 712.

[391] Parry, S. M., Miles S., Tridente, A., et al. Differences in Perception of Risk Between People Who Have and Have Not Experienced Salmonella Food Poisoning [J]. Risk Analysis, 2004, 24 (1): 289 – 299.

[392] Pavithra Parthasarathi. Post-Construction Evaluation of Traffic Fore-

cast Accuracy ［C］. University of Minnesota：Nexus Research Group，2008.

［393］Peng，J.，Wang，Y. L.，Wu，J. S.，et al. Evaluation for Sustainable Land use in Mountain Areas of Northwestern Yunnan Province，China ［J］. Environmental Monitoring & Assessment，2007，133 （1 - 3）：407 - 415.

［394］Perrin，Julie，Mermet Samuel，Pagliara Francesca，et al. Does High Speed Rail Services Influence Tourists' Choice? Some Concerns from Paris ［C］. 13th WCTR，Brazil，2013.

［395］Prideaux，B. The Role of The Transport System in Destination Development ［J］. Tourism Management，2000，21 （3）：53 - 63.

［396］Radovanov，B.，Dudic，B.，Gregus，M，et al. Using a Two-Stage DEA Model to Measure Tourism Potentials of EU Countries and Western Balkan Countries：An Approach to Sustainable Development ［J］. Sustainability，2020，12：12124903.

［397］Raguraman，K. Troubled Passage to India ［J］. Tourism Management，1998，19 （6）：533 - 543.

［308］Reddy，R. S.，Thayalan，S.，Prasad，C. R. S.，et al. Utility of Satellite Data for Land Evaluation in Land use Planning for a Part of Northern Karnataka ［J］. Journal of the Indian Society of Remote Sensing，1990，18 （4）：34 - 44.

［399］Rehman Khan，S. A.，Qianli，D.，Songbo，W.，et al. Travel and Tourism Competitiveness Index：The Impact of Air Transportation，Railways Transportation，Travel and Transport Services on International Inbound and Outbound Tourism ［J］. Journal of Air Transport Management，2017，58：125 - 134.

［400］Ripoll-Zarraga，A. E.，Raya，J. M. Tourism Indicators and Airports' Technical Efficiency ［J］. Annals of Tourism Research，2020，80：102819.

［401］Ronnie Donaldson. Mass Rapid Rail Development in South Africa's

Metropolitan Core: Towards a New Urban form [J]. Land Use Policy, 2006, 23: 344 –352.

[402] Rosen, C., Jeppsson, U., Vanrolleghem, P. A. Towards a Common Benchmark for Long-term Process Control and Monitoring Performance Evaluation [J]. Water Science and Technology, 2005, 50 (11): 41 –49.

[403] Royo-Vela, M. Rural-cultural Excursion Conceptualization: A Local Tourism Marketing Management Model Based on Tourist Destination Image Measurement [J]. Tourism Management, 2009, 30 (3): 419 –428.

[404] Sanko, N., Morikawa, T., Nagamatsu, Y. Post-project Evaluation of Travel Demand Forecasts: Implications from the Case of a Japanese Railway [J]. Transport Policy, 2013, 27 (may): 209 –218.

[405] Sargent, T. J. Estimation of Dynamic Labor Demand Schedules under Rational Expectations [J]. Journal of Political Economy, 1978, 86 (6): 1009 –1044.

[406] Sargent, T. J. Rational Expectations, Econometric Erogeneity, and Consumption [J]. Journal of Political Economy, 1978, 86 (4): 673 –700.

[407] Sarrico, C. S. Data Envelopment Analysis: A Comprehensive Text with Models, Applications, References and DEA-Solver Software [J]. Journal of the Operational Research Society, 2001, 52 (12): 1408 –1409.

[408] Sasaki, K., Ohashi, T., Ando, A. High-speed Rail Transit Impaction Regional Systems: Does the Shinkansen Contribute to Dispersion [J]. The Annals of Regional Science, 1997, 31 (1): 77 – 98.

[409] Sato, T. Evaluation Method of Regional Economic Impact of High-speed Railway Development Considering Effects on Tourism Demand [J]. Journal of the Eastern Asia Society for Transportation Studies, 2015, 11: 110 – 125.

[410] Schnadt, J., Michaelides, A., Knudsen, J., et al. The Influence of High-speed Railway to the Equilibrium of China's Regional Economic Pattern [J]. Areal Research & Development, 2015, 13 (1): 24 –54.

[411] Sean Randolph. California High-speed Rail Economic Benefits and Impacts in the San Francisco Bay Area [R]. San Francisco: Bay Area Council Economic Institute, 2008, 10: 1 – 44.

[412] Seiford, L. M., Thrall, R. M. Recent developments in DEA: The Mathematical Programming Approach to Frontier Analysis [J]. Journal of Econometrics, 1990, 46 (1 – 2): 7 – 38.

[413] Sellers-Rubio, R., Casado-Díaz A. B. Analyzing Hotel Efficiency from a Regional Perspective: The role of Environmental Determinants [J]. International Journal of Hospitality Management, 2018, 75: 75 – 85.

[414] Sharma, G. D., Thomas, A., Paul, J. Reviving Tourism Industry Post-Covid-19: A Resilience-Based Framework [J]. Tourism Management Perspectives, 2021, 37: 100786.

[415] Shen, W., Huang, Z., Yin S., et al. Temporal and Spatial Coupling Characteristics of Tourism and Urbanization with Mechanism of High-Quality Development in the Yangtze River Delta Urban Agglomeration, China [J]. Applied Sciences, 2022, 12 (7): 3403.

[416] Shi, Q. High-Speed Railway and Regional Economic Growth: An Empirical Study Based on Market Potential [J]. American Journal of Industrial & Business Management, 2018, 8 (1): 83 – 102.

[417] Shi, Z., Xu, D., Xu, L. Spatiotemporal Characteristics and Impact Mechanism of High-Quality Development of Cultural Tourism in the Yangtze River Delta Urban Agglomeration [J]. PLOS ONE, 2021, 16 (6): e252842.

[418] Shyr, O. F., Chao, C. W., Huang, C. Impacts of New Transportation Systems on Tourism Behavior: The Experience of High-Speed Rail [J]. International Journal of Transport Economics, 2015, 42: 89 – 110.

[419] Sims, C. Macroeconomics and Reality [J]. Econometrica, 1980, 48: 1 – 48.

[420] Sophie Masson, Romain Petiot. Can the High-speed Rail Reinforce

Tourism Attractiveness? The Case of the High-speed Rail between Perpignan (France) and Barcelona (Spain) [J]. Technovation, 2009, 29: 611 – 617.

[421] Soysal-Kurt, H. Measuring tourism efficiency of European Countries by using Data Envelopment Analysis [J]. European Scientific Journal, 2017, 13 (10): 31 – 49.

[422] Stichhauerova, E., Pelloneova, N. An Efficiency Assessment of Selected German Airports Using the DEA Model [J]. Journal of Competitiveness, 2019, 11 (1): 135 – 151.

[423] Sun, L., Li, W. Has the Opening of High-Speed Rail Reduced Urban Carbon Emissions? Empirical Analysis Based on Panel Data of Cities in China [J]. Journal of Cleaner Production, 2021, 321: 128958.

[424] Sun, Y., Lin, Z. Move Fast, Travel Slow: The Influence of High-Speed Rail on Tourism in Taiwan [J]. Journal of Sustainable Tourism, 2018, 26: 433 – 450.

[425] Tang, Z., ShiC. B., Liu Z. Sustainable Development of Tourism Industry in China under the Low-Carbon Economy [J]. Energy Procedia, 2011, 5: 1303 – 1307.

[426] Tavassoli, M., Faramarzi, G. R., Saen, R. F. Efficiency and Effectiveness in Airline Performance using a SBM-NDEA Model in the Presence of Shared Input [J]. Journal of Air Transport Management, 2014, 34: 146 – 153.

[427] Tetteh, I. K., Awuah, E., Frempong, E. Post-project Analysis: The use of a Network Diagram for Environmental Evaluation of the Barekese Dam, Kumasi, Ghana [J]. Environmental Modeling and Assessment, 2006, 11 (3): 235 – 242.

[428] Theobald, W. F. The Context, Meaning and Scope of Tourism [J]. Global Tourism: The Next Decade. Oxford: Butterworth-Heinemann, 1994: 139.

[429] Tian, F., Yang, Y., Jiang, L. Spatial Spillover of Transport Im-

provement on Tourism Growth [J]. Tourism Economics, 2022, 28 (5): 1416 – 1432.

[430] Tomoru Hiramatsu. Unequal Regional Impacts of High-speed Rail on the Tourism Industry: a Simulation Analysis of the Effects of Kyushu Shinkansen [J]. Transportation, 2016, 45 (2): 1 – 25.

[431] Varela, C. V. , Navarro, J. M. M. High-speed Railway and Tourism: Is There an Impact on Intermediate Cities? Evidence from Two Case Studies in Castilla-Lamancha (Spain) [J]. Journal of Urban Regional Annals, 2016, 8: 133 – 158.

[432] Vefie, L. The Penguin Dictionary of Physics [M]. Beijing: Foreign Language Press, 1996: 92 – 93.

[433] Wang, D. G. , Qian, J. , Chen, T. , et al. Influence of the High-Speed Rail on the Spatial Pattern of Regional Tourism – Taken Beijing – Shanghai High-Speed Rail of China as Example [J]. Asia Pacific Journal of Tourism Research, 2014, 19 (8): 890 – 912.

[434] Wang, F. , Wei, X. J. , Liu, J. , et al. Impact of High-speed Rail on Population Mobility and Urbanization: A Case Study on Yangtze River Delta Urban Agglomeration, China [J]. Transportation Research Part A: Policy and Practice, 2019, 127 (C): 99 – 114.

[435] Wang, J. , Charles, M. The Potential Impacts of High-speed Rail on Regional Economic Development in Australia: Towards a Multi-regional Input-output Approach [C]. 7th World Congress on High-Speed Rail, 2010, 2.

[436] Wang, S. , Liu, J. , Qin, X. Financing Constraints, Carbon Emissions and High-Quality Urban Development: Empirical Evidence From 290 Cities in China [J]. International Journal of Environmental Research and Public Health, 2022, 19 (4): 2386.

[437] Weick, O. Loosely Coupled Systems: A Reconceptualization [J]. Academy of Management Review, 1990, 15 (2): 203 – 223.

[438] Winter, S. , Nelson, R. An Evolutionary Theory of Economic

Change〔J〕. Social Science Electronic Publishing, 1982, 32 (2).

〔439〕 Yan, B., Dong, Q., Li, Q., et al. A Study on the Coupling and Coordination between Logistics Industry and Economy in the Background of High-Quality Development〔J〕. Sustainability, 2021, 13 (18): 10360.

〔440〕 Yan, Y. Q., Zhang, H. Q., Ye, B. H. Assessing the Impacts of the High-speed Train on Tourism Demand in China〔J〕. Tourism Economics, 2014, 20 (1): 157 – 169.

〔441〕 Yang, Z., Li, T. Does High-speed Rail Boost Urban Tourism Economy in China?〔J〕. Current Issues in Tourism, 2020, 23: 16, 1973 – 1989.

〔442〕 Yao, S., Yan, X., Lei, C. K., et al. High-Speed Railway and Tourism Development in China〔J〕. Tourism Economics, 2022, 28 (6): 1520 – 1544.

〔443〕 Yin, P., Lin, Z., Prideaux, B. The Impact of High-Speed Railway On Tourism Spatial Structures Between Two Adjoining Metropolitan Cities in China: Beijing and Tianjin〔J〕. Journal of Transport Geography, 2019 80: 102495.

〔444〕 Yin, M., Bertolini, L., Duan, J. The Effects of the High-Speed Railway on Urban Development: International Experience and Potential Implications for China〔J〕. Progress in Planning, 2015, 98: 1 – 52.

〔445〕 Yin, P., Pagliara, F., Wilson, A. How Does High-Speed Rail Affect Tourism? A Case Study of the Capital Region of China〔J〕. Sustainability, 2019, 11 (2): 472.

〔446〕 Yu, X., Lang, M., Gao, Y., et al. An Empirical Study on the Design of China High-Speed Rail Express Train Operation Plan from a Sustainable Transport Perspective〔J〕. Sustainability, 2018, 10 (7): 2478.

〔447〕 Zhang, C. X., Wang, L., Rickly, J. M. Non-Interaction and Identity Change in Covid-19 Tourism〔J〕. Annals of Tourism Research, 2021, 89: 103211.

［448］ Zhang, H. , Wang, T. , Zhang, R. Does Regional Economic In-tegration Facilitate the High-Quality Development of the Tourism Industry Evi-dence from China1 ［J］. Transformations in Business & Economics, 2022, 21 (1): 21 – 38.

［449］ Zhang, Hanqin Qiu, Yan, York Qi, Lo, Kenny Jianming. The Facilitating and Inhibiting Factors in Cooperative Tourism Development of the Greater Pearl River Delta (GPRD), China ［J］. Journal of Quality Assurance in Hospitality & Tourism, 2009, 10 (2): 139 – 152.

［450］ Zhang, W. , Jiang, L. Effects of High-Speed Rail on Sustainable Development of Urban Tourism: Evidence from Discrete Choice Model of Chinese Tourists' Preference for City Destinations ［J］. Sustainability, 2021.

［451］ Zhang, X. , Guo, W. , Bashir, M. B. Inclusive Green Growth and Development of the High-Quality Tourism Industry in China: The Depend-ence on Imports ［J］. Sustainable Production and Consumption, 2022, 29: 57 – 78.

［452］ Zhou, X. , Lin, X. , Ji, X. , et al. Effects of High-Speed Rail-way Construction and Operation on Related Industries in China ［J］. Sustain-ability, 2021, 13.

后 记

在完成这部专著的过程中，我经历了许多挑战和收获。此刻，当我坐在电脑前，回顾这段不平凡的旅程，心中充满了感慨。这部关于高铁网络与都市圈旅游交互影响的学术专著不仅是在学术领域的探索，更是对现代社会变迁的深刻反思。当我回顾整个研究过程，从最初的文献梳理、数据收集，到后期分析论证、文稿撰写，每一步都充满了挑战与收获。

高铁作为现代交通的杰出代表，其快速、便捷、安全的特性极大地缩短了城市之间的距离，使得"千里之外"成为"近在咫尺"。而都市圈作为城市化进程中的高级形态，其内部城市间的联系日益紧密，形成了一个相互依存、共同发展的整体。高铁与都市圈之间的碰撞与融合，为旅游业发展注入了新的活力。

在撰写这部专著的过程中，我发现学术世界虽然充满了智慧和挑战，但也同样需要耐心和勤奋，每一个细微的发现都可能要经过无数次尝试和修正；每一次数据的收集、整理，每一次文献的查阅、分析；每一次思路的构建、调整，都需要付出大量时间和精力。但正是这种艰辛与不易、不懈的追求和探索，让我更加珍惜每一项学术成果，也更加坚定了继续从事学术研究的决心。

展望未来，高铁网络与都市圈旅游发展的关系仍充满了无限可能。随着技术的不断进步、政策的不断完善，我们有理由相信，高铁网络与都市圈旅游将会迎来更加美好的明天。同时，也期待着更多的学者能够加入到这个研究领域中来，共同推动学术研究的深入发展。

　　最后，我要感谢所有支持我完成这部专著的人。感谢我的家人、亲人、朋友和我的研究生们，是你们的鼓励和支持让我能够坚持下来。同时，我也要感谢所有读者，是你们的关注和支持让我有了继续前进的动力！

李明伟

2024 年 5 月